부자들만 아는 부의 법칙

부자들만 아는 부의 법칙

저자_ 오화석

1판 1쇄 발행_ 2009. 3. 13.
1판 2쇄 발행_ 2011. 7. 27.

발행처_ 김영사
발행인_ 박은주

등록번호_ 제406-2003-036호
등록일자_ 1979. 5. 17.

경기도 파주시 교하읍 문발리 출판단지 515-1 우편번호 413-756
마케팅부 031)955-3100, 편집부 031)955-3250, 팩시밀리 031)955-3111

값은 뒤표지에 있습니다.
ISBN 978-89-349-3372-4 03320

독자의견 전화_ 031)955-3200
홈페이지_ http://www.gimmyoung.com
이메일_ bestbook@gimmyoung.com

좋은 독자가 좋은 책을 만듭니다.
김영사는 독자 여러분의 의견에 항상 귀 기울이고 있습니다.

INDIAN BILLIONAIRES

전세계가 주목하는 인도갑부
12명의 창조적 성공습관

부자들만 아는
부의 법칙

오화석

성공N신화

대한민국!
세계 최다 억만장자의 나라

억만장자!

감히 꿈이나 꾸어볼 수 있겠는가? 억만장자란 10억 달러 이상 재산을 소유한 갑부 중의 갑부를 지칭한다. 우리 돈으로 치면 1조 원에 달하는 어마어마한 재산이다.

아시아에서 억만장자가 가장 많은 나라는 어디일까? 아시아 최고 부자국가인 일본일까? 아니면 경제가 세계에서 가장 빠르게 성장하고 있는 중국일까? 답은 일본도, 중국도 아닌 인도다.

'세계 10대 억만장자 순위'에 가장 많은 갑부 명단을 올려놓은 나라도 인도다. 세계 최고 부자 국가인 미국이 아니다. 10명의 세계 억만장자들 가운데 4명이 인도인으로 미국의 2명보다 많다(2008년 〈포브스〉).

미국 경제잡지 〈포브스〉에 따르면 인도 억만장자 수는 2008년 현재 53명으로 아시아에서 가장 많다. 다음은 중국으로 42명, 일본은 24명에 그쳤다. 한국은 정몽구 현대자동차 회장과 이건희 전 삼성전자 회장을 포함해 12명이 억만장자 대열에 이름을 올렸다.

인도 갑부들은 주로 기업 활동을 통해 억만장자가 되었다. 상속을 받거나, 주식 혹은 부동산 투자 등을 통해 억만장자가 된 사람도 있다. 하지만 대개는 창업을 통해 큰돈을 벌었다. 당대에 자수성가한 사람들도 적지 않다. 몇 가지 사례를 들어보자.

인도 최대 정보통신 회사인 바르티에어텔Bharti Airtel의 창업주인 수닐 미탈Sunil Mittal 회장은 조그만 자전거부품상으로 출발해 세계적인 거부에 올랐다. 단돈 50만 원, 그것도 빌린 돈으로 사업을 시작한 그는 현재 12조 원이라는 천문학적인 재산을 보유한 '인도 정보통신의 제왕'이 되었다. 우리나라 최고 갑부인 이건희 전 삼성전자 회장의 재산이 3조 원이 채 안 된다는 점을 비춰볼 때 그의 재산이 얼마나 많은 것인지 짐작할 수 있다.

인도 최대 부동산 회사인 DLF의 쿠샬 팔 싱Kushal Pal Singh 회장은 50세란 늦은 나이에 '제2의 도널드 트럼프Donald Trump'를 꿈꾸며 부동산 사업에 본격적으로 뛰어들었다. 거의 맨손으로 사업을 시작한 그의 재산은 약 35조 원에 달한다. 도널드 트럼프와 어깨를 견주는 세계 최대 부동산 재벌이 된 것이다.

인도 최대 그룹인 릴라이언스Reliance를 창업한 고故 디루바이 암바니Dhirubhai Ambani 회장은 가난한 교사의 아들로 태어났다. 그는 고등학교를 졸업하자마자 돈을 벌기 위해 다국적 기업 셸Shell의 주유 직원으로 일했다. 이후 모아둔 쌈짓돈으로 설립한 릴라이언스 기업의 가치는 2002년 무려 380억 달러에 달했다. 무無에서 신화를 창조한 '인도의 정주영'이라 할 만하다.

이 책은 이들을 포함한 인도 대표 억만장자 12명에 대한 삶과 성공의 기록이다. 이들이 어떤 사업으로, 어떤 전략을 펼쳐, 어떻게 성공했는지를 다룬다. 특히 성공 요인과 전략에 초점을 맞춘다. 그래서 이 책은 인도판 '부富의 법칙'이자 전 세계를 위한 '부의 전략서'라 할 만하다.

그러나 비단 성공전략뿐 아니라 이들이 사업 중에 겪은 어려움이나 장애, 실패 등도 조명한다. 사업이 항상 성공만 하는 것은 아니기 때문이다. 사업을 하면서 겪는 각종 난관과 어려움을 어떻게 딛고 성공했는지도 살펴본다. 인도 갑부들이 억만장자로 성공하기 전에 겪은 고통과 슬픔, 좌절, 기쁨, 사랑, 도전, 성취 등이 이 책에 깊이 배어 있다. 따라서 장사, 투자, 사업을 통해 큰돈을 벌고자 하는 사람은 물론 성공하는 삶을 살고자 하는 모든 사람에게 《부자들만 아는 부의 법칙》은 귀한 경험과 교훈, 지침이 될 것이다.

이 책은 '돈을 어떻게 벌었는지'뿐만 아니라, 번 돈을 어떻게 쓰는지에 대해서도 주목한다. 인도 기업인들은 기부, 장학사업, 빈민구제 등 기업의 사회적 책임에도 매우 적극적이기 때문이다. 인도 기업인들이 사회적 책임을 다하는 모습을 통해 우리 기업인들과 장래 기업인이 되고자 하는 사람들은 살아있는 교훈을 배울 수 있을 것이다.

인도는 최근 중국과 더불어 21세기 강국으로 급부상하고 있다. 그럼에도 불구하고 우리는 인도 기업과 인도 기업인들에 대해 무지하다. 전 세계적으로도 인도 기업과 인도 기업인을 다룬 책은 아주 드물다. 이 책은 인도 억만장자들의 삶과 성공전략뿐만 아니라 그들이 설립한 기업, 그들이 살았던 시대, 기업문화, 경제상황 등도 함께 조명한다. 그래서 이 책은 '떠오르는 대국'인 인도 대표 기업과 기업인들을 알고자 하는 사람들에게도 알찬 정보가 된다.

전국경제인연합회 조사에 따르면 최근 우리 사회에서는 창업이 줄고 기업가 정신이 사라지고 있다고 한다. 많은 젊은이들이 기업가보다는 공무원이나 전문직을 선호한다. 도전과 모험적 삶보다는 편안하고 안정적인 직업을 원하는 것이다. 안타까운 일이다. 'No Risk, No Return'이란 말이 있듯이 모험이나 위험 감수 없이는 큰돈을 벌수 없다. 창업은 개인의 부富를 증대시킴은 물론 사회와 국가의 부도 증진시킨다. 그러므로 장래 국가 발전을 위해서도 창업을 추구하는 젊은이들이 많이 나와야 한다.

특히 최근 글로벌 금융위기 한파가 예사롭지 않은 상황에서 사람들의 행동은 더욱 위축되었다. 대개는 직면한 도전에 적극적으로 맞서기보다 피하고 도망가려고만 한다. 현실의 어려움에 빠져 자칫 미래의 큰 꿈을 포기하기도 한다. 그러나 늘 그렇듯이 위기는 기회다. 위기가 닥쳤다고 도망만 가면 결코 성공이란 단맛을 맛볼 수 없다. 남들이 놀라 도망갈 때 새로운 꿈을 꾸고, 준비하고, 도전해야 성공의 기회가 다가온다. 도전하는 자에게는 위기일수록 더 큰 성공의 기회가 된다. 이런 사실은 인도 갑부들의 성공비결에서도 누누이 확인할 수 있다.

인간의 삶이란 전 세계 어디를 가나 비슷비슷하다. 단지 언어와 문화가 다르고 환경이 다를 뿐 사람 살아가는 방식은 엇비슷하다. 인도인들이 세계 다른 국가와 상당히 다른 문화를 갖고 있지만 그들이 느끼고 생각하고 생존하고 어려움을 겪고 극복하는 방식은 유사하다. 물론 돈 버는 방식도 크게 다르지 않다. 인도 억만장자들이 숱한 고난과 역경 속에서도 부자로 성공한 이야기가 독자들에게 감동과 시사점을 주길 기대한다. 특히 글로벌 금융위기의 여파로 의기소침해 있는 많은 이들에게 강한 용기와 자신감을 주었으면 좋겠다.

이 책이 나오기까지는 많은 분들의 도움이 있었다. 백영선 인도 주재 대사님을 비롯한 대사관의 많은 분들, 그리고 본인을 인도 네루대학에 파견해주신 한국국제교류재단에 깊이 감사드린다. 또한 이 책의 출판을 기꺼이 허락해주신 김영사의 박은주 대표님께도 진심으로 감사함을 표한다. 특히 바쁘신 와중에도 기꺼이 추천사를 써주신 이현봉 삼성전자 서남아시아 총괄법인 사장님, 김영배 카이스트 경영대학원 교수님, 이상건 미래에셋투자교육연구소 이사님, 최문석 KOTRA 뉴델리 지사 관장님께도 깊은 감사의 말씀 올린다. 마지막으로 여러 가지로 생활하기 불편한 인도에 한마디 불평 없이 따라와 잘 살아주는 아내 우희정과 두 아들 연택, 준택이에게도 이 기회를 빌어서 고마움을 전하고 싶다.

억만장자!
감히 꿈꾸기 어려운 목표다. 그러나 《부자들만 아는 부의 법칙》을 읽는 독자들은 큰 꿈을 한번 꾸어보기 바란다. 모든 성공은 꿈꾸는 데서부터 출발하기 때문이다. 머지않은 장래, 우리나라에도 많은 억만장자들로 넘쳐나길 진심으로 기대한다.

'세계 최다 억만장자의 나라' 21세기 대한민국을 위하여!

2009년 3월

오화석

CONTENTS

INDIAN
BILLIONAIRES

PART 1

생각하고, 생각하여, 생각하라

수닐 미탈 *Sunil Mittal* ● 쿠살 팔 싱 *Kushal Pal Singh* ● 디루바이 암바니 *Dhirubhai Ambani* ● 아짐 프렘지 *Azim Premji* ● 툴시 탄티 *Tulsi Tanti* ● 나라야나 무르티 *Narayana Murthy* ● 락시미 미탈 *Lakshmi Mittal* ● 샤루 칸 *Shahrukh Khan* ● 잠셋지 타타 *Jamsetji Tata* ● 우데이 코탁 *Uday Kotak* ● 키쇼르 비야니 *Kishore Biyani* ● GD 비를라 *Ghanshyam Das Birla*

Sunil Bharti Mittal

Kushal Pal Singh

Dhirubhai Ambani

Mukesh Ambani

Anil Ambani

1

21세기 승부사인 나를 정복하라
수닐 미탈

Sunil Bharti Mittal

수닐 미탈 SUNIL BHARTI MITTAL

인도 최대 정보통신 바르티그룹 회장 겸 최고경영자

총재산 12조 원

생년월일 1957년 10월 23일

출신 펀자브 주 루디아나

학력 펀자브 대학, 하버드 대학 최고경영자 과정

수상경력 텔레콤 분야 세계 최고영예상인 '2008년 GSMA상' 수상

〈포춘〉 선정 '2006년 올해의 기업인'

〈포브스〉 선정 '자수성가한 아시아 3대 억만장자'

2000년 11월 인도 수도인 뉴델리에 위치한 삼성전자 사무실에 40대 초반의 인도 기업인이 찾아왔다. 삼성이 유망 파트너를 찾는다는 소식을 듣고 투자 유치를 위해 방문한 것이다. 자신의 회사가 자금난을 겪자 그는 삼성으로부터 1,200만 달러를 투자받고 싶었다. 그러나 삼성은 그를 퇴짜 놓았다. 그의 회사가 크게 어려움을 겪고 있는데다 사업 전망도 좋지 않다고 판단했기 때문이다.

삼성에 거절당한 그는 무거운 마음으로 발길을 돌렸다. 하지만 삼성 대신 다른 글로벌 기업의 투자를 받은 그의 회사는 이후 안정적으로 성장했다. 수년이 지난 후 회사는 인도 최대 정보통신사로 우뚝 섰으며, 재산은 무려 120억 달러라는 천문학적인 액수로 불어났다. 미국 경제 잡지 〈포브스〉는 2008년 3월 그를 세계 최고 갑부 64위에 선정했다. 그의 재산은 그가 돈을 빌리려 했던 삼성전자의 이건희 전 회장(2조 5,000억 원)보다 자그마치 다섯 배나 많은 엄청난 금액이다. 정말 '사람팔자 시간문제'란 말이 실감난다.

삼성에 돈을 빌리러 간 그 사람은 인도 최대 정보통신 그룹 바르티에어텔Bharti Airtel의 창업주인 수닐 미탈Sunil Mittal 회장이다. 그는 단돈 50만 원을 빌려 자전거부품상을 시작해 1세대 만에 인도 정보통신 제왕에 등극했다. 그의 탁월한 경영능력은 세계적으로도 인정받아 2006년 미국 〈포춘〉지는 그를 '올해의 기업인'으로 선정했으며, 〈포브스〉도 '자수성가한 아시아 3대 갑부'로 꼽았다. 그는 또 2008년에는 텔레콤 분야 세계 최고영예상인 '2008년 GSMA상'을 수상하기도 했다.

바르티에어텔은 한국의 SK텔레콤과 같은 휴대폰 서비스 제공업체다. 인도 휴대폰 서비스 시장에서 단연 선두를 달리고 있다. 바르티가 인도에서 차지하는 비중은 SK텔레콤이 한국에서 갖는 위상에 못지 않다.

시장점유율면에서는 바르티에어텔(33%)이 SK텔레콤(54%)에 비해 좀 떨어지지만 가입자 수에서는 비교가 안 된다. SK텔레콤의 가입자 수는 2008년 초 현재 2,200만 명이지만 바르티에어텔 가입자 수는 6,800만 명을 웃돈다. 주식 시가총액에서도 바르티에어텔(50조 원)은 SK텔레콤(20조 원)을 압도한다. 또 인도에서 매달 휴대폰 신규 가입자 수가 800만~1,000만 명씩이나 폭증한다는 점에서 향후 바르티에어텔의 위상은 더욱 높아질 것이다. 특히 주목할 사실은 SK텔레콤은 거대 재벌이 운영하는 회사인 반면 바르티에어텔은 얼마 전만 해도 이름 없는 중소기업이었다는 점이다. 일개 중소기업이 인도의 내로라하는 대기업들을 모두 제치고 정상을 질주하고 있는 것이다.

바르티에어텔의 모기업인 바르티그룹은 유무선 통신을 아우르는 인도 최대 정보통신 기업이다. 바르티그룹은 또 최근 세계 최대 할인점인 미국 월마트Walmart와 합작으로 인도 소매시장에 진출할 것이라고 발표해 세상을 놀라게 했다. 경험이 전혀 없는 소매 판매 분야에 야심 차게 도전장을 냈기 때문이다.

이는 미탈 회장의 도전정신을 보여주는 대표적인 사례다. 미탈 회장은 말 그대로 맨손으로 사업을 시작해 오로지 기업가 정신으로 거대 그룹을 일군 인도의 대표적 성공신화 중 하나다. 후진국 경제발전 과정에서 흔히 볼 수 있는 정권과의 유착도 없었고, 특혜도 없었다. 오히려 거대 재벌이 아니어서 정부로부터 각종 차별과 불이익을 받으면서 인도 대표 기업으로 우뚝 섰다.

행운을 알아차리는 혜안

수닐 바르티 미탈 회장은 1957년 10월 인도 서북부 펀자브Punjab 주의 루디아나Ludhiana란 곳에서 태어났다. 세 명의 아들 가운데 둘째였다. 아버지는 당시 펀자브 지역 국회의원이었다.

1976년 펀자브 대학을 졸업한 그는 바로 비즈니스 일선에 뛰어들었다. 크랭크 축 등 자전거 부품을 만드는, 공장이랄 것도 없는 자그만 철공소였다. 자본금 2만 루피(60만 원)는 아버지에게 빌렸다. 그때 그의 나이 불과 18세였다.

부친이 정치인임에도 불구하고 정치인의 길을 가지 않고 비즈니스를 선택한 이유에 대해 그는 다음과 같이 말했다.

"저는 아버지의 학식과 인품을 존경했습니다. 그런데 정치인이 되셔서 약간 실망했지요. 어릴 적부터 정치판은 권모술수가 판치는 곳임을 이미 느끼고 있었죠. 제가 정치인의 길을 가지 않는다면 대학 졸업 후 무엇을 할까 생각했는데 대답은 자명했습니다. 비즈니스를 하는 것이었습니다. 지금도 그렇지만 당시 제 고향은 대학을 나와도 취직할 데가 없었습니다. 대부분의 사람들은 자영업을 하며 살았지요. 저도 제 사업을 시작하는 것이 당연하다고 생각했습니다."

자전거 부품 사업은 생각 외로 잘 됐다. 그래서 2년 후 두 개의 자전거 부품 공장과 외과 수술용에 쓰이는 얇은 스테인리스 강판 공장을 더 세웠다.

사업이 잘 되었으나 젊은 미탈은 그 생활에 만족할 수 없었다. 그의 꿈은 더 큰 데 있었고, 그렇기에 무언가 더 큰 일을 하고 싶었다.

"저는 당시 비록 작은 비즈니스를 했지만 야망 있는 젊은이였습니다. 4년간 자전거 부품 사업을 했으나 이는 제 꿈에 맞지 않다고 느꼈지요. 제 비즈니스는 아주 작았고 향후 크게 성공할 가능성이 적었습니다."

결국 젊은 미탈은 보다 큰 꿈의 실현을 위해 잘 되던 사업을 접었다. 1980년 사업체를 모두 팔고 인도 최대 경제 도시인 뭄바이로 떠났다. 뭄바이에선 무역업자가 됐다. 수입 철강과 황동, 플라스틱 볼트 등을 팔기 위해 기차를 타고 전국 방방곡곡을 누비고 다녔다. 낯선 곳에서 새로 시작한 사업이고 힘도 들었지만 이 판매 사업도 잘 된 편이었다. 당시 그는 자신에게 타고난 세일즈맨 자질이 있음을 깨달았다.

무역업자로서의 생활이 익숙해질 무렵인 1982년 미탈은 자신의 비즈니스 인생에서 큰 성공의 계기를 잡았다. 일본 스즈키Suzuki 사가 만든 전기 발전기를 인도 내에서 독점 판매할 수 있는 권한을 부여 받게 된 것이다. 어떻게 해서 그런 행운이 찾아왔을까?

"한 고객 사무실에서 철강 세일을 하던 중이었습니다. 그때 스즈키 자동차의 일본인 세일즈맨이 사무실로 들어왔습니다. 스즈키 소형 발전기의 인도 내 판매망 구축을 위해 출장 온 그는 이를 팔려고 무진 애를 쓰고 있었지요. 그는 이 발전기가 길거리 아이스크림 판매대의 소형 냉장고를 돌리는 데 유용한 것이라고 말했습니다. 저는 이 말을 듣자마자 이 발전기가 인도에서 대박 사업이 될 것임을 직감했습니다. 왜냐하면 인도는 전기가 부족해 정전이 되는 경우가 비일비재했기 때문이지요. 정전 시 가정용 발전기로 적격이라고 판단했습니다. 저는 그 자리에서 만약 스즈키 사가 제게 인도 내 판매 독점권을 주면 발전기를 대량 수입하겠다고 제의했습니다."

스즈키 세일즈맨은 미탈이 아직 20대 초반의 젊은이인데다 하는 사업도 대단치 않아 처음엔 망설였다. 그러나 미탈이 이 사업에 대단한 열정을 보이는데다 신용장을 보내는 등 믿음을 주었기에 스즈키 사는 결국 그에게 인도 내 발전기 판매 독점권을 주기로 결정했다.

여기서 미탈이 독점권을 따낸 것은 오로지 행운 때문만은 아니었다. 스즈키 세일즈맨을 만난 것은 분명 행운이었지만 발전기 사업이 유망할 것이라는 사실을 간파한 것은 그의 직감과 판단력이었다. 사람들은 살아가면서 많은 기회를 만난다. 그러나 기회를 간파할 능력이 없으면 그것이 기회인지도 모른 채 지나쳐버리고 만다. 설사 직감과 뛰어난 판단력이 있다고 해도 이것만으론 부족하다. 직감을 자신의 사업으로 현실화시킬 수 있는 설득력과 추진력 등이 필요하다. 미탈은 새파랗게 젊은 나이에다 하는 사업도 별반 내세울 게 없었다. 하지만 자신이 믿을 만하고 능력이 있는 사람임을 스즈키 사 직원에게 끈질기게 설득시켰다. 그의 사업가적 기질을 엿보게 하는 대목이다.

수입 스즈키 발전기는 수입하자마자 불티나게 팔렸다. 고객들로부터 주문이 쇄도해 물량이 달릴 정도였다. 사업을 시작하고 얼마

되지 않아 미탈은 스즈키 발전기의 세계 최대 수입상이 되었다. 발전기 수입 판매로 그는 20세 초반의 나이에 제법 큰 돈을 벌었다.

젊은 미탈은 발전기 수입 판매 사업을 통해 장래 큰 기업가로 성장하는 데 필요한 많은 것을 배우고 경험했다. 마케팅과 광고, 브랜드 가치의 중요성을 깨닫게 되고 스즈키와 같은 외국 대기업과 함께 사업하는 방법을 배웠다. 이때부터 그는 외국기업과의 사업에 큰 두려움 없이 적극적으로 나선다.

위기를 여유롭게 인정하라

장애물 없이 탄탄대로를 달릴 것 같던 미탈의 사업은 그러나 몇 년 지나지 않아 칠흑 같은 어둠에 직면했다. 그가 발전기 사업으로 큰 돈을 벌자 1983년 비를라Birla와 시리람Shriram 등 대기업이 이 사업에 진출했다. 인도 정부는 이들 대기업에 독점권을 주더니 급기야 모든 발전기의 해외 수입을 금지해버렸다. 국내 산업을 보호한다는 명분이었다. 미탈 회장은 그날 상황을 '암흑'이라고 표현했다.

그가 처한 상황을 안타까워 한 일본 스즈키 측은 인도 정부와 스즈키의 합작 자동차인 마루티스즈키의 딜러를 해보라고 권했다. 그러나 이것도 여의치 않았다. 마루티스즈키는 반半 국유기업이어서 딜러 여부는 정치적으로 결정되었기 때문이다. 인도 정부는 젊은 미탈에게 판매 대리점을 주지 않았다. 마루티스즈키 자동차 판매 대리점을 받지 못한 것에 대해 그는 어떻게 생각했을까?

"전혀 괘념치 않았습니다. 물론 당시 마루티스즈키 판매 대리점을 하면 많은 돈을 벌 수 있었습니다. 그러면 저는 부자가 돼서 편하게 살 수 있었겠지요. 그러나 저를 편안하게 만들지 않은 것은 신의 뜻이었다고 여겼지요. 제게는 자동차 판매상이 아닌 다른 길이 예정되어 있다고 생각했습니다."

사람들은 일이 잘 못되면 자신이 운이 없어서 그렇다고 흔히 생각한다. 그러면서 자신의 운명을 탓하기도 한다. 그러나 미탈은 그렇게 생각하지 않았다. 실패를 겪고도 좌절치 않고 '이 길은 내 길이 아닌가 보다'라며 긍정적으로 생각했다. 실패를 받아들이는 자세가 얼마나 중요한 지를 일깨워 준다.

실제로 그에겐 새로운 세계가 준비되고 있었다. 그는 새 사업거리를 찾아 한국, 일본, 대만 등 해외 출장에 나섰다. 스즈키와 사업을 해본 관계로 이제 외국에 나가는 것이 전혀 어색하지 않았다. 마지막 일정인 대만의 한 무역박람회에서 그는 눈에 번쩍 들어오는 상품을 발견했다. 터치 톤(누름) 방식의 전화기였다. 당시 인도에 있는 전화는 모두 다이얼 방식이었다. 그는 "터치 톤 전화기를 보자마자 바로 이것이란 생각이 들었다"고 했다. 그는 대만의 전화기 공급업체와 바로 계약을 체결했다.

하지만 인도로의 수입이 문제였다. 당시 전화기는 수입 금지 품목이었기 때문이다. 따라서 그는 전화기 각 부품을 분리해 각기 다른 지역에서 따로 수입한 후 조립 판매했다. 전화기 브랜드는 '밋브로우Mitbrau'였다. 이름만 보면 마치 독일산 수입제품 같은 느낌이 들었다. 그러나 사실은 '미탈의 형제들Mittal brothers'이란 말을 줄인 것이다. 당시 미탈과 그의 형제들이 함께 사업을 한 관계로 이렇게 이름 지었다. 하지만 일부러 이런 이름을 지은 측면도 있었다. 유럽 수입품 같은 인상을 주기 위해서다. 우리나라도 한때 그랬지만 당시 인도 사람들도 외제라면 사족을 못 쓸 때였다.

터치 톤 전화기 밋브로우는 시장에 나오자마자 잘 팔려나갔다. 사람들은 브랜드를 보고 그것이 외국산 제품이라고 생각했다. 외국산이든 어떻든 인도에서 터치 톤 전화기는 밋브로우가 유일했다.

잘 나가던 미탈의 사업은 그러나 정부 정책 변화로 또다시 곤경에 처했다. 인도 정부는 터치 톤 전화기가 잘 팔리자 이를 국산화해야 한다며 수입 규제를 결정했다. 대신 인도 정부는 미탈의 회사를 포함해 52개 인도 회사에 제조권을 부여했다. 그의 회사는 크기나 판매 네크워크 측면에서 대기업들에 뒤져 2순위권으로 밀려났다.

그러나 다행히도 대기업들은 전화기 제조를 우선 사업으로 간주하지 않았다. 그런 틈을 타 바르티는 독일의 지멘스Siemens와 합작하여 새 전화기 브랜드인 '비텔Beetel'을 내놓았다. 정부의 정책 변화 후 1년도 채 되지 않아서였다. 반면 인도 최대 그룹인 타타를 비롯한 여타 기업 제품은 비텔이 출시된 후 1년도 더 지나서야 시장에 나왔다. 미탈의 속도 중시 경영을 확인할 수 있는 사례다. 속도경영에 대한 그의 말을 들어보자.

"대기업에 비해 규모나 자금 면에서 상대가 되지 않는 우리의 최대 무기는 속도라고 생각했습니다. 상대와의 경쟁에서 우리는 속도를 최대 강점으로 활용했지요. 그동안 우리가 해온 사업에서 속도는 가장 중요한 요소였습니다. '시장에 가장 먼저 진입하라. 그러면 시장을 점유할 수 있다.' 일단 시장의 관심을 확보하면 게임에서 몸집 큰 상대도 이길 수 있지요. 속도는 우리에게 자신감을 주었고, 이는 대기업들이 노는 공간에서도 사업을 할 수 있도록 했습니다."

미탈의 전화기 사업은 눈부시게 발전했다. 사업이 번창하자 이제는 팩스기, 자동응답전화기, 무선 전화기 등으로 급격히 사업을 확대했다. 이들 모두 인도 회사가 제조한 제품으로는 최초 출시였다. 오늘날 바르티그룹은 인도 최대의 전화기 제조업체일 뿐 아니라 예전 전화기 제조권을 받은 52개 회사 가운데 유일한 전화기 제조업체다.

미탈은 전화기 사업을 통해 기업 경영에 대한 많은 것을 배웠다. 불과 30대 초반의 나이에 외국 회사와 합작은 어떻게 하고, 대기업은 어떻게 운영되며, 시장을 놓고 싸움은 어떻게 하는지를 몸소 체득했다.

최고를 위해 최선책을 사용하라

1991년 오랫동안 닫혀 있던 인도 경제의 문이 열렸다. 심각한 외채 위기를 겪은 뒤였다. 인도 정부는 이듬해인 1992년 휴대폰 등 정보통신 시장을 개방했다. 정부는 휴대폰 서비스 업체 공개 입찰을 발표했다. 이 사실을 신문에서 읽은 미탈은 드디어 새로운 도약을 위한 결단의 시기가 도래했다고 판단했다. 휴대폰 서비스업은 전혀 경험한 바 없는 미지의 분야였다. 뿐만 아니라 인도의 내로라하는 대기업들도 모두 엄청난 잠재력을 지닌 이 사업에 뛰어들 것이 분명했다. 그럼에도 불구하고 그는 반드시 이 게임에 참가해야 한다고 직감했다.

그는 전화기 사업을 형제들에게 맡겨둔 채 6개월간이나 휴대폰 사업에 대한 마스터플랜을 짜는 데 집중했다. 공개 입찰 주요 상대는 유명한 다국적 기업을 위시한 인도 국내 대기업들이었다. 이들에 비하면 미탈의 회사는 피라미에 불과했다. 어떻게 할 것인가? 미탈은 여태 그래왔던 것처럼 저명 외국 기업과 컨소시엄을 구성키로 했다. 그것만이 성공 가능한 시나리오였다.

하지만 문제는 돈과 지명도였다. 그의 회사는 외국 회사의 관심을 끌 만한 자금도 없었고 지명도도 없었다. 오직 믿는 구석이라곤 카리스마나 설득력 등 그의 개인적인 능력뿐이었다. 과거 스즈키 자동차 세일즈맨을 설득해 인도 내 발전기 판매 독점권을 따냈듯이 몸으로 부딪쳐보는 방법밖에 없었다.

그는 컨소시엄을 구성할 대상으로 프랑스의 저명 정보통신 회사인 비방디Vivendi를 선택했다. 그는 이 회사에 요청해 고위층과 30분간의 면담 허락을 받아냈다. 곧장 프랑스로 날아가 비방디의 고위층을 만났다. 당시 그의 이야기를 직접 들어보자.

"사무실에 들어서자 엄한 표정의 한 노신사가 앉아 있었습니다. 노신사는 마지못해 시간을 냈다는 듯 제가 하는 말에 별로 주의를 기울이는 것 같지 않았지요. 그는 인도에 한번도 가본 적이 없거나, 인도에 대해 들어본 적도 없는 사람일지도 몰랐습니다. 그러나 저는 비방디의 협력이 절실했으므로 어떤 어려움이 있더라도 30분 내에 인도에서 사업을 같이 하자고 그를 설득시켜야 했습니다. 저는 제가 누구인지, 인도에서 정보통신 분야는 어떤 수준에 있고, 사업을 함께할 경우 어떤 이익이 있는지를 단도직입적으로, 그리고 몸을 던진다는 각오로 열정적으로 설명했습니다."

그의 진지한 설명은 마침내 노신사의 주의를 사로잡았다. 당초 예정됐던 30분의 면담시간은 1시간이 되고, 다시 1시간을 넘어 2시간이 지났다. 점심시간이 되자 노신사는 점심을 같이 하자고 제안했다. 점심을 함께 먹은 후 노신사는 "좋습니다. 한번 함께해봅시다"라며 악수를 청했다. 성공이었다. 상대방을 설득하는 뛰어난 그의 능력이 다시 빛을 발한 순간이었다. 나중에 알고 보니 그 노신사는 비방디의 CEO였다.

휴대폰 서비스 업체 입찰에 참가한 컨소시엄은 30개사가 넘었다. 이들은 영업이 잘 될 서비스 제공 지역을 서로 차지하기 위해 치열하게 경쟁했다. 경쟁이 가장 치열했던 지역은 수도 델리와 최대 경제도시 뭄바이였다. 비방디와 컨소시엄을 이룬 바르티는 델리Delhi, 뭄바이Mumbai, 콜카타Calcutta, 첸나이Chennai 등 인도 주요 대도시 네 곳을 모두 입찰 받는 기염을 토했다. 놀랄 만한 성과였다.

그러나 정부는 바르티의 독주가 마음에 들지 않았던지 입찰에 개입해 새로운 정책을 발표했다. 한 지역에는 한 개 회사만 영업허가를 내준다는 것이었다. 정부의 부당한 간섭이었다. 정책을 바꿀 것이라면 애초 입찰을 시작하기 전에 바꿨어야 했다. 엄정한 심사를 거쳐 결과가 나온 후에야 새 정책을 내놓는다는 것은 법과 원칙이 존중받는 선진국에서라면 있을 수 없는 일이다. 정부가 결과 통보 후 정책을 변경한 이유에 대해 미탈은 다음과 같이 분석했다.

"만약 우리가 아닌 타타그룹이나 다른 대기업이 4대 도시 영업권을 따냈다면 정부는 그대로 두었을 것입니다. 당시 정부는 아웃사이더인 우리가 대기업들의 독점적인 클럽을 깰 것 같으니까 이를 우려해 갑자기 정책을 바꾼 것이라고 생각합니다."

앞서 수차례 보았지만 인도 정부는 중소기업인 미탈에 결코 우호적이지 않았다. 아니 몇몇 사례에서는 매우 편파적이고 차별적이기까지 했다. 그의 사업이 잘 될까 싶으면 시장에 개입해 대기업들에 독점권을 주는 등 대기업에 우호적인 환경을 만들어 주었다. 그런 환경에서도 미탈은 결코 좌절하지 않고 성공적인 응전을 했다. 이 점이 미탈의 특장이고 강점이다. 차별적인 환경에 불만을 늘어놓는 대신 적극적이고 현명하게 대처해 성공을 이루는 것이다. 이는 정보통신 사업에서도 그대로 나타났다.

주요 도시 네 곳 모두에서 따냈던 영업권을 취소당한 바르티는 델리 지역 두 개의 영업권 가운데 한 곳만 받았다. 그러나 미탈은 불평하지 않고 조용히 준비하며 시간을 기다렸다. 왜냐하면 다른 컨소시엄들이 입찰비용으로 너무 많은 비용을 써내 이들이 조만간 파산할 것으로 예상했기 때문이다. 그는 입찰 후 한 TV 시사 프로그램에 나와 휴대폰 서비스 사업 전망에 대해 다음과 같이 말했다.

"현재 컨소시엄 업체들은 향후 전망에 대해 너무 낙관적입니다. 그러나 이 분야 많은 업체는 과도한 비용과 제살깎기식 경쟁으로 인해 수년 안에 큰 위기에 직면할 가능성이 높습니다. 그때가 되면 거리에는 이들이 흘린 피로 낭자할 것입니다."

눈이 올 때는 마당을 쓸지 않는다

비관적인 미탈의 전망은 몇 년 후 정확하게 들어맞았다. 1999년 인도 휴대폰 서비스 산업은 심각한 위기에 직면했다. 많은 업체들이 정부와 약속한 대규모 라이센스 비용을 지불하지 못하는 상황이 되었다. 정부는 이들 업체에 미납한 라이센스 비용을 지불하라고 압박을 가했다.

결국 라이센스 비용을 지불하지 못한 다수의 업체들이 도산하기 시작했다. 그는 '때가 왔다'라고 판단한 후 그들의 라이센스를 싼 값에 사들였다. 그는 단숨에 첸나이, 펀자브, 안드라프라데시Andhra Pradesh, 카르나타카Karnataka, 콜카타 등 영업권을 획득했다. 경제 수도인 뭄바이를 제외한 인도 주요 도시 전역을 영업권으로 확보했다.

이후 추가로 실시된 입찰에서 뭄바이, 케랄라Kerala, 구자라트

Gujarat, 타밀나두Tamilnadu 등 나머지 지역을 확보해 전국을 장악했다. 인도 정보통신 제왕으로 등극하는 순간이었다. 과거 주요 도시 네 곳을 입찰 받고도 한 곳만 남기고 빼앗기는 설움을 당했으나 이후 10년 만에 전국을 평정한 것이다.

그것은 차별과 부당함에도 불구하고, 좌절하거나 불평하지 않고 꾸준히 실력을 쌓으며 기다린 결과였다. 물론 그런 준비를 할 수 있었던 것은 현상에 대한 냉철하고도 정확한 판단을 할 수 있었던 덕택이다. 어려움 속에서도 감정에 휘둘리지 않는 미탈 회장의 판단력과 인내, 지속적인 추진력이 돋보인다.

그러나 전국 영업권을 확보했다고 안심할 상황이 아니었다. 더욱 큰 시련과 도전이 다가오고 있었다. 과거 발전기나 전화기 사업 때와 같은 상황이 재현됐다. 이 사업이 수지가 맞을 것처럼 보이자 그동안 무관심한 것 같던 대기업들이 새롭게 진출하기로 결정했다. 특히 인도 최대 기업 그룹인 릴라이언스Reliance와 타타Tata가 CDMA(코드분할 다중접속) 부문으로 진출할 것이라고 발표했다(바르티는 GSM 부문). 당시 관측통들은 릴라이언스의 진출로 바르티가 크게 고전할 것이라고 전망했다. 왜냐하면 릴라이언스는 기업 규모도 클 뿐만 아니라 경영도 잘 하는 대그룹이었기 때문이다. 릴라이언스가 열정을 갖고 추진하는 사업은 실패하는 경우가 거의 없었고, 인도 정부라는 든든한 백(?)도 갖고 있었다.

아니나 다를까. 릴라이언스의 진입에도 불구하고 바르티가 흔들리지 않자 정부는 CDMA업자에 유리하게 정책을 수정했다. CDMA업자의 라이센스 비용을 낮추어 CDMA 사용자들이 이를 더 싸게 이용할 수 있게 한 것이다.

미탈 회장에게는 전례 없는 심각한 위기였다. 당시만 해도 휴대폰 사용료가 매우 비쌀 때였다. 그런 상황에서 릴라이언스커뮤니케이션이나 타타텔레서비스, BSNL 등이 서비스 가격을 대폭 내리면 바르티 가입자들이 이들 회사로 빠져나갈 것은 자명했다. 이 같은 전망이 지배적이었으므로 사원들은 동요했다. 주가도 연일 폭락했다.

"창사 이래 최대 위기였습니다. 우리 모두는 생존을 위해 싸워야 한다는 사실을 잘 알고 있었지요. 그때 사원들은 우리가 회사 밖으로 나가 정부의 부당성에 대해 항의하고 투쟁해야 한다고 주장했습니다. 저는 생각이 달랐지요. 왜냐하면 저는 우리가 그동안 많은 역경에도 불구하고 이를 극복해 전화위복으로 삼은 것을 잘 알기 때문이었습니다. 당시 저의 전략은 '낮게 엎드려 우리의 에너지를 비축하자'였습니다. '일단 폭풍우가 지나갈 때까지 기다리자. 그러면 상황이 어떤지 파악해 대처할 수 있을 것이다. 그때까진 고객들에게 좀 더 가까이 갈 수 있도록 최선을 다하자'라고 생각했지요."

이 같은 미탈 회장의 위기 대처 전략은 고 정주영 현대그룹 회장의 '눈이 올 때는 마당을 쓸지 않는다'라는 철학을 생각나게 한다. 자신이 감당하기 어려운 시련이 닥칠 때는 그에 맞서지 않고 조용히 때를 기다린다는 의미다. 정 회장은 기업 경영 시 이를 항상 실행해왔다고 한다. 앞서 보았듯이 그동안 미탈 회장의 위기 대처 방식도 이와 비슷했다. '폭풍우가 닥칠 땐 몸을 낮추고 기다린다'라는 그의 위기 대처 방식은 이번 위기에도 성공할 수 있을까?

미탈 회장이 조용히 몸을 낮추고 있었기 때문에 그가 어떤 선택을 할 것인가에 대한 추측이 난무했다. 돈을 많이 번 그가 이제 정치에 입문해 부친의 길을 따라갈 것이라는 소문이 있는가 하면, 바르티의 최대 주주중 하나인 싱가포르의 싱텔Singtel이 미탈의 주식을 인수해 경영에 나설 것이란 소문도 나돌았다. 당시 어느 누구도 그가 인도 최대 그룹인 릴라이언스에 도전할 것이라는 상상은 하지 못했다.

그러나 미탈 회장은 그렇게 했다. 소리 나지 않고 표 나지 않게 거인 릴라이언스에 응전했다. 몸을 한껏 낮추는 한편에선 사원들의 사기를 북돋우고 고객 서비스를 강화하는 등 사력을 다해 경영에 임했다. 그의 얘기를 다시 들어보자.

"정말 고통스런 날들이 1년 여간 지속됐습니다. 돌아볼 때 제 인생에서 이처럼 어려운 시절이 없었지요. 제가 그러한데 사원들은 오죽 했겠습니까. 사원들의 사기는 형편없이 떨어지고 일할 의욕을 잃고 있었습니다. 저는 직원들의 사기 앙양이 무엇보다 시급하다고 보고 이를 북돋우는 데 심혈을 기울였습니다. 시간을 내서 영화를 자주 보게 했는데, 이를테면 소수의 게릴라가 대군을 무찌르는 전쟁영화 등이지요. 그리고 종종 사원들에게 이렇게 말했습니다. '우리가 거대 공룡을 이기기 어렵다는 사실을 저도 잘 압니다. 그러나 우리가 만약 이긴다면 우리는 역사를 새로 쓰는 것입니다.'"

그후 1년이 지난 2003년 릴라이언스가 무시할 수 없는 속도로 시장점유율을 늘렸지만 바르티를 앞지르지는 못했다. 릴라이언스가 진입한 후 1년이 넘게 지났지만 당시 가입자 수는 210만 명으로 2위에 그쳤다. 바르티는 300만 명으로 선두를 고수했다. 바르티의 수성이 확고해지고 영업 이익이 급격히 호전되자 주식도 반등하기 시작했다. 마침내 골리앗과의 기나긴 싸움에서 일단 승리를 이뤄낸 것이다. 미탈 회장은 직원들과 함께 마치 올림픽에서 금메달이라도 딴 듯 기뻐하며 승리를 자축했다.

진정한 승부사로 거듭나다

미탈 회장은 경영이 안정되기 시작한 2004년 세상을 놀라게 하는 중대한 결정을 내렸다. 자신의 사업 기반인 바르티의 모든 전화 네트워크를 스웨덴의 에릭슨Ericsson, 독일의 지멘스, 핀란드의 노키아Nokia 등 외국 기업에 팔기로 결정한 것이다.

이 사실이 알려지자 사람들은 경악했다. 왜냐하면 정보통신 분야에서 네트워크는 회사의 생명줄과도 같아 이를 다른 기업에 팔아넘긴다는 것은 상상할 수 없었기 때문이다. 게다가 국내 회사도 아닌 외국 회사에의 매각이었다. 사람들은 미탈 회장이 미쳤다고 했다.

그러나 이는 그가 심각한 고민 끝에 내린 고뇌어린 결정이었다. 자신의 경쟁자는 릴라이언스, 타타 등 인도 최대의 기업들이었다. 이들에 대항해 선두를 고수하기 위해서는 무언가 혁신적인 대책이 필요했다. 당시 상황에선 가입자가 늘면 늘수록 적자를 보는 구조였다. 왜냐하면 가입자가 증가함에 따라 그에 필요한 네트워크 설비를 새로 사야 했고, 또 이의 유지를 위해 많은 돈이 소요됐기 때문이다. 그는 어떤 생각에서 네트워크를 팔려고 했을까?

"엄밀한 의미에서 우리가 네트워크를 소유한 적은 없었습니다. 예를 들어 스위치 하나가 고장나도 우리 회사 내에는 이를 고칠 사람이 없었지요. 에릭슨에서 기술자가 와서 고쳐주는 식이었습니다. 우리는 네트워크를 만들 수도, 유지하거나 업그레이드할 수 있는 능력도 없었습니다. 그래서 과연 이 네트워크가 실제로 우리 것인지 고민했지요. 결국 팔아치우기로 결정을 내렸습니다."

설사 그렇다 해도 왜 국내 기업이 아닌 외국 기업에 팔기로 작정한 것일까? 일부에서는 이를 국부 유출이라고 강하게 비난하기도 했다. 인도는 과거 우리처럼 영국의 식민통치를 받은 적이 있어 외국 회사와의 합작을 경계하는 시각이 많이 존재한다. 이에 대한 그의 생각은 무엇일까?

"저는 인도 기업에 팔 경우 돌아올 리스크를 떠안을 수 없었습니다. 인도 회사들은 이런 일을 해본 적이 없었지요. 무모하게 애국심에만 기대서 경험도 없는 회사와 합작할 수는 없는 일 아닙니까. 반면 에릭슨이나 지멘스, 노키아 등 외국 기업은 이미 충분한 경험을 갖고 있었습니다. 경험 많은 이들에게 일을 맡긴다는 것은 당연한 일 아니겠습니까."

네트워크 매각 가격은 4억 달러였다. 네트워크를 팔았다는 것은 곧 바르티가 더 이상 설비를 사거나 유지하는 데 신경쓸 필요가 없어졌다는 사실을 의미한다. 대신 바르티는 이들 외국 회사가 제공하는 서비스에 대한 사용료와 가입자 트래픽(통신량)의 증가에 따라 결정되는 수수료를 지불하면 됐다.

바르티는 네트워크 매각에 이어 같은 해 가입자 관리 및 회계를 담당하는 자사 IT 부문을 7억 5,000만 달러를 받고 IBM에 팔았다. 이의 목적도 네트워크 매각과 마찬가지였다.

바르티는 이제 자신의 핵심 역량이며 자산인 마케팅과 고객 서비스 개발, 새로운 비즈니스 기회 창출 등에만 집중하면 됐다.

이를 다른 말로 하면 아웃소싱(외부 주문)이라 부른다. 핵심역량만 남기고 나머진 남에게 맡겨 비용을 절감하고 생산성을 극대화하는 전략이다. 주로 미국이나 유럽 등 선진국 기업들이 인도나 중국 등 개발도상국 기업에 비핵심업무를 위탁하는 방식이다. 인도가 아웃소싱 기지로 유명한 것도 바로 이 때문이다. 그러나 바르티의 아웃소싱 사례는 정반대다. 개발도상국인 인도 기업이 선진국 기업인 에릭슨, IBM 등에 비핵심업무를 맡긴 것이다.

이런 사례는 바르티 이전에는 전례가 없는 일이었다. 이 때문에 바르티의 네트워크 분야 등 아웃소싱은 내용이나 형식에 있어 혁명적인 사례로 평가된다. 이런 아웃소싱을 통해 바르티는 향후 10년간 수십억 달러의 비용을 절감할 수 있을 것으로 예상한다.

미탈 회장의 혁명적인 조치 후 바르티의 실적은 나날이 좋아졌다. 2003년 이전까지는 매년 적자였으나 네트워크 등 매각 이후에는 매년 흑자를 냈다. 2007년 실적은 70억 달러 매출에 16억 달러 흑자를 기록했다. 반면 경쟁사들은 여전히 적자에서 벗어나지 못하고 있다. 이후 바르티 가입자 수는 폭발적으로 증가해 2008년 5월 말 현재 6,743만 명으로 시장점유율 32.8퍼센트를 차지하여 선두를 질주했다. 인도 정보통신산업 선두 주자로서 지위를 더욱 확고히 한 것이다. 이에 비해 릴라이언스커뮤니케이션은 가입자 5,715만 명에 점유율 27.8퍼센트로 2위이긴 하지만 보다폰에사르Vodafone Essar(가입자 5,530만 명, 점유율 26.9%)에 바짝 추격당했다.

'인도 정보통신의 제왕'의 위치를 굳힌 2006년 말 미탈 회장은 시장을 놀라게 하는 또 다른 계획을 발표했다. 미국 월마트와 제휴해 인도 소매시장에 진출하겠다는 것이다. 소매업을 해본 경험이 전혀 없는 그로선 매우 충격적인 발표였다. 세계적인 갑부가 된 그가 이제 수성守成이나 주력 사업인 휴대폰 사업에만 힘을 쏟을 만도 하건만 스스로 새로운 영역에 도전장을 냈다. 미탈 회장의 속도경영을 다시 한 번 드러냄과 동시에 그의 끊임없는 도전정신을 잘 보여준다. '자수성가한 아시아 3대 갑부'인 미탈 회장의 꿈과 도전은 계속된다.

한눈에 보는 억만장자의 성공전략

❖

미탈 회장의 성공전략을 요약해보자.

첫째, 항상 꿈을 크게 가졌다. 대학을 졸업하고 18세의 어린 나이에 자전
거부품상을 시작할 때부터 '인도 정보통신의 제왕'에 오른 오늘날까지도
그는 큰 꿈을 꾸기를 멈추지 않았다. 이 같은 큰 꿈과 목표가 있었기에 지칠
줄 모르는 추진력과 실행력을 보여줄 수 있었다.

둘째, 많은 고난과 어려움에도 좌절하지 않았다. 사업이 잘 될 때는 어김
없이 정부가 나서 중소기업인 그의 사업에 제약을 가하는 일이 벌어졌다.
너무 부당하고 어이없는 일이었다. 억울하고 분통이 터질 일이다. 그러나
그는 이 때문에 좌절하거나 불만에 쌓여 포기하지 않았다. 대신 그는 말없
이 준비하며 내실을 기하는 데 최선을 다했다. 실력을 쌓으면 언제든 기회
가 올 것이란 믿음을 가졌고 이후 실제로 그렇게 됐다.

셋째, 속도경영을 적극 실천했다. 일반적으로 중소기업은 자금과 조직
에서 불리하다. 이런 한계를 인식해 미탈 회장은 남보다 앞서 생각하고 남
보다 앞서 진출하는 전략을 채택했다. 몸집이 큰 대기업으로선 따라하기
힘든 전략이다. 결국 이 전략은 성공해 바르티는 인도 최대 기업군으로 부
상했다.

넷째, 핵심역량에 집중했다. 비용을 줄이고 생산성을 높이기 위해 군살
을 줄이고 자신의 강점인 핵심능력에만 집중하는 전략을 채택했다. 이는 기
업 경쟁력을 한층 강화시켜 대기업들과의 싸움에서도 이길 수 있는 능력을

갖게 했다.

미탈 회장의 성공요인은 이밖에도 많다. 그는 무無에서 시작해 인도 최대 기업군을 일군 살아있는 성공신화다. 그 과정에서 어떤 특혜도 없었고, 부정도 없었다. 아니 오히려 그는 정부에 의한 각종 차별과 불이익 속에서도 성공을 이뤄냈다. 그런 면에서 과거 정부의 특혜와 비호 속에 성장한 우리나라 재벌보다 배울 점이 훨씬 더 많다. 오로지 혁신과 기업가 정신으로 '인도 정보통신의 제왕'에 오른 미탈 회장. 그는 큰돈 버는 전략과 함께 기업을 어떻게 운영해야 하는지 등 많은 것을 가르쳐 주고 있다.

바르티그룹

—▶ 인도 최대 휴대폰 서비스 제공업체

—▶ 가입자수 6,743만 명(2008년 5월)

—▶ 시장점유율 32.8%

—▶ 주식가 총액 약 50조 원

—▶ 70억 달러 매출, 16억 달러 흑자(2007년)

—▶ 인도 94개 도시에서 영업

2

꿈은 절대 놓치지 않는다
쿠샬 팔 싱

Kushal Pal Singh

DLF
BUILDING INDIA

쿠샬 팔 싱 KUSHAL PAL SINGH

인도 최대 부동산 그룹 DLF 회장 겸 CEO

총재산 350억 달러로 세계 8위 갑부(《포브스》, 2008년 3월호)

생년월일 1931년 8월 15일

출신 우타르프라데시 주 블란드샤하르

학력 미루트 대학, 인도 육군사관학교, 영국 로열사관학교

INDIAN BILLIONAIRES

2007년 7월 5일 인도 경제에 관심 있는 사람들은 아침부터 뭄바이 증시가 열리기를 학수고대했다. 이날은 인도 최대 부동산 재벌인 DLF가 뭄바이 증시에 상장하는 날이었기 때문이다. DLF의 증시 상장은 최근 폭발적으로 성장한 인도 부동산 시장의 향배를 알려줄 뿐만 아니라 인도 경제의 향방까지 가늠할 수 있는 중요한 바로미터였다.

증시가 개장하자마자 DLF 주가는 상승하기 시작했다. 이날 내내 꾸준히 오른 DLF 주가는 종가기준 9퍼센트 상승했다. 성공적 증시 데뷔였다. 상승세는 이날로 끝이 아니었다. DLF 주가는 이후 몇 개월간 수직 상승했다. 그러나 2008년 1월 이후 인도 증시가 조정을 겪으면서 DLF 주가도 하락세를 탔다. 이 회사 주식 시가총액은 2008년 3월 현재 400억 달러를 기록했다. DLF 주식의 87.5퍼센트를 소유한 쿠샬 팔 싱Kushal Pal Singh 회장은 350억 달러에 달하는 엄청난 갑부로 급부상했다. 새로운 세계 최대 부동산 거부가 탄생한 것이다.

도널드 트럼프Donald Trump 등 전 세계 기라성 같은 부동산 재벌을 제치고 세계 최대 부동산 갑부에 오른 쿠샬 팔 싱 회장은 누구인가? 그는 또 어떻게 해서 이처럼 천문학적인 재산을 모았으며, 그의 사업 성공전략은 무엇일까?

시작부터 남다르다

싱 회장은 1931년생으로 인도 북부 지역인 우타르프라데시Uttar Pradesh 주 태생이다. 인도 미루트Meerut 대학에서 과학을 전공한 그는 영국으로 유학을 떠났다. 영국에선 항공 엔지니어링을 공부했다. 영국에서 유학하는 동안 인도 육군사관학교에 지원해 합격했다. 항공 공학을 전공하다 갑자기 육군사관학교에 지원한 이유에 대해 싱 회장은 "당시 폴로(Polo, 말을 타고 공을 치는 경기)에 미쳐 있었기 때문"이라고 밝혔다. 즉 말을 타는 기병대에 가기 위해 육군사관학교를 지원했다는 것이다.

그러나 인도 무관 배출의 요람인 데라둔Dehradun 소재 육군사관학교에서의 생활은 매우 힘들고 고달팠다. 이에 따라 당시 19세였던 젊은 싱은 영국으로의 탈출을 꿈꾸었다. 영국에 되돌아가 중단한 항공공학을 마칠 생각이었다. 그러나 이런 그의 생각은 동료의 누설로 발각됐다. 그는 훈련대장(대령)에게 불려갔다. 하지만 훈련대장은 그를 꾸짖는 대신 부드러운 어조로 설득했다.

"영국으로 돌아갈 작정이라면 가도 좋다. 그러나 일단 떠나면 자네는 훈련이 힘들어 도망간 겁쟁이로 영원히 기억될 것이다. 겁쟁이란 꼬리표를 영원히 달고 다녀도 괜찮다고 한다면 떠나라. 그렇지 않다면 자네의 계획을 재고해보라."

그 말을 듣고 싱은 영국으로 돌아가려던 계획을 철회했다. 이에 대해 싱 회장은 "당시 훈련대장이 만약 꾸짖거나 엄하게 대했다면 나는 사관학교를 자퇴하고 영국에 다시 갔을 것"이라며 "만약 그랬다면 영국 어느 곳인가에서 항공기를 수리하며 평범한 삶을 살지 않았을까"라고 회상했다. 그는 "현실이 어렵다고 회피하면 인생은 점점 쪼그라들고 만다"면서 "인생의 중요한 가르침을 준 훈련대장에게 지금도 감사하고 있다"고 강조했다.

육군사관학교를 졸업한 싱은 자신의 희망대로 기병부대를 자원했다. 저명한 데칸기병대에서 9년간 복무했다. 육군사관학교를 포함해 10여 년간의 군 생활은 후에 비즈니스에서 큰 도움이 되는 리더십과 규율, 엄격한 생활태도를 갖게 했다.

1960년 군에서 퇴역한 그는 장인이 경영하던 부동산 회사인 델리토지금융Delhi Land & Finance에 들어갔다. 바로 현재 DLF의 모체 회사다. 그러나 당시 인도 정부의 부동산 규제로 부동산 사업은 침체 일로에 있었다. DLF도 마찬가지였다. 한때 잘 나가던 회사였지만 정부의 규제에 부딪혀 마땅히 할 일이 없었다. 다른 사업거리를 모색하지 않을 수 없었다. 그래서 그는 이후 10여 년간 전기 모터와 자동차 배터리를 생산하는 미국계 아메리칸유니버설일렉트릭 등 여러 회사에 적을 두었다. 이들 회사의 CEO도 역임한 바 있지만 그다지 눈에 띄는 성과는 내지 못했다. 잠깐 한눈을 판 이들 사업에서 그는 비록 성공을 하지는 못했지만 이후 사업에서 중요한 역할을 할 서구식 경영기법에 대해 많은 것을 배웠다. 이 기간은 후일 성공을 위한 훈련과 준비 기간이었던 셈이다.

1979년 싱은 장인이 하던 부동산업으로 다시 돌아왔다. 이후 아메리칸유니버설과 DLF 유니버설이 통합하자 그는 통합회사의 대표가 된다. 통합회사는 부동산 개발 사업체였다. 통합회사라고 해보았자 자본금은 일천했다. 통합회사 사장이 된 그는 미국의 도널드 트럼프와 같은 글로벌 부동산 재벌이 되겠다는 꿈을 꾼다. 그때 그의 나이 50세였다. 다른 사람 같으면 은퇴를 준비할 나이에 그는 '글로벌 부동산 재벌'이라는 새로운 꿈을 꾸며 도전에 나선 것이다. 그것도 맨손으로. 거의 무모하다 싶은 꿈이었다.

싱 회장은 장인의 사업체를 물려받았다. 자식들이 아버지의 사업을 이어받는 통념과는 달랐다. 만약 장인이 아니었다면 그도 부동산 시장에 발을 들여놓지는 않았을 것이다. 장인 차우다리 싱Chaudhary R. Singh도 자수성가한 부동산 사업가였다. 사실 싱 회장의 부동산 사업 기법은 장인으로부터 배운 바가 적지 않다. 장인 차우다리 싱은 공무원이었으나 비즈니스에 남다른 재능을 갖고 있었다.

1940년대 중반 인도가 영국으로부터 독립 가능성이 높아 가던 때였다. 그러나 영국 통치를 받던 인도 대륙은 힌두교를 믿는 인도와 이슬람을 믿는 파키스탄으로 분리될 위기를 맞고 있었다. 차우다리 싱은 이를 사업을 할 절호의 기회라고 판단했다. 만약 두 나라가 분리 독립되면 인도 지역에 있는 이슬람들은 파키스탄으로, 파키스탄에 있는 힌두교들은 인도 쪽으로 대이동이 시작되고, 이는 엄청난 주택 수요를 창출할 것이라고 판단했다. 이런 판단에 따라 그는 인도 독립 한 해 전인 1946년 델리토지금융을 설립했다.

사업을 시작하긴 했지만 공무원 생활을 한 그에겐 돈이 없었다. 그럼에도 불구하고 그는 토지를 사들이는 데 뛰어난 재능을 보였다. 방법은 이랬다. 토지를 갖고 있는 농부들로부터 토지를 외상으로 사들인다. 대신 이 토지를 개발해 비싼 값에 팔아 높은 이자를 얹어 원금을 농민들에게 돌려주는 방식이었다. 농민들은 토지를 외상으로 팔라는 그의 제안에 처음에는 코웃음 쳤다. 어떻게 생판 모르는 사람을 믿고 자신의 금쪽 같은 토지를 외상으로 팔아넘길 수 있겠는가.

그러나 차우다리 싱은 좌절하지 않았다. 공무원 생활을 하며 맺은 탄탄한 인맥과 철저한 신용을 바탕으로 끈질기게 농민들을 설득했다. 그의 눈물겨운 노력에 농민들의 마음이 움직이기 시작했다. 농민들이 하나둘씩 자신의 토지를 외상으로 그에게 넘겼다. 그는 이 토지를 성공적으로 개발해 비싼 값에 되팔았다. 외상에 의한 토지개발방식이 작동하기 시작한 것이다. 이런 결과 그는 뉴델리의 저명한 주택과 상업 단지인 사우스익스텐션South Extention, 하우스카스Hauz Khas, 그레이터카일라시Greater Kailash 등 21개의 콜로니(집단 주택단지)를 개발했다.

하지만 잘 나가던 그의 부동산 사업은 1957년 된서리를 맞았다. 토지 개발권을 회수해가는 등 정부가 토지 개발에 대한 대대적인 규제를 가했기 때문이다. 각종 규제로 인해 손발이 묶인 DLF는 이때부터 약 20년간 간판만 내걸었지 실질적인 부동산 개발 사업은 거의 하지 못했다. 1979년 쿠샬 팔 싱이 돌아온 후부터 그와 장인은 부동산 사업에 전력을 기울였다. 사업 밑천은 장인이 보유하고 있던 40에이커의 땅이 전부였다.

운명적 만남은 운명적인 미래를 낳는다

싱 회장이 '제2의 도널드 트럼프'를 꿈꾸며 도전에 나섰지만 현실은 그리 녹록치 않았다. 토지 개발에 대한 규제의 벽은 여전히 높았다.

사업을 진행하면 할수록 정부 규제의 높은 벽을 실감해야 했다. 사업을 확장하려면 농지를 상업용으로 전환할 필요가 있었지만 정부의 입장은 단호했다. 정부만이 토지 개발권을 가진다는 법률을 개정할 의지가 전혀 없었다. 그는 낙담하고 실망했다. '제2의 도널드 트럼프'가 되겠다던 꿈을 접을까도 생각했다. 이런 상태에선 글로벌 부동산 재벌로 큰다는 것은 실현 불가능한 꿈처럼 보였다. 하지만 지성이면 감천이라고 했던가. 난관에 봉착해 있던 그에게 인생 최대의 행운이 찾아왔다.

1981년 5월 12일 무더운 여름날이었다. 장소는 뉴델리New Delhi 인근 농촌 구르가온Gurgaon이었다. 지금은 구르가온이 한국의 분당처럼 신도시로서 눈부신 성장을 하고 있지만 당시는 척박한 농촌에 불과할 때였다. 이날도 그는 지역 공무원을 찾아가 규제 완화를 설득하고 돌아가다 지쳐 한 우물가에서 쉬고 있던 중이었다. 이 때 지프차가 한 대 다가와 우물가에 섰다. 차가 과열돼 엔진을 식힐 냉각수를 얻기 위해서였다. 이 차 안에는 그의 운명을 바꿔줄 사람이 타고 있었다. 당시 인디라 간디Indira Gandhi 총리의 장남인 라지브 간디Rajiv Gandhi였다. 라지브 간디는 바로 직전 정치에 입문한 상태였고, 21세기 인도를 세계 강국으로 이끌려는 꿈을 갖고 있었다.

한눈에 라지브 간디를 알아본 싱 회장은 반갑게 그를 맞았다. 두 사람은 나무 그늘 아래서 차의 엔진을 식히는 몇 시간 동안 대화를 나누었다. 라지브 간디의 미래에 대한 비전과 철학은 그와 비슷했다. 한마디로 서로 죽이 맞았다. 이때 싱 회장은 라지브 간디에게 황무지인 구르가온을 세계적 타운십으로 개발하려 한다는 자신의 계획, 그리고 정부의 규제로 인해 그 꿈을 실현하지 못하는 한계에 대해 솔직히 얘기했다.

라지브 간디는 인도 발전에 대한 싱 회장의 비전에 적극 공감했다. 또한 이 지역 개발에 대한 규제를 풀어야 한다는 그의 지적에도 전적으로 동감을 표시했다. 라지브 간디는 돌아간 다음에도 이 문제에 계속 관심을 가졌고, 총리가 된 후에는 지방정부로 하여금 토지개발 규제를 대폭 완화하도록 압력을 가해 성사시켰다. 이로 인해 DLF는 물론 인도 농촌 개발차원에서도 청신호가 켜졌다. 싱 회장은 라지브 간디와의 우연한 만남에 대해 "그것은 어떤 면에서 굉장한 행운이었다"며 "이로 인해 오늘날 인도 도시 개발정책이 재탄생하는 계기가 됐다"고 평가했다.

무에서 정말 유를 창조하다

구르가온 타운십은 구르가온에 자리잡은 'DLF 시티'를 의미한다. 구르가온은 뉴델리 남부서 자동차로 20~30분 정도 거리에 위치해 있는 신도시다. 바로 싱 회장이 1990년대 후반 'DLF 시티'를 개발하고부터 신도시로서 모양을 갖추었다. 그전까지 구르가온은 허허벌판에 황량한 논밭에 불과했다.

이 허허벌판에 세계적인 타운십을 세운다는 것이 싱 회장의 계획이었다. 이 타운십 내에 수만 채의 고급주택, 테크놀러지 기업단지, 상업시설을 비롯한 대단위 쇼핑센터, 선진국 수준의 레저오락 공간, 세계적인 골프장 등을 건설하는 것이 주된 골격이다.

이에 대해 당시 사람들은 모두 그가 미쳤다고 했다. 우선 인적을 찾기 힘든 황량한 벌판에 세계적인 타운십을 건설한다는 계획 자체가 터무니없었다. 또 토지 개발권을 정부가 독점하고 있어 애당초 그 실현이 불가능해 보였다. 게다가 DLF 시티는 3,000에이커 정도의 부지를 필요로 했으나 싱 회장 가족이 보유한 토지는 겨우 40에이커에 불과했다. 그 많은 토지를 어디서 무슨 돈으로 구입할 것인가. 그에겐 그 이상의 사업 자금이 없었고, 은행의 부동산 개발사업 자금 융자도 법으로 금지되어 있었다.

그럼에도 불구하고 싱 회장은 자신의 꿈을 포기하지 않았다. 믿는 것이 있다면 자신의 신념과 열정, 의지, 그리고 그간 다져온 주민들과의 돈독한 신의였다.

정부의 토지개발 규제 해제는 라지브 간디와의 만남 이후 해결의 실마리를 찾았다. 다음 문제는 자금이 없는 상태에서 어떻게 3,000에이커나 되는 광활한 토지를 매입하느냐, 였다. 그 비결은 신용거래였다. 비록 돈 없이도 신용을 바탕으로 토지를 매입하는 방식이다. 따라서 관건은 토지 소유 농민들의 마음을 열어 믿음을 얻는 것이었다. 싱 회장은 어떻게 농민들의 믿음을 얻었을까?

"저는 제 자신을 토지 소유주 가족과 동일시하려고 노력했습니다. 먼저 농민 가족들에 대한 세세한 사항까지 모두 파악했지요. 예를 들어 가족은 몇 명인지, 애들은 몇이나 되는지, 그 가운데 누가 공부를 잘 하고 못하는지, 가족간 불화는 없는지 등 사소한 정보라도 모두 모았습니다. 그런 다음 농민 가족들이 저를 신뢰할 수 있도록 제가 할 수 있는 모든 것을 했습니다. 저는 필요하면 그 가족들과 몇 주일 혹은 몇 달이라도 함께 생활했지요. 그들과 똑같이 누추한 옷을 입고 지저분한 바닥에 앉아 생활했으며 더러운 우유병 속에 죽은 파리가 담긴 우유도 함께 마셨습니다. 또 결혼식이나 장례식 등 주민들의 경조사마다 찾아 다녔고, 아픈 가족이 있으면 도움을 주었으며, 심지어 가족간 불화가 생겼을 때는 이의 중재를 도맡아 했지요.

저는 농민 가족들의 일원이 되었으며 마치 그 집안의 큰 형님 같은 역할을 했습니다."

굳이 이런 일까지 할 필요가 있었을까? 선뜻 이해가 가지 않는 부분도 있다. 그러나 싱 회장이 그렇게까지 한 것은 구르가온 농민들의 토지 소유 형태를 꽤 뚫고 있었기 때문이다. 당시 구르가온 농민들의 평균 토지 소유 규모는 4~5에이커에 불과했다. 게다가 이는 어느 개인이 아닌 가족 전체가 소유주인 경우가 다반사였다. 이 땅을 사기 위해서는 법적으로 가족 전체의 동의가 필수적이었다. 따라서 어떤 때는 토지 한 건을 구매하기 위해 30명의 동의를 얻어야 하는 경우도 종종 있었다. 이들로부터 모두 동의를 얻기 위해선 모든 가족 구성원들에게 믿음과 좋은 인상을 심어줘야 했다. 특히 출가한 딸의 동의를 얻기가 매우 어려웠다. 싱 회장은 딸들이 시집간 곳을 일일이 찾아 다녔고, 심지어 이들 딸에게 몰래 돈도 집어주었다. 땅을 얻기 위해 지극정성을 다한 것이다.

이 같은 지극정성과 신뢰를 바탕으로 그는 농민들로부터 신용으로 땅을 구매할 수 있었다. 신용에 의한 땅 구입은 장인의 사업 방식에서 배웠다. 즉 싱 회장이 토지를 사면 땅을 판 농민에게 땅값을 지불한다. 그러나 바로 그 돈을 돌려받는다. 싱 회장이 대출 받듯 그 돈을 농민에게 빌리는 것이다. 농민들이 은행 역할을 했다. 싱 회장은 이 돈으로 다른 땅을 사는 식으로 부지를 확장했다. 대신 그는 매달 이 돈에 대한 이자를 철저히 지불했다. 이자는 매달 3일 오전 10시에 정확히 지급했다고 한다. 싱 회장은 이런 방식으로 구르가온에서 3,500에이커나 되는 땅을 구입했다. 그러나 돈 문제와 관련해 DLF를 상대로 한 단 한 건의 소송도 없었다. 상대에 대한 신뢰가 없으면 불가능한 돈 거래 방식이었다. 이 같은 농민들과의 전적인 신뢰 관계가 불가능해 보였던 꿈을 가능한 현실로 만든 비결이었던 셈이다. 그러나 이런 신뢰는 거저 주어진 게 아니다. 싱 회장의 십수 년에 걸친 집념과 열정, 헌신, 봉사 등이 튼튼한 신뢰관계를 구축했다.

정부의 개발 규제가 완화되고 토지 매입도 끝냈다. 이제 남은 것은 실제 공사를 해 선진국 못지않은 일류 타운십을 건설하는 일이다. 그러나 타운십 건설 자체는 어려운 일이 아니었다. 문제는 황량한 벌판에 대규모 타운십을 조성했을 때 과연 사람들이 찾아올 지였다. 만약 천문학적인 돈을 들여 타운십을 건설했는데도 아무도 찾지 않는다면 여태까지의 수고와 노력, 투자금은 모두 수포로 돌아간다.

싱 회장도 이 점을 충분히 잘 알고 있었다. 구르가온을 타운십 도시로 선택한 이유도 바로 이 때문이었다. 델리 시민들이 쉽게 접근할 수 있고 통근할 수 있는 거리에 위치해 있어서였다. 싱 회장은 구르가온을 개발지로 선택한 이유에 대해 다음과 같이 말했다.

"무굴제국 시대 이후 델리는 남쪽으로 확장을 지속했습니다. 올드델리Old Delhi의 찬드니촉Chandni Chowk으로부터 코넛플레이스Connaught Place, 그레이터칼라시까지 모두 도시가 남쪽으로 커지지 않았습니까. 그래서 저는 다음 타깃은 구르가온이 될 것이라고 확신했습니다."

역사를 보고 미래를 내다볼 줄 아는 싱 회장의 안목이 탁월하다. 이에 따라 그는 DLF 시티가 위성도시가 아닌 '원반도시ring town'임을 특별히 강조했다. 델리에서 언제든 접근할 수 있는 곳이란 인상을 심어주기 위해서였다. 이런 예는 또 있다. DLF 시티 최초의 프로젝트 이름이 '쿠툽 인클레이브Qutb Enclave'였다. 이는 델리 시내 남부에 있는 유명한 역사유물 쿠툽미나르Qutb Minar에서 따온 것이다. 사람들이 이름을 보고 자신이 살고 있는 곳에서 멀지 않은 곳이란 인상을 갖게 하기 위해서였다.

이와 함께 사람들이 구르가온으로 이동하고 싶은 마음이 들게 할 전략도 구상했다. 예를 들어 '일터에 걸어 갈 수 있는 곳walk to work' 혹은 '걸어서 레저를 즐길 수 있는 곳walk to leisure'이란 슬로건이다. DLF 시티 내에는 주택에서부터 사무실, 레저공간, 학교, 쇼핑센터, 병원, 골프장 등 각종 편의 시설을 갖춰 걸어서 모든 것이 가능하다고 설명했다.

그러나 이 같은 홍보에도 불구하고 초기에 사람들은 구르가온으로 이주하길 망설였다. 아무래도 델리 시내보다 거리가 일단 멀고 사회기반시설이 미비했기 때문이다. 또 당초 계획과는 달리 일자리를 제공해줄 기업체들의 입주가 더딘 것도 사람들이 타운십 입주를 꺼린 중요한 요인이었다. 이에 따라 DLF는 잠재 고객들에게 교통편을 무료로 제공하고, 쇼핑센터에서의 다양한 할인혜택도 주었다. 또 DLF 시티 내 주택 입주 시 융자혜택도 대폭 제공했다. 인근을 지나는 고속도로가 구르가온을 거쳐 가도록 정부에 요청해 실현시키기도 했다.

인맥은 성공을 타고

오늘날 DLF 시티는 성공적인 타운십으로 평가받는다. 그 이면에는 미국 GE 자회사들의 DLF 입주가 큰 역할을 했다. GE는 1997년 GE 캐피털인터내셔널서비스와 GE 메디컬시스템의 백오피스를 이곳에 입주시켰다. 당시로서는 매우 파격적인 조치였다. 당시 구르가온은 도로도 열악했고, 주변에 변변한 식당도 없었으며, 직원들이 타고 다닐 버스 등 교통수단도 매우 취약했다. 그런데도 GE가 이곳에 입주한 것은 뉴델리 시내에 비해 가격이 싼 데다 사무실 공간이나 시설 등이 뛰어났기 때문이다. GE가 DLF 시티 내에 둥지를 틀자 다른 세계 저명 기업들이 몰려들기 시작했다. 영국의 브리티시항공British Airline, 네덜란드의 네슬레Nestle, 미국 아메리칸익스프레스American Express, IBM, 스웨덴의 에릭슨 등 많은 다국적 기업이 잇따라 들어왔다. 그만큼 DLF 시티가 시설 면에서 우수했다는 사실을 뜻했다. 다국적 기업들이 구르가온으로 몰려들자 인도 IT 기업들도 덩달아 입주 러시를 이루었다.

기업들이 밀려옴에 따라 일자리가 그만큼 늘어났다. 그러자 사람들이 DLF 시티 내 주택단지에 거주하고 주변 상가와 쇼핑몰이 활기를 띠기 시작했다. 주말이면 델리서 온 수많은 쇼핑과 위락 인파로 구르가온은 몸살을 앓을 정도가 됐다. 후발 부동산 개발업자들도 개발에 나서면서 구르가온 땅값은 천정부지로 뛰어 올랐다. 싱 회장이 에이커당 평균 2,000달러를 주고 산 구르가온 땅값은 이제 수백만 달러를 주고도 사지 못할 만큼 금싸라기 땅으로 변했다. 구르가온에 세계적 타운십을 만들겠다던 싱 회장의 꿈이 실현단계에 들어선 것이다.

DLF 시티 초기 아무도 입주하지 않으려 할 때 선뜻 입주를 단행한 GE의 결정은 놀랍다. 그러나 그 이면에는 싱 회장과 잭 웰치 Jack Welch 당시 GE 회장의 막역한 친분이 큰 역할을 했다. 두 사람은 1980년대부터 알고 지냈다. 특히 1989년 웰치 회장이 인도를 방문했을 때 싱 회장이 친절하고 인상 깊게 그를 맞은 것이 큰 인연이 되었다. 이때 싱 회장은 웰치 회장에게 인도의 잠재력과 발전 가능성에 대해 진지하게 설명했다. 웰치 회장의 자서전《잭 웰치: 끝없는 도전과 용기Jack: Straight from the Gut》에는 싱 회장에 대한 인상이 자세히 나와 있다.

"싱 회장은 키가 훤칠하게 크고 말쑥한데다 귀족풍의 면모를 지닌 사람이다. 그와 일행은 우리에게 인도와 인도 국민들에 대해 우리가 모르는 사실들을 자세히 설명해주었다. 이로 인해 우리는 인도에 무한한 기회가 있다는 사실을 깨닫게 됐다. 특히 인도인들의 우수한 수학, 과학적 능력에 감탄했다."

싱 회장도 기회 있을 때마다 웰치 회장의 경영능력을 칭찬하곤 한다. 특히 그는 "웰치 회장으로부터 어떻게 기업을 운영하는 것인지 많은 것을 배웠다"며 "오늘의 DLF가 있게 된 데는 웰치 회장의 도움이 아주 컸다"고 감사를 표했다. 이처럼 웰치 회장과의 친분 관계가 싱 회장의 성공에 일정한 기여를 했다. 즉 라지브 간디 총리와의 만남도 그렇고, 잭 웰치 회장과의 막역한 관계와 농민들과의 신뢰관계 등 인간관계가 싱 회장의 성공에 결정적 역할을 했다.

DLF 시티의 성공으로 싱 회장은 일약 세계적인 갑부 대열에 당당히 들었다. 이에 대해 그는 인도 유력 경제지인 〈이코노믹타임스〉와의 회견에서 "솔직히 말해 제가 세계적 갑부 반열에 올랐다는 사실은 좀 당황스럽습니다. 저는 이런 식으로 세상에 알려지는 것을 바라지 않습니다. 제가 지난 20여 년간 해온 일이 국가에 유익한 일이라는 사실에 자랑스러워 할 뿐입니다"라고 말했다.

이제 DLF 시티를 모르는 인도인은 별로 없다. DLF 시티는 총 면적 3,000에이커에 퍼져 있는 아시아 최대 타운십이다. 이곳에는 2만 가구의 주택과 300만 평방피트의 상업단지, 100만 평방피트의 쇼핑센터, 호텔, 식당, 병원, 학교, 아놀드 파머Arnold Palmer가 설계한 18홀 골프장이 자리 잡고 있는 등 선진국 수준의 질 높고 방대한 시설을 자랑한다. DLF는 현재 2억 5,000만 평방피트에 이르는 새 프로젝트를 진행 중이다. 또 향후 수 년간 10만 에이커의 거대한 개발계획을 추진하고 있다.

DLF 시티는 인도 도시개발의 모델이 됐다. 싱 회장은 DLF 개발방식을 뭄바이, 벵갈루루, 콜카타, 첸나이 등 인도 전역으로 확장 중이다. 여타 부동산 개발 업자들도 DLF 개발 방식을 따라서 하고 있다. 앞으로 수십 년간 인도 부동산 시장이 계속 성장할 것으로 전망됨에 따라 DLF 역시 고속 성장이 예상된다.

변수가 있다면 첫째, 싱 회장이 나이가 많아 경영권에 차질이 생길 수 있다는 점이다. 싱 회장도 이를 인식해 부회장인 아들 라지브 싱Rajiv Singh(51)에게 점차 많은 권한을 이양하고 있다. 그러나 미국 MIT에서 기계공학을 전공한 아들의 경영능력은 아직 검증되지 않아 불확실성이 있다.

둘째, 인도 부동산 거품이 꺼지는 상황이다. 최근 몇 년간 인도 부동산은 하늘 높은 줄 모르고 치솟았다. 인도 정부의 공식 통계에 따르면 전국 평균 연 10퍼센트 이상 상승했다. 이는 전국 평균으로, 많이 오른 곳은 1년에도 몇 배씩 오르기도 했다. 따라서 조만간 거품이 터질 것이라는 우려도 존재한다. 실제로 글로벌 금융위기의 여파로 인해 인도 일부 지역에서 부동산가격이 하락세를 보이기도 했다. 그러나 인도가 향후 고속경제 성장을 지속한다면 굴곡은 있겠지만 인도 부동산 시장도 함께 성장을 이어갈 공산이 크다. 인도의 사회기반시설과 주택은 아주 열악한 상태여서 앞으로도 무한한 수요가 기대되기 때문이다.

한눈에 보는 억만장자의 성공전략

❖

싱 회장은 어릴 적부터 큰 꿈을 꾸었다. 가진 자본도 없고 정부 규제로 인해 앞이 깜깜한 상황에서도 그는 '도널드 트럼프' 같은 세계적 부동산 재벌을 꿈꾸었다. '크게 생각하라, 그리고 그 분야 최고가 되라Think big, and be a sector leader'는 싱 회장의 좌우명이었다.

이 꿈의 실현을 위해 그는 비전을 갖고 최선을 다했다. 정부 규제 철폐에 적극 나서는 한편 농민들의 신뢰를 얻기 위해 수 개월 동안 함께 생활하는 등 온갖 정성을 다 쏟았다. 또 그의 꿈은 막연한 공상이 아닌, 현실에 근거를 두고 철저히 분석한 과학이었다. 늘어나는 인구로 인해 대도시 델리가 머지않아 수용한계를 벗어날 것으로 보고 역사적 관점에서 인근 구르가온을 개발지로 선택했다.

그의 성공은 어떤 면에선 탄탄한 인맥의 승리라고 볼 수 있다. 라지브 간디를 통한 정부 규제 해제도 그렇고, 잭 웰치 회장의 DLF 내 GE 기업 유치 결정도 마찬가지다. 농민들과의 상호 신뢰관계는 또 어떠했는가. 만약 농민들과 돈독한 신뢰가 없었다면 애초 토지를 구매하는 일부터 낭패를 겪었을 것이다. 물론 라지브 간디를 우연히 길거리에서 만나는 등 개인적 운도 크게 따라주었음은 물론이다. 그래서 항간에서는 그를 그의 회사 이름에 빗대 '매우 운이 좋은 친구DLF: Dame Lucky Fellow'라고 부르기도 한다. 그러나 지금까지 보았듯이 운이 좋은 이면에는 수많은 노력과 비전, 꿈, 리더십, 인간관계, 추진력, 인내, 의지, 신의, 헌신 등 보이지 않는 요인이 큰 기여를 했다. 이것이 맨손으로 세계 최대 부동산 재벌을 일군 싱 회장의 성공전략이라고 할 수 있다.

싱 회장은 자신의 성공 철학에 대해 "성공하기 위해선 큰 꿈과 비전을 먼저 가져야 한다. 동시에 이 꿈과 비전을 실현하기 위해 실용적이고 현실적일 필요가 있으며, 또한 하는 일이 항상 계획한 대로 되는 것은 아니라는 사실도 인식할 필요가 있다. 성공에 이르는 최고의 열쇠는 실패에 굴하지 않고 이를 통해 오히려 배운다는 적극적인 자세"라고 설파했다.

"성공에 이르는 최고의 열쇠는 실패에 굴하지 않고 이를 통해 오히려 배운다는 적극적인 자세"라는 그의 마지막 말이 강하게 전해져 온다.

DLF그룹

— • 인도 최대 부동산 개발회사

— • 주요 사업 전국 32개 도시에서 쇼핑몰, 아파트, 호텔, 빌딩 등 건설

— • 매출 36억 달러(2007년), 매출 증가율 258%

— • 순익 20억 달러(2007년), 순익 증가율 306%

— • 주식 시가총액 414억 달러(2008년 3년)

3

크게 생각하고 앞서 생각하라
디루바이 암바니

Dhirubhai Ambani

Reliance
Industries Limited

디루바이 암바니 DHIRUBHAI AMBANI

릴라이언스그룹 창업주

무無에서 인도 최대 기업을 일군 20세기 인도 최고 기업인

생년월일 1932년 12월~2002년 7월

출신 인도 서북부 구자라트 주

학력 구자라트 고등학교 졸업

2007년 10월 말 전 세계 언론은 세계 최고 갑부가 바뀌었다고 일제히 전했다. 지난 10여 년간 세계 갑부 순위 1위를 고수해온 마이크로소프트의 빌 게이츠Bill Gates 회장이 인도 최대 재벌인 릴라이언스그룹의 무케시 암바니Mukesh Ambani 회장에게 밀려났다는 것이다.

무케시 회장[1]이 보유한 주식가치는 632억 달러(2007년 10월 29일 종가 기준)로 게이츠 회장의 625억 달러를 추월했다. 가난한 나라 인도에서 세계 최고 갑부가 탄생한 것이다.[2]

무케시 회장의 세계 최고 갑부 등극 기사 후 인터넷에선 '무케시'란 이름이 검색 순위 1위를 기록하기도 했다. 그러나 인터넷에서는 그가 어떤 인물이고, 어떻게 해서 그렇게 큰 부자가 됐는지 등에 대

---

1) 무케시는 성姓이 아닌 이름이다. '암바니'라고 표기해야 하지만 뒤에 다룰 그의 부친 및 동생과 구분하기 위해 '무케시'로 쓰기로 한다.

2) 2008년 들어 인도 증시가 조정을 겪으면서 무케시 회장은 워렌 버핏, 카를로스 슬림, 빌 게이츠, 락시미 미탈에 이어 세계 5위 갑부로 밀려났다.

한 정보는 찾기 힘들다. 그는 인도에서조차도 릴라이언스그룹의 회장이란 사실 말고는 어떤 인물인지 베일에 가려 있다. 언론에 나서는 것을 싫어하기 때문이다.

무케시 회장은 최근 60층짜리 초호화판 주택 건설 논란을 일으킨 인물이다. 릴라이언스그룹의 창업주인 고故 디루바이 암바니 회장의 맏아들인 그는 미국 스탠퍼드 경영대학원을 졸업했다. 대학원 졸업 후 1977년 바로 릴라이언스 이사로 임명되었다. 우리보다 더 가족경영 전통이 강한 인도에선 매우 자연스러운 일이다.

그는 2005년 '왕자의 난'으로 세상에 알려졌다. 부친 디루바이 회장 사망 후 동생인 아닐 암바니와 릴라이언스 지분 문제를 두고 재산권 다툼을 벌인 것이다. 마치 정주영 회장 사망 후 발생한 현대의 '형제의 난'과 매우 흡사하다. 그룹이 분할된 결과도 비슷했다. 현대는 정부가 나서 갈등을 조정했지만 릴라이언스는 어머니가 주도해 파국을 막았다.

무케시 회장이 세계 최고 갑부에 등극한 가장 큰 이유는 릴라이언스 주식 폭등 때문이다. 그는 현재 섬유, 석유화학, 정유, 석유 및 가스 탐사 등을 주력으로 하는 인도 최대 그룹인 릴라이언스의 지분 51퍼센트를 보유하고 있다. 2007년 초 릴라이언스그룹의 시가총액은 1조 1,000억 루피(33조 원)에서 2008년 3월 말 현재 3조 8,000억 루피(114조 원)로 세 배 이상 올랐다.

릴라이언스 주식이 왜 폭등하는 것일까? 물론 적지 않은 거품이 끼어 있다는 얘기도 있지만 일단은 미래 기업가치가 그만큼 높다고 보기 때문이다. 릴라이언스그룹의 주력 기업인 릴라이언스인더스트리즈Reliance Industries의 매출은 2007년 276억 달러에서 2008년 348억 달러로 급증했다. 매출 증가율이 26퍼센트로 매우 높다. 순익도

48억 6,000만 달러를 기록했다. 그만큼 성장성과 수익성 전망을 높게 보고 있는 것이다.

세계 갑부 순위			(단위: 억 달러)
순위	이름	국적	재산
1	무케시 암바니	인도	632.20
2	카를로스 슬림 엘루	멕시코	622.99
3	빌 게이츠	미국	622.90
4	워렌 버핏	미국	559.31
5	락시미 미탈	인도	509.14

* 자료: 〈월스트리트저널〉(2007년 10월 29일 현재)

이는 무케시의 경영능력과 연관된다. 그는 20세기 인도 전설적 기업인으로 통하는 부친 디루바이 암바니의 경영능력을 이어받았다. 무케시는 주요 대목마다 미래지향적 선택을 해 기업을 크게 키웠다.

그러나 릴라이언스의 성공을 거론하기 위해선 창업주인 디루바이 암바니를 빼놓을 수 없다. 그는 인도 최고의 기업인으로서 인도인들의 가슴속에 생생히 살아있는 성공신화다. 19세기 인도 기업인으로 잠셋지 타타Jamsetji Tata가 있었다면 20세기에는 디루바이 암바니가 있었다.

사업을 하려면 큰물에서 놀아라

크게 생각하고, 빠르게 생각하며, 남보다 앞서 생각하라
Think big, think fast and think ahead

이는 '인도의 록펠러'로 불리는 디루바이 암바니가 생존 시 평생 강조한 말이다. 그의 인생 성공전략이자 인생철학인 이 한마디는 디루바이 암바니 그 자신을 설명한다.

디루바이는 1932년 인도 서북부 구자라트 지방의 가난한 교사 아들로 태어났다. 다섯 형제 중 셋째였다. 집안이 가난했기 때문에 그는 어릴 때부터 돈벌이에 관심이 많았다. 초등학교 때부터 주말이면 관광객들을 상대로 스낵 등을 팔아 돈을 벌었다. 그의 어릴 적 친구는 그때를 이렇게 회상한다.

"초등학교 시절부터 디루바이는 동네 어디서나 쉽게 발견할 수 있었습니다. 무엇을 하는지 자전거를 타고 여기저기 돌아다니곤 했지요. 당시 그가 가장 원했던 일은 비즈니스 기회를 찾는 것이었습니다. 혹시 일거리가 생기면 이를 위해 학교를 빼 먹는 일도 종종 있었지요."

그는 결국 고등학교를 마치자마자 1950년 17세의 나이에 중동에 위치한 예멘Yemen의 '아덴Aden'이란 곳으로 돈을 벌러 간다. 그곳에서 일하고 있는 큰형을 찾아간 것이다. 아덴에선 다국적 정유회사인 '셸shell'의 주유원으로 일한다. 디루바이 회장은 그때를 이렇게 회고했다.

"학교에 다닐 때부터 저는 가능한 빨리 돈을 벌고 싶었습니다. 돈 버는 것 외 다른 시각에서 인생을 바라본 적이 없습니다. 모두 그런

생각을 갖고 있겠지만 저는 어떤 일이든지 성공하고 싶었습니다. 그것이야말로 제 인생에서 가장 가치 있는 일이라고 생각했지요."

그는 셸의 주유원으로 일하면서 한 달 월급으로 300루피(9,000원)를 받았다. 당시 환율로 계산해도 결코 많지 않은 돈이었다. 그러나 이곳에서의 근무 경험은 그의 인생을 바꿔놓는다.

셸의 주유원으로 일하는 동안 능력을 인정받은 그는 셸의 자회사인 비스컴Beese Com의 사무직원으로 승진한다. 이곳에선 월급도 올랐고(1,100루피), 아랍어도 익히며 적극적인 생활을 했다. 그러나 그는 안정된 생활을 접고 인도에 돌아가기로 결정한다.

"당시 아덴에서의 생활은 행복했습니다. 자가용도 구입하고 조그만 아파트도 장만했습니다. 그러나 저는 이제 제 사업을 할 때가 됐다고 생각했습니다. 특히 셸 같은 거대한 기업을 이루어보자고 마음먹고 있던 터였습니다. 물론 아덴에서도 사업을 할 수 있었으나 사업을 하려면 인도로 돌아가야 한다고 판단했지요."

셸 같은 대기업을 일구겠다는 커다란 꿈을 안고 그는 25세라는 한창 젊은 나이에 인도로 돌아간다. 그러나 당시 그는 혼자가 아니었다. 한 살된 아들(무케시)과 임신한 아내가 있었다. 이런 상태에서 인도로의 귀국은 쉽지 않은 결정이었을 것이다. 결혼해 자식까지 둔 가장이 안정된 직장을 버리고 새로운 모험을 하는 일이었기 때문이다.

만약 그가 그때 아덴에 그냥 눌러앉았으면 어떻게 되었을까? 그냥 월급쟁이로 평범한 삶을 살지 않았을까? 인생에서 결단은 어렵지만 중요하다.

디루바이는 고향인 구자라트로 가는 대신 인도 최대 경제도시인 뭄바이에 정착하기로 결정한다. 사업을 하려면 '큰 물'에서 놀 필요가 있었기 때문이다. 그는 뭄바이의 허름한 연립주택가에서 방 한

칸에 거실 하나짜리 집에 세 들어 살았다. 이곳에서 그와 아내, 어머니, 동생, 그리고 두 아들 등 여섯 식구가 함께 거주했다. 빈궁한 생활이었다. 하지만 꿈과 미래가 있었기에 그는 행복했다.

그의 손엔 아덴에서 모은 5만 루피(150만 원)가 쥐어져 있었다. 이를 종자돈으로 그는 뭄바이에 '릴라이언스커머셜코퍼레이션Reliance Commercial Corporation'이라는 회사를 차린다. 그의 첫 회사였다. 장차 인도 최대 기업이 되는 릴라이언스그룹의 모태다.

사업 초기 이 회사는 향신료, 마늘, 고추 등 인도 상품을 아덴에 있는 지인들에게 공급, 판매했다. 당시 아덴이 자유무역항으로 발전하면서 외국 상품에 대한 수요 폭증을 간파하고 무역회사를 설립한 것이다. 게다가 그는 아덴에서 맺은 인맥을 적극 활용키로 했다. 장사든 사업이든 무엇이든 폭 넓은 인맥은 성공하는 데 매우 필요한 자산이다. '인맥이 성공의 지름길'이란 말이 있듯이 그는 20대 초반이라는 젊은 나이에 이미 인맥의 중요성을 깨달았다.

무역사업은 성공적이었다. 취급 상품이 설탕, 버터기름, 모래 심지어 흙에 이르기까지 다양했다. 흙을 수출했다니 믿기지 않지만 당시 예멘을 비롯한 중동 지역은 사막을 옥토로 만드는 데 전력을 기울이던 시기였다.

드넓은 땅덩어리를 갖고 있는 인도에 넘치고 넘치는 게 흙이었다. 디루바이는 이들 상품 수출로 많은 돈을 번다. 어릴 적부터 갖고 싶었던 '부富의 상징'인 벤츠 자동차도 사고 넓은 새 집도 마련했다. 그의 나이 겨우 30세였다. 그는 이때 단순 무역업을 버리고 1960년대 초 섬유산업에 본격 뛰어들기로 새로운 결심을 한다. 왜 이런 결정을 했을까?

"당시 고추, 설탕, 마늘 등 수출은 여전히 잘 됐습니다. 그러나 제 마음 한구석에는 이런 사업으로는 '큰 것'을 이룰 수 없다는 생각이 떠나지 않았습니다. 고추, 마늘과 같은 사업은 '시골스러운' 작은 사업이라고 생각했지요. 저는 많은 투자를 해 큰 돈을 버는 '도시스러운' 큰 일을 하고 싶었습니다."

그는 아덴에서 셸 주유원으로 일하면서 늘 이런 생각을 했다. 당시 셸에서는 한번에 수백만 원이나 하는 전보電報도 흔히 보내곤 했다. 그는 그만한 투자 가치가 있다고 판단되면 엄청난 비용도 예사로 감수하는 대기업의 모습에 놀랐다. 들어간 비용보다 훨씬 더 많은 이익을 뽑아내는 과정을 보았기 때문이다.

그때 그는 '아, 큰 사업이란 이렇게 하는 것이구나'라고 느꼈다. 자연스럽게 셸은 그에게 모델 기업으로 다가왔고, 그는 셸 같은 기업을 만들겠다는 꿈을 꾸었다.

원대한 시작, 성공의 과정

디루바이는 인조견사人造絹絲로 섬유업을 시작했다. 초창기 그의 섬유사업은 다른 업자들과 크게 다르지 않았다. 그러나 그는 남다른 '큰 뜻'과 '사업적 능력'을 갖고 있었다. 대표적인 사례가 당시 인도 정부의 수출 장려 정책인 라이센스 제도(수출을 많이 하면 수입할 수 있는 권리 부여)를 적극 활용한 것이다. 이를테면 인도산 인조견사를 값싼 가격에 대량으로 수출하여 수출액을 늘린 후 인도에선 비싼 나일론 수입 라이센스를 획득해 나일론 수입판매로 돈을 버는 식이었다.

당시 다른 업자들은 나일론 수입판매로 돈을 번다는 생각까지는 하지 못했다. 설령 그런 생각을 했더라도 라이센스를 얻을 수 있는 목표 한도까지 많은 상품 수출을 할 수 없었다. 그러나 디루바이는 달랐다. 그는 단가를 낮춰 수출해 손해를 보더라도 나일론 수입판매로 수익을 많이 내면 훨씬 큰 이익을 낼 수 있다고 판단했다. 이런 그의 생각은 적중했다. 나일론 라이센스 수입판매 모델은 계속 성공을 거둬 그의 사업은 확장을 지속했다.

그러다 정부의 수출입 정책이 수정돼 더 이상 라이센스 판매를 할수 없자 1978년 '비말Vimal'이란 자체 상표를 내놓는다. 이는 인도 시장과 소비자들의 특성을 적극 고려해 추진한 야심찬 사업이었다.

문제는 어떻게 소비자들을 공략하느냐, 였다. 수입 판매 사업만 운영했기 때문에 자체 상표를 내본 적이 없었다. 그는 대대적인 광고전을 펼치기로 했다. 엄청난 돈을 투입해 신문, 잡지, 라디오, TV 등에 인도 역사상 전례 없는 대규모 광고 캠페인을 벌였다. '여성은 자신을 다양한 언어로 표현한다. 비말은 그중 하나다'라는 광고는 당시 인도 여성들에게 굉장한 센세이션을 불러 일으켰다. 디루바이 회장에게 그때 상황은 너무나 생생했다.

"소비자들은 물건을 살 때 보다 값싼 상품을 사기 위해 여러 상점을 돌아다니는 불편을 감수하지 않습니다. 질 좋은 물건을 안다면 바로 이를 사기 위해 직행하지요. 우리는 바로 이 점에 주목했습니다. 소비자들의 신뢰를 얻기 위해 가장 중요한 것은 브랜드 이미지란 사실을 알고 있었습니다. 이를 위해선 어떻게 할 것인가? 우리가 앞선 기술로 최고 품질의 상품을 만들고 있다는 사실을 광고했습니다. 그리고 대성공했지요."

릴라이언스는 인도 기업 가운데 광고의 중요성을 일찍 간파한 기업이다. 요즘도 릴라이언스의 광고 지출은 경쟁 기업에 비해 월등히 많다.

'비말' 광고는 대히트를 기록했다. 그러나 광고가 성공했다고 해서 상품 판매도 비례해 대박이 나는 것은 아니다. 인도처럼 땅이 큰 반면 배달망이 형편없는 나라에서는 광고 성공이 판매 성공으로 이어지지 않을 가능성이 높았다. 이에 따라 디루바이는 유통망에 대한 혁명적인 확대 정책을 편다.

그의 유통망 확대 전략은 크게 두 가지였다. 첫째는 판매점 운영자를 대폭 지원하는 것이고, 둘째는 대도시뿐만 아니라 중소도시에도 적극 진출하는 것이다. 두 가지 방안 모두 여타 기업에서는 엄두도 내지 못했던 사항이다. 그는 구체적으로 전국 방방곡곡을 다니면서 대리점 운영 예정자를 직접 만났다. "만약 대리점을 낼 공간만 갖고 있다면 광고와 재정적으로 적극 지원해주겠습니다. 우리 사업은 위험이 전혀 없습니다. 만약 실패하면 우리에게 오십시오. 우리가 책임집니다. 만약 성공해 이익이 남으면 모두 여러분 것입니다"라고 약속했다.

특히 릴라이언스 주식을 보유한 주주들을 위주로 설득했다. 왜냐하면 그만큼 회사에 대한 충성심이 강하기 때문이다. 대부분 사람들이 대리점 개설에 흔쾌히 동의했다. '위험이 전혀 없는 사업'에 투자하지 않을 사람이 누가 있겠는가?

'비말' 대리점은 기하급수적으로 늘어났다. 1977년부터 1980년까지 3년 동안 하루도 빠짐없이 대리점이 개설됐다. 특히 1980년에는 하루 평균 100여 개의 대리점이 문을 열었다. 이에 따라 1980년 말에는 인도 전역에 걸쳐 20여 개의 릴라이언스 직매장과 1,000여 개의 프랜차이즈 매장, 그리고 2만여 개의 소매 대리점이 개장했다. 매장 수와 개설 속도가 상상을 초월한다. 디루바이를 '인도 프랜차이즈의 영웅'이라고 부르는 이유도 바로 이 때문이다. 이처럼 빠르고도 거대한 유통망 구축은 세계적인 체인망을 보유하고 있는 맥도널드McDonald나 베네통Benetton에나 비견될 만한 사례다.

디루바이의 첫 자체 브랜드인 '비말'은 그렇게 대성공을 거두었다. 수요는 넘치는데 물건이 없어 못 팔 지경이었다. 이에 따라 생산 능력을 강화하고 기술도 계속해서 업그레이드했다. 또한 비말 외에 '사리스Sarees', '드레스Dress', '수트Suit' 등 다양한 브랜드들을 출시했다. 경쟁사들이 대개 단일 브랜드로 판매하는 것과는 다른 전략이었다. 이들 브랜드 역시 베스트셀러 상품으로 자리잡는다. 이와 관련해 한 시장 분석가는 다음과 같이 논평했다.

"마켓 포지션이라는 측면에서 비말을 포함한 릴라이언스 제품은 미스터리였습니다. 이들 제품은 항상 고가高價전략으로 부자 고객을 타깃으로 삼았지요. 그런데 이상하게도 상위 계층은 물론 중산층도 이들 제품을 사는 데 열을 올렸습니다. 부자와 함께 중산층을 끌어들이는 능력, 이것이 바로 성공 비결이었습니다."

하늘 높은 줄 모르는 인기로 하늘도 뚫다

'비말' 상표를 내놓기 직전인 1977년 11월 디루바이는 인도 중산층 사회를 뒤흔드는 일을 벌인다. 아직 제대로 성숙하지 못한 뭄바이 증시에 자신의 기업을 상장키로 결정한 것이다. 당시 릴라이언스는 굳이 상장하지 않더라도 자금에 여유가 있었다. 그러나 새로운 사업을 하기 위해서는 든든한 자금줄이 필요했다. 당시는 보통 은행에서 사업 자금을 빌리던 시대였다. 하지만 은행들은 대출을 거부하기 일쑤었다. 그래서 주식시장 상장이 장기적으로 자본을 싸게 조달하게 할 것이라고 판단했다.

릴라이언스의 주식시장 상장은 인도 증권시장을 혁신적으로 변화시키는 계기가 됐다. 주식에 별로 관심이 없던 일반 중산층들이 대거 릴라이언스 주식을 사겠다고 몰려들었다. 기업 상장 첫 해인 1977년에만 5만 8,000여 명이 릴라이언스 주식을 샀다. 이후 릴라이언스 주주 수는 급격하게 늘어나 현재는 500만 명을 웃돌고 있다. 우리나라 대표 종목인 삼성전자 주주 숫자가 10만 명 안팎에 불과하다는 점에 비춰 볼 때 릴라이언스 주식이 인도 국민들 사이에 얼마나 인기 있는지 짐작할 수 있다.

릴라이언스 주식은 왜 이렇게 인기 종목이 되었을까? 왜 그렇게 많은 사람들이 릴라이언스에 투자했을까? 이는 다른 말로 하면 '디루바이가 어떻게 했길래 그 많은 사람들이 릴라이언스 주식을 샀는가?'라는 질문으로 대치할 수 있다. 이 질문은 디루바이 역시 많이 고민한 부분이었다. 어떻게 하면 일반 대중들이 새로 상장하는 릴라이언스에 투자하도록 만들까? 고민은 많이 했지만 대답은 간단했다. 투자자들이 지금까지 투자해 얻은 것 이상으로 보상해주면 된다. 그러면 어떻게 해야 투자자들에게 많은 보상을 해줄 수 있을까? 해답은 주식 가격 상승이었다.

당시 인도 기업 경영자들은 주식 가격에 거의 신경을 쓰지 않았다. 그들의 최우선 목표는 이익을 많이 내 주주들에게 높은 배당을 안겨주는 것이었다. 그들은 멋대로 출렁거리는 주가에 일희일비하지 않으려 했고, 주가가 폭락해도 이를 회복시키는 데 큰 관심을 갖지 않았다. 하지만 디루바이는 달랐다. 그는 경영진이 주주의 이익에 책임을 져야 하고 주주의 이익을 지키는 데 적극적 역할을 해야 한다고 믿었다. 그가 볼 때 배당을 많이 줘도 주주들에게는 큰 돈이 되지 않았다. 주주가 돈을 벌려면 주가 상승이 최고였다.

이는 너무나 당연한 얘기다. 그러나 당시만 해도 이런 생각을 가진 인도 경영자는 거의 없었다. 사실 우리나라 경영자들이 주주 중시 경영을 시작한 시기도 1990년대 말 외환위기 이후부터다.

디루바이는 주주 중시 경영을 미국을 위시한 서구 나라에서 배웠다. 그런데 인도 경영자 중에는 미국 등 해외에서 유학한 사람들이 꽤 많았다. 그럼에도 불구하고 고등학교밖에 다니지 않은 그가 이를 깨닫고 먼저 실천에 옮겼다는 사실은 놀랍다. '성공은 학력에 비례하지 않는다'는 말이 그래서 실감난다. 실제로 학력은 성공을 위한 필요조건이지 충분조건은 아님을 우리는 일상생활에서 늘 목격한다.

투자자들을 유인하기 위해서는 주식 가격이 계속 올라야만 했다. 그러나 가격이 오르기만 하는 주식이 세상에 어디 있는가. 주식은 기업 실적뿐 아니라 여러 변수와 상황에 따라 오르내리기를 반복하는 특징을 갖고 있다. 디루바이도 물론 이를 인식하고 있었다. 그래서 그는 릴라이언스 주식을 단기가 아닌 중장기(월간 혹은 연간)로 끝없이 상승하게 만들 것이라고 단언했다. 그의 말에 허점이 없는 것은 아니었지만 주주 중시 경영을 선언한 그의 인기는 폭발적이어서 수많은 사람들이 릴라이언스 주식을 사려고 몰려들었다.

실제로 그는 이후 자신의 약속을 성실하게 지켰다. 릴라이언스가 급성장을 하며 순익을 많이 내는 경영을 위해 최선을 다했기 때문이다. 설사 회사가 적자를 내더라도 그는 주주들에게 두 자릿수 이상의 높은 배당을 해주었다. 이를 본 사람들은 릴라이언스 주식을 너도 나도 사려했고, 주가는 계속 상승 곡선을 탔다. 이에 따라 경영진은 자금 압박을 받지 않고 기업을 운영할 수 있었으며, 이는 좋은 실적으로 나타나 다시 주가 상승을 부추기는 선순환 발전을 가져왔다.

그 결과 릴라이언스는 기업 상장 후 하늘 높은 줄 모르고 성장했다. 릴라이언스가 얼마나 빠르게 성장해왔는지 숫자로 살펴보자. 주식을 상장한 1977년 12억 루피(360억 원)에 불과했던 매출은 1995년 780억(2조 3,400억 원) 루피, 그가 죽기 직전인 2002년에는 9,900억 루피(29조 7,000억 원)로 치솟았다. 25년 만에 자그마치 825배 성장한 것이다. 같은 기간 순익도 1억 5,000만 루피(45억 원)에서 175억 루피(5,250억 원), 1,250억 루피(3조 7,500억 원)로 급증했다.

기업 가치를 나타내는 주식 시가총액은 1980년 12억 루피(360억 원)에서 1990년 99억 6,000만 루피(2,988억 원), 1995년 962억 루피(2조 8,860억 원)로 치솟더니 그가 죽는 2002년에는 1조 6,000억 루피(48조 원)로 올라 그를 세계적인 갑부 대열에 들게 만들었다. 기업 가치가 22년 만에 1,333배나 커진 것이다.

업종도 다변화했다. 1980년대 들어 릴라이언스는 섬유 외에 석유가스, 석유화학, 플라스틱, 전력, 생명공학, 정보통신 등 부문으로 사업을 다각화했다. 이에 따라 1980년대 말 이미 릴라이언스는 규모와 업종 면에서 타타그룹과 어깨를 나란히 하는 인도 최대 기업그룹 중 하나로 급부상한다.

반드시 앞서 실천하라

인도인들이 디루바이 회장을 호의적으로만 평가하지는 않는다. 수출 라이센스를 통해 경쟁자를 고사시키며 돈을 벌었다든가, 정경유착이 비판의 도마에 오르기도 했다. 그러나 비판자들도 한결같이 동의하는 점이 있다. 그가 기업인으로서 뛰어난 비전과 선견지명, 그리고 열정을 지녔다는 점이다.

사실 어떤 면에선 정치인과의 긴밀한 관계도 능력일 수 있다. 주어진 악조건에 그저 불평하는 것이 아니라 적극적으로 이를 타개하려 애썼기 때문이다. 이에 대해 그는 이런 말을 남겼다.

"당시 사업하는 데 있어 가장 중요한 외부 변수는 인도 정부였습니다. 따라서 사업을 원활히 경영하기 위해선 정부에 자신의 생각과 아이디어를 팔 필요가 있었지요. 저는 제 생각을 전달하고 설득하기 위해서라면 정부관리 누구와도 만났고, 앞으로도 만날 용의가 있습니다. 사업가로서 정부의 통제를 뒤에서 비난하기보다 나서서 개선해보려 노력하는 것이 기업가의 자세라고 믿습니다… 저는 제 자신을 개척자라고 생각합니다. 저는 험한 정글을 뚫고 왔고 다른 사람들이 지나갈 수 있도록 길을 만들었지요. 저는 제가 하는 모든 일이 아무도 하지 않은 최초란 사실을 즐깁니다. 비록 저는 주주들을 위해 돈을 벌어야만 하지만 돈을 번다는 일은 저를 흥분시키지 않습니다. 저를 진짜 흥분시키는 일은 제가 이루는 성취 그 자체입니다."

자신을 흥분시키는 일은 '돈을 버는 것이 아니라 스스로 이루는 성취'라는 말이 가슴을 울린다. 인생이나 성공에 대한 그의 생각은 어떨까? 그는 힌두교의 영향을 받아 모든 인간은 자신의 인생 행로를 갖고 태어난다고 믿었다.

"사람들은 평생 자신이 타고난 행로를 따라 움직입니다. 여기서 성공하려면 주어진 자신의 행로를 깨야 합니다. 낮은 단계의 행로를 깨고 벗어나 한 단계 높은 단계의 행로로 들어가야 하지요. 따라서 계속 성공하고자 한다면 자신이 딛고 올라선 행로를 계속해서 깨야 합니다. 그러면 결국 최고 높은 행로까지 진입하게 됩니다."

디루바이의 삶도 이것으로 설명할 수 있다. 셸의 주유원을 그만 두고 사무직 직원으로 승진했을 때 그는 자신의 행로를 한 단계 상승시켰다. 이후 안정된 셸의 사무직을 그만 두고 자기 사업을 시작했을 때, 무역업을 하면서 섬유공장을 세웠을 때 그는 보다 높은 단계의 행로에 들어갔다. 마지막으로 이미 큰 성공을 거두었음에도 불구하고 사업을 석유화학 등으로 확장함으로써 그의 인생은 최고 높은 행로에 올라서게 된다.

이런 인생 철학은 굳이 힌두교인이 아니더라도 쉽게 공감이 가는 내용이다. 우리는 인생 행로의 상승을 기회나 결단으로 이해한다. 자신의 인생에서 다가오는 기회를 어떻게 선택하고 살리느냐에 따라 성공이 결정된다고 믿는다. 성공하는 사람들은 결단이 필요할 때 위험을 무릅쓰고 결단하지만 실패하는 사람들은 이를 기피한다. 필요한 결단은 인생을 결정한다.

디루바이는 생전에 '크게 생각하고, 남보다 앞서 생각하라'고 항상 강조했다. 이는 그의 인생을 그대로 설명해준다. 그는 10대 시절 스낵을 팔 때부터 큰 꿈을 꾸었다. 중동 아덴에 가서도 마찬가지였고, 인도에 돌아와서도 큰 꿈꾸기를 한시도 멈추지 않았다. 셸과 같은 거대 기업을 이루겠다는 꿈과 이 꿈을 실현하려는 열정이 인도 최대 기업을 창조한 정신적 자산이 되었다.

그는 〈아시아위크〉지가 선정한 '아시아에서 가장 영향력 있는 인물 50인'에 세 번이나 선정되었으며, 인도상공회의소는 그에게 '20세기 가장 위대한 인도 기업가상'을 수여하기도 했다.

그러나 디루바이가 개인으로서 마냥 행복하기만 했던 것은 아니었다. 승승장구하던 그에겐 적敵도 많았으며, 50대 초반에 중풍으로 쓰러져 오랫동안 병원신세를 지기도 했다. 그후 어느 정도 회복하였으나 결코 완쾌하지 못한 채 그는 2002년 7월 69세의 나이로 세상을 떠났다. 그가 죽자 인도 전역에서 수많은 사람들이 '20세기 인도 최고 기업인'의 죽음을 애도하며 눈물을 흘렸다. 그의 삶은 신분제도가 운명처럼 드리워져 있는 인도 사회에서 드라마에서나 볼 수 있는 기적이었기 때문이다.

한눈에 보는 억만장자의 성공전략

❖

디루바이 회장의 성공전략을 요약해보자.

첫째, 그는 큰 꿈을 갖고 이를 일관되게 실천했다. 중동의 아덴에서 주유원으로 근무할 때부터 글로벌 기업 '셸'과 같은 큰 기업을 일구겠다는 꿈을 꾸었다. 그러나 이는 단지 몽상에 그치지 않았다. 그는 끝없는 결단과 도전을 통해 이를 차근차근 현실화시켰다.

둘째, 그는 주어진 환경을 비난하기보다 적극 활용했다. 인도 정부의 수출입 규제는 기업들에게 큰 장애요인이었다. 그러나 디루바이 회장은 이에 대해 불평하기보다 정부의 수출 라이센스 정책을 자신의 비즈니스에 적극적으로 활용했다. 정치인과의 긴밀한 관계 유지도 마찬가지다. 일부에선 이를 정경유착이라고 비난하지만 그는 기업인으로서 비즈니스 환경을 좌지우지하는 정치인과의 관계를 돈독히 함으로써 이를 역으로 사업에 유리하게 만들었다. 이는 아무나 할 수 있는 능력이 아니다. 뛰어난 친화력과 로비력, 네트워크, 리더십 등이 없으면 불가능한 일이다.

셋째, 그는 당시 어느 인도 기업인보다도 일찍 광고의 중요성을 깨닫고 이를 활용했다. 비즈니스 성공이란 비단 우수한 상품을 만드는 것만으로는 부족하다. 이를 소비자에 널리 알려 소비자가 사게끔 만들어야 한다. 그런 면에서 그는 광고와 유통망 구축의 선구자였다. 그는 혁명적 광고 전략과 유통망 확장을 통해 릴라이언스 제품을 베스트셀러로 만들었다.

넷째, 그는 고가高價 브랜드의 중요성을 깨달았다. 고가 브랜드를 통해 우수한 제품임을 알려 상류층을 잡으면 중산층도 끌어들일 수 있다고 확신했다. 이에 따라 자사 상품에 대한 '고가 전략'을 채택해 큰 성공을 거둔다.

다섯째, 그는 주주 중시 경영의 선구자 역할을 했다. 그는 릴라이언스 주식은 '갖고만 있으면 돈이 된다'라고 광고했고 이를 실현시켰다. 적자가 나도 주주들에게는 높은 배당을 해주었다. 그만큼 경영에 신뢰를 갖게 했던 것이다. 그는 이 같은 증시 혁명을 통해 자본을 쉽게 조달했고, 기업을 안정적으로 이끌 수 있었다.

여섯째, 그는 후계자를 잘 키웠다. 그는 자신의 두 아들인 무케시와 아닐에게 일찍부터 경영수업을 시켰다. 이들 모두 미국의 명문 경영대학원을 졸업했다. 졸업 후에는 바로 릴라이언스에 입사시켜 실제 기업 일선에서 경영수업을 받게 했다. 그 결과 그가 죽은 후, 비록 그룹이 갈라지는 위기를 겪긴 했지만 두 아들은 뛰어난 경영능력을 보이며 각자의 그룹을 잘 이끌고 있다.

릴라이언스그룹

— • 주요 기업 릴라이언스인더스트리즈, 릴라이언스페트롤리움, 릴라이언스리테일, 릴라이언스인프라스트럭처, 릴라이언스텍스타일 등

— • 주력 기업 릴라이언스인더스트리즈(〈포춘〉 선정 500대 기업)

— • 매출 348억 달러(2007년)

— • 순익 48억 6,000만 달러(2007년)

— • 시가총액 950억 달러(2008년 3월)

— • 수출 전 세계 108개국에 연간 200억 달러 수출

— • 직원수 릴라이언스인더스트리즈 직원만 11만 명

MUKESH AMBANI

최고의 아버지에게 배우다

무케시 암바니

현現 릴라이언스그룹 회장

재산 632억 달러로 세계 최고 갑부(〈월스트리트저널〉, 2007년 10월)

생년월일 1957년 4월 19일

출신 중동 예멘의 아덴

학력 뭄바이 대학 화학공학, 미국 스탠퍼드 대학 MBA 학위

인도 최대 그룹 릴라이언스의 무케시 암바니Mukesh D. Ambani 회장은 고故 디루바이 암바니 회장의 4남매 가운데 장남이다. 그는 1957년 4월 생으로 2009년 현재 51세다.

그는 632억 달러의 재산을 보유한 세계 최대 갑부 가운데 한 사람이다. 또한 그는 초호화 생활로 지탄을 받고 있는 인물이기도 하다.

무케시 회장은 현재 20억 달러를 들여 개인 주택을 초호화판으로 짓고 있다. 총 27층에 연면적 3만 7,000평방미터에 이르는 대저택이다. 당초 60층으로 계획했지만 식구들이 천장 높은 방을 원해 높이는 같되 층수를 27층으로 줄였다. 영화를 좋아하는 그는 집안에 대형 극장을 설치하고 와인룸, 스낵바, 수영장, 스파, 얼음방은 물론 옥상에 헬기 이착륙장까지 갖출 계획이다. 최신형 엘리베이터가 아홉 개나 설치된다. 집이라기보다 초호화 레저단지인 셈이다.

그는 2007년 말 아내에게 400억 원짜리 에어버스airbus를 선물해 세계적인 화제가 되기도 했다. 그가 구입한 에어버스에는 미술품으로 가득 찬 사무실, 게임룸, 음악 감상실, 침실, 바 등이 꾸며져 있다.

또한 2007년 초 세계 최고의 명차인 마이바흐maybach를 5,000만 루피(15억 원)를 주고 구입했다. 삼성 이건희 전 회장이 타고 다닌다는 그 차다. 그러나 뭄바이 시내는 길이 좁고 교통이 복잡해 이 차가 다니기에 적합치 않다. 그래서 그는 이를 반품하고 대신 자신의 입맛에 맞게 맞춘 최고급 벤츠 승용차를 타고 다닌다. 해외여행 시에도 당연히(?) 4,500만 달러짜리 전용기를 탄다. 전용기는 여섯 대나 더 있다.

이런 호화 생활에 대해 영국의 〈인디펜던트〉 등 해외 언론들은 비판적이다. 하루 1달러 이하로 먹고 사는 극빈 인구가 수억 명인 인도에서 그가 기업의 사회적 책임에는 소홀하면서 지나친 호화생활만 즐기고 있다는 지적이다.

그러나 정작 인도 내에선 그런 비판을 찾기 어렵다. 인도 언론들도 이에 대해 크게 비판하지 않는다. "스스로 돈 많이 벌어 자기 돈 쓰는데 뭐가 큰 문제냐"는 반응이 대부분이다. 오히려 세계 최고 갑부가 인도 출신이라는 사실을 자랑스러워한다.

좋게 보면 무케시는 남의 눈치를 보지 않고 부富를 즐기는 사람이다. 인도 기업인들은 일반적으로 자신의 재산을 과시하지 않는다. 그런 면에서 무케시 회장은 새로운 인도 기업인 문화를 전파하는 선도자인 셈이다. 자기가 가진 재산을 마음껏 쓰며 사는 무케시 회장의 신 갑부 풍속이 인도에 어떻게 파급되는지 지켜보는 것도 흥미로울 것 같다.

그는 1977년 스탠퍼드 경영대학원 졸업 후 바로 회사에 입사해 일찍부터 경영 능력을 키웠다. 이미 30년 동안 경영수업을 받아 부친의 사후에도 안정적으로 회사를 이끌고 있다. 사실 그는 디루바이 회장이 생존해 있는 동안에도 회사 경영에 깊이 개입했다. 부친의 건강이 좋지 않아 동생 아닐과 함께 실질적으로 릴라이언스를 운영해왔다. 부친의 기업가적 능력을 그대로 물려받았다고 평가 받는 그는 1980년대 이후 릴라이언스의 성장을 주도해왔다.

대표적인 예가 섬유 제조업에 한정됐던 릴라이언스를 다양한 산업의 대규모 복합 그룹으로 탈바꿈시킨 업적이다. 릴라이언스가 오늘의 위상을 갖게 한 결정적인 전략이었다. 전문용어로는 '후방통합^{backward integration}'이라 불리는 이 전략은 제조업체가 원자재 납품 업체에 진출하는 것을 말한다. 즉 릴라이언스는 섬유 제조업체에서 폴리에스터와 석유화학, 정유, 석유 및 가스 탐사, 정보통신 등으로 사업을 확대했다.

이 과정에서 무케시는 중요한 선택의 기로에 직면한다. 레이온과 나일론, 폴리에스터, 아크릴 중 유망 업종을 선택해야 했다. 그중에서 그는 폴리에스터를 선택해 시장을 장악했다. 사업 규모를 키운 후 가격을 대폭 낮춰 경쟁자들을 시장에서 고사시키는 작전으로 대성공을 거두었다.

이후 그가 새로 진입한 사업은 석유화학과 정유 부문이다. 무케시가 이들 사업에 눈을 돌렸을 때 주변에서는 적극 만류했다. 왜냐하면 이는 릴라이언스가 그동안 주력해온 비즈니스와 아주 다른 분야였을 뿐 아니라 경험도 전혀 없었기 때문이다. 그러나 무케시는 자신의 계획을 밀어붙였다. 대학에서 화학공학을 전공하고 경영학을 전공한 그는 나름 믿는 구석이 있었다. 결국 그의 석유화학과 정유 사업은 성공해 사업가로서의 능력을 과시했다.

휴대폰 사업 진출도 그의 경영능력을 보여주는 대표적인 사례로 꼽힌다. 당시 인도 휴대폰 시장은 영업 실적 악화와 높은 라이선스 비용 지출로 인해 전망이 극히 불투명했다. 기존 사업자들이 정부에 내는 라이선스 비용조차 지불하지 못해 부도가 속출했다. 이런 상황에서 휴대폰 시장 진출은 크나큰 모험이었다. 그러나 그는 주변의 부정적인 전망에도 불구하고 휴대폰 사업에 적극 뛰어들었다. 정부의 규제로 인해 휴대폰 통화요금이 비싸다는 사실을 그는 역이용했다.

그는 경쟁업체를 따돌리는 방안으로 릴라이언스 휴대폰 통화요금을 기존 분당 4루피(120원)에서 40파이스(12원)로 낮추는 혁신적인 전략을 채택했다. 이 같은 가격 파괴 정책은 제대로 작동했다. 비록 당시 시장 지배자였던 바르티에어텔Bharti Airtel을 잡는 데는 실패했지만 시장점유율 2위로 휴대폰 사업에 성공적으로 진출했다.

또 릴라이언스의 모바일 서비스 사업 진출로 인해 인도 휴대폰 시장에 혁명이 일어났다. 통화요금이 급락하자 휴대폰 신규 가입자가 매달 500만~800만 명으로 폭증한 것이다. 따라서 그가 휴대폰 사업에 뛰어들지 않았으면 인도 무선전화 시장 혁명은 일어나지 않았을 것이란 분석도 있다(현재 릴라이언스 휴대폰 사업 부문은 '왕자의 난' 이후 동생인 아닐 암바니가 맡아서 하고 있다).

무케시 회장은 대학에서 공학을 전공했지만 재무에도 뛰어났다. 경영대학원 출신인 그는 기업운영에 있어 재무구조가 가장 중요하다고 생각해왔다. 재무 실적을 황금률로 여기며 추진하는 모든 사업은 최소 20퍼센트 이상의 수익을 올려야 한다고 생각했다. 즉 그는 사업 출범 후 5년 이내에 투자 원금을 모두 회수하는 것을 원칙으로 한다. 그러니 경영 실적이 우수한 것도 당연하다. 릴라이언스 주식이 상한가를 질주하는 이유도 이 같은 무케시 회장의 검증된 경영 능력 때문이다.

최근 그의 재산이 천문학적으로 불어나자 주변 사람들은 매우 부러워한다. 이에 대해 무케시 회장은 "재산은 단지 숫자일 뿐"이라며 대수롭지 않게 답하곤 한다.

"우리는 단지 남보다 앞서 새로운 벤치마킹 사업을 창조하고 있을 뿐입니다. 돈은 단지 이 사업에 따른 부산물이지요. 돈은 그 이상도, 그 이하도 아닙니다. 사업을 하는 사람에게 돈이 그 이상 가치가 있으면 안 됩니다."

어디서 많이 들어본 말이다. 부친인 디루바이 회장의 돈에 대한 언급과 흡사하다. 디루바이 역시 "돈을 번다는 일은 저를 흥분시키지 않습니다. 저를 진짜 흥분시키는 일은 제가 이루는 성취입니다. 저는 제가 하는 모든 일이 아무도 하지 않은 최초란 사실을 즐깁니다"고 말하곤 했다. 부전자전이다.

　'20세기 인도 최고의 기업인'이었던 부친의 회사를 물려받은 무케시 회장. 현재 그는 부친의 후광을 벗고 질풍노도처럼 릴라이언스를 이끌고 있다. 과연 앞으로도 놀라운 성취가 가능할지 인도는 물론 세계가 지켜보고 있다.

ANIL AMBANI

아버지를 넘어서다
아닐 암바니

릴라이언스 ADA 그룹 회장

재산 450억 달러로 세계 6위 갑부(《포브스》 2008년 3월)

생년월일 1959년 6월 4일생

출신 뭄바이

학력 뭄바이 대학 기초과학, 미국 와튼스쿨 MBA 학위

인도인들 사이에 '다이어트를 하려면 아닐처럼 하라!'는 말이 널리 퍼져 있다. 아닐은 '아닐디루바이암바니ADA 그룹'의 아닐 암바니 Anil Ambani 회장을 지칭하는 말이다. 릴라이언스그룹의 무케시 암바니 회장의 동생인 그는 최근 2년 만에 105킬로그램에서 68킬로그램으로 무려 37킬로그램이나 몸무게를 줄였다. 그 비법은 마라톤과 요가였다.

특히 그는 마라톤광이다. 대그룹 회장으로 바쁜 와중에도 매일 아침 10여 킬로미터를 뛴다. 마라톤 대회에도 자주 출전해 달리는 모습이 언론에도 종종 보도된다. 그래서 그는 '억만장자 마라톤맨'으로 잘 알려져 있다.

마라톤으로 단련된 몸을 갖고 있어서인지 그는 하루 24시간이 부족할 정도로 매우 정력적으로 활동한다. 잠은 하루 5시간 이상 자지 않는다. 새벽에 일어나면 1시간 이상 기도한다. 열렬한 힌두교도이기 때문이다. 1시간 정도 조깅 후에는 30분간 요가와 명상을 한다. 아침밥을 먹고 출근하고부터 밤늦게까지 정신없이 하루를 보낸다. 비즈니스 관련 중요한 결정에서부터 수많은 사람들과의 만남, 행사 참석, 연설이나 강연, 지방 출장과 해외 출장에 이르기까지 정신없이 일정을 소화한다. 그럼에도 불구하고 그는 피곤해 하거나 지칠 줄 모른다. 또 그룹 회장이긴 하지만 언제나 그의 입가에는 미소가 떠나지 않는다. 근엄하신 한국의 대기업 총수 이미지와는 거리가 멀다.

그의 지칠 줄 모르는 일에 대한 열정과 동시다발적 업무수행 능력은 부친 디루바이로부터 물려받았다. 일반적으로 크게 성공한 인물의 자식들은 온실 속에서 보호받으면서 자라는 것이 보통이나 아닐은 전혀 그렇지 않다. 그는 과거 선친이 그랬던 것처럼 불도저식으로 자신을 강하게 밀어붙이는 스타일이다.

1959년 6월 뭄바이에서 태어난 아닐 회장은 뭄바이 대학에서 기초과학을 전공했다. 이후 미국 펜실베이니아 대학 와튼스쿨에서 MBA를 마쳤다. 그는 1983년 불과 24세의 나이에 아버지 회사인 릴라이언스에 공동 최고경영자로 입사했다. 형 무케시가 이미 1977년 입사해 한참 경영에 몰두하고 있을 때였다.

릴라이언스에 입사한 그는 미숙한 단계에 있던 인도 금융시장 혁신을 앞서 실행한 선구자로 평가받는다. 예를 들어 그는 글로벌 예탁증권, 전환사채, 채권을 해외에 상장하는 등 인도에선 최초로 해외금융시장 공략에 나섰다. 특히 그는 인도 경제가 개방된 1991년 이래 릴라이언스가 해외 금융시장에서 20억 달러의 자금을 조달토록 하는 데 결정적 기여를 했다. 이로 인해 아닐 회장은 '금융귀재 Financial Wizard'로도 불린다. 이뿐 아니다. 그는 형 무케시와 더불어 릴라이언스그룹이 섬유, 석유화학, 에너지, 정보통신 분야에서 인도 최고 기업이 되게 하는 데 크게 기여했다고 평가받는다.

아닐 회장은 2005년 형과 재산다툼 후 릴라이언스그룹을 쪼개 릴라이언스 ADA 그룹으로 분리 독립했다. 릴라이언스 ADA 그룹에는 주력기업인 릴라이언스커뮤니케이션을 비롯해 릴라이언스통신, 릴라이언스에너지, 릴라이언스파워, 릴라이언스헬스, 릴라이언스미디어&엔터테인먼트 등이 속해 있다. 릴라이언스파워는 2008년 1월 인도 사상 최대 규모의 기업공개(300억 달러)를 단행해 국내외로부터 관심을 모았다. 그의 재산은 2008년 3월 현재 450억 달러로 세계 6

위 갑부에 올랐다. 상대적으로 젊은 갑부인 그의 돈에 대한 생각은 어떤 것일까.

"아버지는 항상 이렇게 말씀하셨지요. '부富는 귓전에서 속삭인다. 돈은 큰소리를 지르지. 돈이란 너희들도 알다시피 어떤 상태에 이르면 더 이상 중요하지 않아. 단지 어떤 활동을 하는 부산물로 생기는 거야.' 사실 저도 기업을 하며 이 사실을 절감했습니다. 정말 위대한 것은 돈이 아니라 제 나름의 방식으로 사회에 기여할 수 있다는 점입니다. 이것이 제게 만족감을 주고 제 삶의 질을 고양시켜 줍니다."

그는 형과 마찬가지로 부친 디루바이를 빼 닮았다는 평을 듣는다. ADA 그룹 웹사이트에는 그의 경영철학을 보여주는 다음과 같은 문구가 적혀 있다.

크게 생각하라. 보다 빠르게 생각하라.
경쟁에서 앞서고 시대를 앞서가기 위해 더 낫게 생각하라.

부친의 경영철학과 비슷한 면모를 엿볼 수 있다. 그가 아버지로부터 배운 가장 중요한 교훈은 겸손이다. 아버지 디루바이는 생전 두 아들에게 "겸손하면 모든 것을 얻을 수 있다"라고 입버릇처럼 강조했다고 한다. 그는 아버지의 말을 따라 겸손을 일상생활에서도 늘 실천한다.

아버지 디루바이를 연상시키는 좋은 예가 있다. 아닐 회장은 기자 회견장에서도 기자들의 이름을 일일이 거명하며 회견을 주도하는 것으로 유명하다. 기자들의 이름까지도 알만큼 친화력이 있다는 것을 뜻하는 한편 호탕한 그의 리더십을 짐작케 한다. 그는 또 아버지처럼 옷을 멋지게 차려 입는 것으로도 널리 알려져 있다. 채식주의자로 술이나 담배를 일절 하지 않는 그의 최대 희망사항은 '기업가로서 아버지를 넘어서는 것'이다. 그의 희망대로 '20세기 인도 최고의 기업인'이었던 부친을 넘어설 수 있을지는 의문이다. 그러나 그의 숨이 멈추지 않는 한 그는 끊임없이 그 길을 갈 것이다. 좋아하는 마라톤을 하듯이…….

생각하고, 생각하여, 생각하라

성공하고 싶은가? 그렇다면 먼저 꿈을 꾸어라. 꿈꾸지 않은 성공이란 있을 수 없다. 혹자는 꿈꾸지 않은 우연한 성공도 있다고 말할지 모른다. 그러나 우연한 성공이란 없다.

물론 꿈만 꾼다고 성공이 자동으로 따라오지는 않는다. 그러나 꿈이 없이는 성공에 도달하기 어렵다. 꿈은 목표를 갖게 하고, 목표는 계획을 수립하고 행동하게 한다. 즉 꿈이 있어야 성공에 대한 강한 의욕과 동력이 생긴다.

꿈을 꾸되 큰 꿈을 꿔야 한다. 작은 꿈은 작은 성공을, 큰 꿈은 큰 성공을 가져온다. 가까운 역사를 보더라도 크게 성공한 사람들은 모두 큰 꿈을 꾸었다. 1부에서 다룬 인도 억만장자들도 한결같이 큰 꿈을 꾸었다.

'인도 정보통신의 제왕'인 수닐 미탈 회장도 '꿈을 항상 크게 가져라'라는 인생관을 결코 잊지 않았다. 영세 자전거 부품상으로 사업에 첫발을 들여놓았을 때부터 그의 목표는 항상 저 먼 곳에 있었다. 언제나 큰 꿈을 꾸고 있었던 것이다. 그렇기에 작은 성공을 거두더라도 그는 거기에 만족하거나 안주하지 않았다. 하나의 목표를 달성하면 더 큰 꿈과 목표를 향해 질주했다. 만약 그가 작은 성공에만 안주했더라면 오늘날의 그는 없었을 것이다.

세계 최대 부동산 왕국을 건설한 쿠샬 팔 싱 회장은 보다 주목할 만한 꿈을 꾸었다. 그는 인생의 황혼기로 간주될 50세의 나이에 '제2의 도널드 트럼프'를 꿈꾼다. 그 나이에 그렇게 커다란 꿈을 꾼다는 게 가능이나 하겠는가? 대부분의 사람들은 아마 이를 망상妄想이라고 치부할 것이다. 그러나 싱 회장은 거대하고 분명한 꿈을 가졌고, 결국 이를 이뤄냈다. '크게 생각하라, 그리고 그 분야 최고가 되어라'가 싱 회장의 인생 좌우명임은 우연이 아니다.

'인도의 정주영'인 디루바이 암바니 회장의 인생 좌우명은 '크게 생각하고, 빠르게 생각하며, 남보다 앞서 생각하라'였다. 그는 어린 시절 다국적 정유회사 셸의 주유원으로 일할 때부터 '셸'과 같은 거대 기업을 일구겠다는 큰 꿈을 꾸었다. 일개 주유원이 거대한 글로벌 기업을 꿈꾸다니, 어찌 보면 가당치도 않은 일이다. 그러나 이런 큰 꿈은 이후 암바니 회장을 '20세기 인도 최고의 기업인'으로 성장하게 한다.

그런데 꿈만 크게 꾼다고 성공한다면 이 세상에 성공하지 못할 사람이 어디 있겠는가? 문제는 자신의 꿈을 지속적으로, 일관되게 추구해갈 수 있느냐다. 꿈이나 목표를 좇다 보면 갖가지 난관과 어려움에 직면하는 것이 인생이다. 어려움에 부닥치면 많은 경우 좌절하기 일쑤다. 자신의 나쁜 운을 탓하기도 하고, 능력 없음을 한탄하기도 한다.

하지만 성공한 사람들은 실패에 직면해도 좌절하거나 신세 탓을 하지 않는다. 오히려 주어진 환경을 비난하기보다 적극 활용한다.

　미탈, 싱, 암바니 회장의 삶은 이를 잘 보여준다.

　사업을 하며 어려운 상황에 자주 직면했던 미탈 회장이 가장 강조하는 성공비결은 '고난과 어려움이 닥쳐도 좌절 말라'이다. 그래서 그는 상황이 좋지 않으면 이를 신의 뜻으로 돌렸다. 의기소침하는 대신 그는 신이 자신을 시험하거나 새로운 길을 준비하고 있다고 해석했다. '폭풍우가 몰아치면 몸을 낮추고 기회를 엿보라'는 전략을 가슴에 새긴 이유도 바로 이 때문이다.

　싱 회장은 '불굴의 정신으로 끊임없이 도전하라'는 말을 입에 달고 살아왔다. 실패 없이 성공만 하는 삶은 없다. 살다 보면 누구나 실패를 경험하게 마련이다. 중요한 것은 그 실패에 어떻게 대응하느냐다. 싱 회장은 '실패에 굴하지 않고 이를 통해 배운다는 자세'가 성공을 위해 매우 긴요하다고 역설한다.

　암바니 회장도 '어려운 상황에서 끝없이 결단하고 도전하는 정신'이 성공의 필수 요소임을 몸소 보여주었다. 그는 선구자적인 기업가로 남이 가지 않은 길을 앞서 가며 많은 어려움과 실패를 경험한다. 그러나 그는 이런 어려움에 굴하지 않고 불굴의 기업가정신과 인내, 집념, 추진력 등으로 끝내 한계를 뛰어넘었다.

　크게 성공하려면 큰 꿈을 꾸어라. 비록 처음에는 허망하게 보일지라도 허망한 꿈도 되풀이해서 꾸다 보면 실현 가능한 꿈이 된다. 꿈은 성공을 위한 나침반이요, 사람을 움직이게 하는 동력이다. 큰 꿈은 성공한 사람들이 갖는 가장 기본적인 공통분모다. 큰 성공을 하려면 '크게 생각하고, 크게 행동하고, 크게 꿈꾸어라.'

PART
2

위기는 최고의 기회다

Azim Premji

Tulsi Tanti

Narayana Murthy

Nandan Nilekani

4

약점은 성공의 걸림돌이 아니다
아짐 프렘지

Azim Premji

WIPRO
Applying Thought

아짐 프렘지 AZIM PREMJI

위프로테크놀로지 회장

총재산 17조 원(2008년 3월)

생년월일 1945년 7월 24일

출신 뭄바이

학력 스탠퍼드 대학, 인도 공과대학 루르키 캠퍼스 명예박사

수상경력 〈파이낸셜타임스〉 선정 '2005년 세계 10위 갑부', '아시아 최대 갑부'

2005년 인도 최고 기업인에게 수여하는 '파드마 부산' 수상

인도 대표 IT 기업 중 하나인 위프로테크놀로지Wipro Technologies의 아짐 프렘지 회장은 '인도의 빌 게이츠'로 통한다. 실제로 게이츠 회장과 프렘지 회장은 비슷한 점이 많다. 소프트웨어 산업으로 기업을 일으켰다는 점이 그렇고, 다니던 대학을 도중에 그만두었다는 점도 마찬가지다. 두 사람 모두 세계적 거부巨富라는 점도 서로를 비교 선상에 놓는 중요한 이유다.

빌 게이츠 회장의 재산에는 못 미치지만 프렘지 회장의 재산도 엄청나다. 자그마치 17조 원이 넘는다. 인도는 물론 세계 최대 갑부 명단에 이름을 올린 지도 수 년이 됐다. IT 산업 붐이 일고 있는 인도에서 그의 이름을 모르는 사람은 거의 없다. 그는 인도 IT 성공의 대표적인 신화요, 상징이다. 그래서 사람들은 그를 '인도의 IT 제왕'이라고 부른다.

그는 빌 게이츠처럼 맨손으로 자수성가한 기업인은 아니다. 아버지가 운영하던 조그만 식용유 사업을 물려받아 소프트웨어를 주력 사업으로 하는 글로벌 IT 기업으로 키웠다.

수도승처럼 엄격하고 근면 성실한 그의 생활 태도와 끊임없는 지적 탐구, 소비자를 최고로 여기는 '품질경영'은 유명하다. 과거 인도 기업인들은 정경유착으로 부정부패의 이미지에서 자유롭지 못했다. 그러나 프렘지 회장은 달랐다. '미스터 클린맨Mr. Clean Man'으로 불릴 만큼 그는 깨끗하고 청렴한 기업인으로 꼽힌다. 특히 그는 엄격한 신분, 인종 차별이 존재하는 인도에서 무슬림 출신이라는 약점을 딛고 성공을 거뒀다. 인도에서 대부분의 무슬림들은 사회 최하층민의 삶을 살고 있다. 프렘지 회장은 이 같은 신분상의 약점에도 불구하고 어떻게 '인도의 IT 제왕'이 되고 세계적인 갑부 대열에 올랐을까?

황태자로서의 고뇌

1966년 8월 11일 당시 21세의 나이로 미국 스탠퍼드 대학에 유학 중이었던 프렘지는 인도에 계신 어머니로부터 전화 한 통을 받았다. 그의 아버지인 M.H. 프렘지가 심장마비로 돌아가셨다는 비보悲報였다. 그때 아버지의 나이는 불과 51세였다. 충격이 이만저만이 아니었다. 젊은 프렘지는 당장 비행기를 타고 고향인 뭄바이로 출발했다. 샌프란시스코 공항을 이륙하면서 그는 가을 학기가 시작되는 9월초 이전에 돌아올 수 있을 것으로 기대했다. 당시 4학년이었던 그는 한 학기만 더 다니면 졸업이었다. 그러나 그는 이후 30년간 스탠퍼드 대학을 다시 찾지 못한다. 아버지의 갑작스런 죽음으로 인도에 그대로 남아 부친이 운영하던 사업을 떠맡아야 했기 때문이다.

아버지가 경영하던 회사는 '위프로West India Vegetable Products'라는 이름을 가진 조그만 식용유 생산 업체였다. 350명 정도의 직원에 연간 매출은 약 150만 달러로 당시 회사는 경영상 큰 어려움을 겪고 있었다. 어머니는 아버지께서 4형제 중 막내인 그를 후계자로 선택했다고 말했다. 이 말을 전해 들었을 때 그는 기쁘기보다는 피할 수 없는 의무 같은 무거운 중압감을 느꼈다고 회고했다.

"마치 수영장에 떠밀려 빠진 듯한 느낌이었습니다. 빠져 죽지 않기 위해 열심히 헤엄치는 방법을 배워야 했습니다."

그는 물에서 빠져 나오겠다고 허우적대는 대신 더욱 깊숙이 잠수했다. 빠져 죽을 때 죽더라도 적극 부딪쳐보겠다고 마음먹은 것이다. 그러나 앞길은 결코 순탄치 않았다. 우선 경영전략과 재무구조가 매우 취약한 상태였다. 그가 새로운 사장으로 취임하자마자 열린 주주총회에서는 경영진을 향한 성토가 빗발쳤다. 주주들은 수익률이 너무 저조하다고 불평하며 회사의 앞날이 걱정된다고 우려했다. 한 주주는 일어나더니 "당신 같은 애송이에게 회사를 맡길 수 없다"며 "회사가 망하기 전에 어서 좋은 조건으로 팔아 치우라"고 언성을 높였다.

이런 모욕적인 말을 들은 프렘지는 그날 마음속으로 굳게 다짐한다. '오늘 당신이 한 말이 틀렸음을 반드시 증명하리라.'

사실 그는 경영에 무지했다. 스탠퍼드 대학에서의 전공도 전기공학이었고, 부친에게서 경영수업을 받은 적도 없었다. 그는 주주로부터 모욕을 당한 후 기업 경영을 배우기 위해 필사적으로 노력한다. 기업을 운영하는 아버지 친구들을 찾아 다니며 경영에 대해 조언을 구하는 한편 경영대학원 교수에게 필요한 책을 추천받아 퇴근 후 매일 밤 늦도록 경영학 공부를 했다. 이를 통해 그는 경영학의 기초를 단시간 내에 체계적으로 익힌다.

이후 기업 경영에 대해 감을 잡은 그는 기업 실적 향상은 물론 자신의 철학이 담긴 '위프로식Wipro Way'경영문화를 뿌리내리도록 했다.

첫째, 기업 경영에 '과학'을 도입했다.

당시 복잡한 식용유 생산 과정을 과학적으로 단순화시킨 것이다. 그는 농부에게 땅콩을 사와 이를 으깬 다음 식용유를 뽑아내 판매했다. 그런데 과거에는 구매자가 직접 농장에 찾아가 생산된 땅콩이 알찬 지 확인해본 후 가격을 흥정해 구매했다. 주먹구구식 구매로 인해 직원들이 일일이 농장을 둘러봐야 하는 등 인력 낭비가 심했다.

반면 그는 농부들에게서 직접 샘플을 받은 후 이를 말려 땅콩의 무게를 정확히 계산해 가격을 산정했다. 인력 낭비를 극소화함은 물론 생산과정을 과학적으로 관리한 것이다. 이처럼 수치와 과학을 중시하는 그의 경영전략은 향후 위프로의 '핵심역량'이 된다.

둘째, 근면하고 절약하는 생활을 솔선수범으로 실천했다.

일반적으로 인도 기업 근무 시작시간은 그다지 이르지 않다. 출근시간이 보통 오전 9~11시인 경우가 많다. 그러나 그는 매일 새벽에 출근해 밤늦게 퇴근했다. 일요일에 출근하는 경우도 비일비재했다. 우리나라를 비롯한 동아시아 국가에서는 이런 생활이 낯설지 않으나 인도에서는 매우 희귀한 경우다.

특히 그는 지나치리만큼 근검절약을 생활화했다. 그가 타고 다니는 자가용은 언제나 소형차였으며, 비행기로 국내외를 여행할 땐 으레 이코노미석을 이용했다. 공항에 도착할 때도 자가용을 부르지 않고 택시를 이용하는 경우가 많았다. 심지어 창문도 없이 털털거리는 3륜 자동차인 오토릭셔를 타고 다닐 때도 많았다.

또 직원들이 퇴근하고 나면 일일이 사무실 전구를 소등하였으며, 화장실 휴지 사용량까지 점검했다. 이 같은 극도의 근검절약 자세는 세계 최고 갑부가 된 요즘에도 변하지 않고 있다.

셋째, 윤리경영을 철저히 실천했다.

1960~70년대 인도 정부는 규제와 폐쇄 일변도 정책을 펴서 부정부패가 사회 전반에 팽배해 있었다. 정부 관리들은 뇌물 요구를 당연한 것으로 여겼고, 고객 회사들도 리베이트를 공개적으로 요구하곤 했다.

땅콩을 위프로에 납품하는 농부들은 자신의 농작물을 선정해달라고 직원들에게 뇌물을 주는 일도 다반사였다. 프렘지 회장은 부정부패 없는 기업이 경쟁력을 가질 수 있다고 확신하고 '청정기업'을 만드는 데 역점을 둔다. 이에 따라 '제로 허용_zero-tolerance' 정책을 추진했다. 리베이트나 뇌물 등 어떤 부정부패도 일절 허용치 않겠다는 정책이다. 이를 어긴 직원들에겐 해고 등 가차없는 제재가 가해졌다. 최근에도 우리나라를 대표하는 대기업들의 부정부패 사건이 적지 않다는 점에 비추어 볼 때 프렘지 회장의 철저한 윤리경영은 우리 기업들에게 뼈아픈 교훈이 되고 있다.

넷째, 사업 확장을 위해 다변화를 적극적으로 추진했다. 식용유 생산만으로는 기업이 성장하는 데 한계가 있다고 판단한 그는 비누와 미용용품, 전구, 건축용 수압장비, 건설장비 등으로 사업을 다변화했다. 이는 사업 확장을 꾀하는 한편 특정 업종의 불황 시 입을 손해와 위험을 분산시키려는 의도였다. 이들 분야는 소프트웨어 사업이 위프로의 핵심이 된 오늘날에도 활기차게 영업하고 있다.

이런 여러 가지 정책에 힘입어 위프로는 급속히 성장하기 시작했다. 이에 따라 1970년대 중반에는 3,000만 달러 매출이라는 알찬 순익을 내는 '작은 재벌'이 되었다. 프렘지 회장이 경영을 맡기 시작할 때에 비해 20배나 매출 규모가 커졌다. 그러나 글로벌 기업에 비교할 때 위프로는 아직 갈 길이 멀었다.

이런 상황에서 프렘지 회장은 1977년 일생일대의 중대한 사업 결정을 내린다. 경험이 전혀 없는 컴퓨터 사업에 진출하기로 결정한 것이다. 당시 인도 정부는 인도에 진출한 외국 기업들이 단독으로 영업하는 것을 금하고 인도 기업들과 합작을 하도록 강요하는 법을 제정했다. 이에 외국 기업들은 강하게 반발했다. 특히 인도에서 별 재미를 보지 못하던 IBM은 인도에서 아예 철수해버렸다. 이로 인해 인도 컴퓨터 시장에 공백이 생겼다.

그가 컴퓨터 제조 사업을 시작하려고 하자 주변에서는 반대가 심했다. 컴퓨터에 대해 아무런 지식도, 경험도, 전문가도 없는 상황에서 섣불리 사업에 뛰어들었다가는 망하기 십상이라고 한결같이 경고했다. 그러나 그는 컴퓨터 사업이 미래를 결정해줄 유망한 사업이 될 것임을 직감하고 과감히 이 사업에 뛰어든다.

당시는 IBM이 개인용 컴퓨터를 내놓기 전이었다. 그래서 막상 컴퓨터 사업을 하기로 결정했지만 어떻게 해야 할지 몰랐다. 프렘지 회장은 컴퓨터 사업을 위한 태스크포스Task Force를 구성했다. 그런 다음 이들을 컴퓨터 전문학원에 보내 교육 받게 하는 한편 사업계획을 짜는 데 전력을 기울였다. 그 결과 IBM의 대형 컴퓨터보다 작은 기업용 미니 컴퓨터를 생산하기로 결정한다. IBM 컴퓨터보다 크기는 작지만 기능은 비슷하면서 가격은 낮춘다는 전략이었다.

이를 생산하기 위해 미국에서 컴퓨터 전문가 일곱 명을 스카우트하여 벵갈루루에 컴퓨터 공장을 세웠다. 요즘은 벵갈루루가 '인도의 실리콘밸리'가 됐지만 당시만 해도 날씨 좋은 휴양지에 불과할 때였다. 위프로의 컴퓨터 공장이 벵갈루루 최초의 IT 기업으로 입주했다.

마침내 1981년 위프로의 미니 컴퓨터가 세상에 출시됐을 때 사람들은 모두 놀랐다. 인도에서 만든 최초의 컴퓨터였기 때문이다. 위프로는 이어 PC 생산에도 박차를 가하여, 컴퓨터 제조 부문에서 인도 내 선두 기업이 된다. 이후 10여 년간 위프로는 인도 컴퓨터 생산 시장을 장악했다.

일부에선 위프로의 컴퓨터 사업이 경쟁자가 없는 상태에서 진입한 '무혈입성'이었다고 평가절하하기도 한다. 그러나 이런 시각은 컴퓨터 사업이 장래성이 있을 것으로 본 프렘지 회장의 판단력과 실패 가능성에도 불구하고 이후 수 년간에 걸쳐 많은 인력과 자금을 투입한 사실을 외면한다. 기업가로서의 성공 능력은 사업성과 기회를 판단할 수 있는 안목과 이를 인력과 자금 투입으로 현실화하는 능력이다. 그런 면에서 프렘지 회장은 어떤 인도 기업인보다 앞섰고, 이에 따른 '앞선 자의 이득'을 누릴 수 있었다.

실패도 인정하는 긍정 마인드

프렘지 회장은 1984년 컴퓨터 하드웨어 생산 경험을 바탕으로 자체 스프레드시트와 워드프로세스 패키지 생산 등 소프트웨어 산업에 진출했다. 그러나 결과는 참담한 실패였다. 이에 대해 그는 "비록 실패했지만 괴로워하지 않았습니다. 오히려 앞으로 소프트웨어 사업을 다시 하면 성공할 것이란 자신감을 가졌지요. 이 실패로부터 많은 것을 배웠기 때문입니다"라며 스스로를 다독였다.

사실 성공한 사람들은 실패를 해도 좌절하거나 지나치게 괴로워하지 않는 특징이 있다. 그들은 실패에서 많은 것을 배워 향후 성공을 위한 밑거름으로 삼는다. 프렘지 회장도 마찬가지였다. 처음 맛본 소프트웨어 사업 실패는 쓴 약이 되어 이후 위프로가 글로벌 소프트웨어 기업으로 거듭나는 데 큰 기여를 한다.

미니 컴퓨터를 개발해 10여 년간 경쟁자 없이 독점적 지위를 누리던 위프로는 1990년대 초반 위기에 직면했다. 1991년 인도 정부가 경제와 시장을 전격적으로 개방했기 때문이다. 컴팩, HP, IBM 등 세계적인 PC 메이커들이 물밀듯이 인도에 들어왔다. 품질과 가격, 물량면에서 위프로는 이들 글로벌 기업의 상대가 되지 않았다. 위기였다. 이 위기를 어떻게 풀 것인가? 프렘지 회장은 고심했다.

그러나 위기는 늘 기회인 법이다. 그는 시장 개방으로 다국적 기업들이 인도에 몰려오는 상황을 보면서 이젠 자신의 회사가 밖으로 나갈 때라고 판단했다. 이는 국내 시장에 안주하지 않고 넓디 넓은 바깥에서 기회를 찾아보겠다는 역발상의 자세였다. 경쟁력이 낮은 PC와 같은 하드웨어로는 승부할 수 없었다. 무궁한 발전 잠재력을 가진 소프트웨어에 눈을 돌렸다.

모토롤라 Motorola, 텍사스인스트루먼츠Texas Instruments 등이 인도에 소프트웨어 판매망을 설치하는 것을 보고 힌트를 얻었다. 위프로는 이들과 반대로 소프트웨어를 무기로 선진국 기업에 진출하는 전략을 세웠다.

그러나 과연 선진국 기업들이 이름도 없는 작은 인도 회사에 관심이나 보일 것인가? 누가 경험도, 실적도 없는 회사에 수주를 줄 것인가? 회의적인 시각도 적지 않았다. 하지만 프렘지 회장은 할 수 있다고 생각했다. 선진국 기업들에게 믿음을 심어주면 가능하다고 판단했다.

예를 들어 위프로가 보유한 소프트웨어 개발 인력이 비용은 저렴하면서도 세계 최고 수준의 기술을 보유했음을 증명해보이면 된다. 이에 따라 그는 소프트웨어 연구개발센터를 설치해 필사적으로 '품질경영'에 나섰다.

그 결과 위프로는 1995년 ISO 9000 품질인증을 받는다. 또 세계 최고의 소프트웨어 엔지니어링 품질 수준에 도달하기 위해 뼈를 깎는 노력을 기울였다. 마침내 위프로는 1999년 국제공인 소프트웨어 기술 표준인 CMM 최고등급(5등급)을 세계 최초로 받았다. 또 세계 최초로 인재 표준인 CMMI 최고 등급(5등급)을 받았으며, IT 서비스 회사로는 세계 최초로 무결점운동인 식스시그마6 Sigma를 도입했다.

오늘날 위프로에는 식스시그마 최고 수준인 블랙벨트Black Belt 소유자들이 넘쳐날 정도로 많다. 최근에는 도요타의 생산 방식인 린경영Lean Managements(도요타 생산시스템을 미국식 환경에 맞춰 재정립한 경영 방식)을 도입해 소프트웨어 프로그래밍 등에 응용하려 노력하고 있다.

그러나 국제적으로 품질을 인정받았다고 해서 다가 아니었다. 프로젝트 주문을 받아야 했으나 서구 기업들은 위프로에게 관심조차 가져주지 않았다.

"우리 직원들은 마케팅을 위해 미국에 파견됐습니다. 주문을 받기 위해 마치 유목민처럼 미국 곳곳을 떠돌았으나 마땅한 고객을 찾지 못했지요. 결국에는 싸구려 호텔에 머물며 전화번호부에서 유망한 고객을 찾아 이들에게 일일이 전화 걸어 위프로를 홍보했습니다. 그러나 이런 노력에도 불구하고 아무도 우리에게 귀 기울이지 않았습니다."

의욕은 상실되고 실망감은 높아갈 즈음 희소식이 들려왔다. 1990년부터 의료관련 합작사업을 같이 해온 미국의 GE가 위프로에 소프트웨어 개발업무를 맡기겠다고 제안했다. GE는 그간 함께 사업을 해왔기 때문에 위프로의 실력을 잘 알고 있었다.

프렘지 회장을 포함한 위프로 경영진은 날듯이 기뻤다. 세계적인 기업인 GE가 위프로에 소프트웨어 개발업무를 맡겼다는 사실은 장래 마케팅에 큰 도움이 될 것이었다.

아니나 다를까, GE로부터의 프로젝트 수주를 계기로 미국은 물론 세계 많은 기업들로부터 주문이 쇄도했다. 하드웨어에서 소프트웨어 산업으로 새로 부흥할 수 있는 계기를 잡은 것이다. 이를 계기로 프렘지 회장은 사업 분야를 다양하게 확대했다. 콜센터 관리에서부터 휴대전화 디자인까지, 컴퓨터 시스템 운영에서 비즈니스 컨설팅까지 적극적인 사업 다변화를 꾀했다.

이후 위프로는 미국 나스닥에 상장하면서 성장의 날개를 단다. 미국 기업들에 지명도가 알려지면서 탄탄대로를 달리며 연평균 40퍼센트 이상 고속 성장했다. 2007년 매출 50억 달러에 순익은 6억 7,700만 달러, 직원수 8만여 명의 대기업으로 변모했다.

아버지로부터 사업을 이어받을 때 연매출 150만 달러였던 작은 식용유 회사를 매출 50억 달러의 세계적 IT 기업으로 키운 것이다. 매출 규모로 볼 때 약 3,300배가 증가했다. 위프로의 주식 시가총액은 2008년 3월 현재 210억 달러에 달했다. 이 가운데 프렘지 회장이 약 80퍼센트를 소유해 그의 재산은 168억 달러에 이르렀다. 억만장자가 많은 인도 내 순위 5위의 갑부다.

사업은 다변화, 생각은 다각화

돌아볼 때 그는 적절한 시기에 적당한 사업 다변화로 성공의 발판을 닦았다. 1960년대 말에는 식용유 회사에서 비누와 미용용품, 전구, 건설장비 등으로 사업을 다변화했다. 1981년에는 컴퓨터 하드웨어 사업을 시작했다. 1991년 인도 경제가 개방되어 하드웨어 산업이 위기를 맞았을 때는 소프트웨어 분야에 공격적으로 진출해 성공했다. 위기마다 비전을 갖고 적절하게 대응해 성공을 일궈냈다.

기업은 물론이고 사람들도 살아가면서 종종 위기에 직면한다. 어떤 사람은 위기에 아주 무너지는가 하면 어떤 사람은 위기를 기회로 활용해 성공의 발판으로 삼는다. 성공한 많은 사람들이 그랬듯이 프렘지 회장도 위기를 멋들어지게 성공으로 전환시켰다. 이 같이 위기를 성공으로 전환시키는 힘은 맨손으로 되는 것이 아니다. 자신이 가진 역량으로 가능성 있는 일에 도전할 때 성공의 길이 열린다.

프렘지 회장은 인도 내에서 성공한 몇 안 되는 무슬림 가운데 한 명이다. 일반적으로 무슬림은 인도에서 정치, 경제, 사회적으로 차별받고 있다고 알려져 있다. 그러나 그는 자신이 무슬림이라는 사실이 성공에 장애가 되지 않았느냐는 시각에 단호히 반대한다.

"나는 지금까지 살아오면서 나를 무슬림이나 구자라티 사람(인도 서북부)으로 생각해본 적이 없다. 난 그저 인도인일 뿐이다. 무슬림이냐, 아니냐에 따른 이익이나 불이익은 없었다고 생각한다. 성공은 주어진 기회를 어떻게 살리느냐에 달려 있다."

'성공은 주어진 기회를 어떻게 살리느냐에 달려 있다'는 그의 마지막 말이 귓전에 강하게 울려온다.

성공은 이기는 성공으로 진화한다

프렘지 회장은 일전에 대학생들을 상대로 성공학 강의를 했다. 성공에 대한 그의 생각과 철학을 알려주는 그의 인생과 경영철학 강의를 들어보자.

성공하려면 첫째, 꿈을 크게 꾸십시오. 저는 21세에 기업을 맡게 됐을 때 겁도 나고, 부담감도 많았습니다. 그러나 이를 큰 꿈을 가짐으로써 극복했습니다. '위프로를 세계적인 기업으로 만들자.' 이것이 저의 꿈이었습니다. 당시로서는 어림없는 환상이었습니다. 그러나 지금은 이 꿈에 상당히 접근했습니다. 어떤 사람은 말합니다. 꿈을 꾸되 비현실적인 꿈은 어리석다고…. 모든 꿈은 비현실적입니다. 현실적이면 그것은 꿈이 아닙니다. 물론 비현실적인 꿈을 현실화시킬 전략과 계획이 필요합니다. 그러나 무엇보다 큰 꿈을 꾸십시오.

둘째, 자신이 추구하는 인생관을 정립하십시오. 물질적 성공이 중요하긴 하지만 그것은 자신의 인생관에 부합할 때 의미가 있습니다. 남이 보기에 성공이어도 스스로가 끊임없이 양심의 가책을 느낀다면 진정한 성공이라 할 수 없습니다. 바른 인생관은 위기에 닥치더라도 자신을 더욱 강하게 할 뿐만 아니라 좋은 사람들을 끌어 모을 수 있게 해줍니다. 저는 '가치경영'을 일찍부터 추구했습니다. (도덕적) 가치 혹은 윤리는 사업 과정에서도 무엇을 하고 말아야 할지를 분명하게 해줍니다. 이는 논쟁의 대상이 아니기 때문에 비즈니스에 있어 많은 시간과 노력을 절약하게 해주었습니다. 그러나 바른 가치는 말로만 해서는 의미가 없습니다. 반드시 실천을 통해 인생관으로 정립해야 합니다. 바른 가치는 신뢰를 낳고, 신뢰는 사업이나 인생의 어려움을 극복하게 해줍니다.

셋째, 끝없는 탐구열정을 지니십시오. 오늘날 얻을 수 있는 지식과 정보는 천문학적으로 늘어나고 있습니다. 이런 상황에서 지식을 탐구하고 축적하는 일을 게을리하면 시대에 뒤떨어지고 성공에의 길도 멀어집니다. 어린 아이처럼 그칠 줄 모르는 호기심과 탐구심을 가지십시오. 아이들에겐 세상의 모든 것이 신비롭고 경이롭습니다. 새로운 지식을 습득하기 위해선 어린 아이 같은 순수한 열정이 필요합니다. 저는 개인적으로 일주일에 열 시간 이상 책을 읽습니다. 만약 그렇게 하지 않았다면 구닥다리가 되어 사업 성공도 기대하기 어려웠을 겁니다.

넷째, 항상 최고가 되도록 하십시오. 그저 '잘 한다be good'는 것과 '완벽하게 한다be excellent'는 엄청난 차이를 가져옵니다. 특히 세계가 점점 글로벌화되는 오늘날 한 나라에서의 '최고'로는 충분치 않습니다. 세계 최고가 돼야 합니다. 위프로는 '품질과 고객 서비스 면에서 세계 최고가 되자'란 목표를 정했고 이를 실천했습니다. 그 결과 우리는 국제공인 소프트웨어 기술 표준인 CMM과 인재 표준인 CMMI 부문에서 세계 최초로 최고 등급(5등급)을 받았으며, IT 서비스 회사로는 세계 최초로 무결점 운동인 식스시그마를 도입해 업계를 선도하고 있습니다. 소프트웨어 기술과 품질 면에서 세계 최고를 달성한 것입니다. 성공 요인은 여러 가지가 있지만 이것이 오늘날 위프로의 성공을 가져온 가장 중요한 요인이라 할 수 있습니다.

다섯째, 자신감을 키우십시오. 자신감은 역경 아래에서도 흔들리지 않는 적극적이고 긍정적인 자세에서 나옵니다. 자신감 있는 사람은 실수가 있더라도 책임을 회피하지 않으며, 하지 못할 일을 하겠다고 나서는 무모한 행동도 하지 않습니다. 자신감 있는 사람은 자신이 할 수 있는 일과 없는 일을 명확히 구별할 줄 압니다. 따라서 하지 못할 일에 매달려 쓸데없는 시간낭비를 하지 않습니다.

여섯째, 꿈을 실현시키기 위해 인내심을 가지십시오. 인생에서 무엇을 하든 성공하기 위해선 인내심은 필수 불가결한 요소입니다. 아무리 어려운 상황이더라도 참고 견디면 성공할 수 있습니다. 10여 년 전 우리는 매우 어려운 시기를 견뎌야 했습니다. 인도 경제가 개방되면서 우리보다 우수한 PC 업체들이 물밀듯이 인도에 들어왔습니다. 위프로의 하드웨어 사업은 망할 것이란 전망이 지배적이었습니다. 새로 시작한 소프트웨어 사업도 앞이 캄캄한 상태였습니다. 그러나 우리는 이 어려운 시기를 견뎌내면 밝은 통로로 들어갈 수 있다고 믿었고, 몇 년 후 이는 현실이 되었습니다. 인내심에 관한 감동적인 얘기를 하나 소개해드리겠습니다.

여자 아이는 8세였습니다. 어느 날 이 아이는 부모님이 자신의 남동생에 대해 걱정하는 얘기를 몰래 들었습니다. 어린 동생이 몹쓸 병에 걸려 외과 수술을 해야 하는데 돈이 없다는 겁니다. 아버지는 눈물을 흘리는 어머니에게 속삭였습니다. '오직 기적만이 우리 애를 살릴 수가 있소.' 이 말을 들은 어린 아이는 자신의 방으로 가서 침대 밑에 감추어둔 저금통을 털어 돈을 모두 바닥에 쏟은 후 세기 시작했습니다. 그리고는 인근 약국으로 달려가 약사에게 25센트를 건넸습니다. 약사가 아이에게 물었습니다.

'무엇을 원하니?'

'제 동생이 매우 아파요. 그래서 저는 동생에게 줄 기적_{miracle}을 사고 싶어요.'

'뭐라고?'

'제 동생 이름은 앤드류예요. 그 애 머릿속에 뭔가 나쁜 것이 자라고 있대요. 아빠가 그러시는데 그걸 치료하려면 기적이 필요하대요. 기적 가격이 얼마인가요?'

'애야, 그런데 미안해 어쩌지? 우리는 기적은 팔지 않는데…'

'저 말이에요. 충분치는 않지만 제게 돈이 좀 있어요. 부족하면 더 가져오도록 할게요. 기적 값이 얼마나 하는가요?'

그때 옆에 서 있던 점잖게 생긴 노신사가 아이에게 물었다.

'애야, 네 동생이 어떤 종류의 기적이 필요하니?'

'그건 저도 잘 몰라요. 엄마가 그러시는데 제 동생이 매우 아파 수술이 필요하대요. 아빠는 돈이 없다고 하시고… 그래서 제가 돈을 가져왔어요.'

'네가 갖고 있는 돈이 얼마나 되는데?'

'1달러 11센트예요. 그러나 부족하면 더 가져올 수 있어요.'

'1달러 11센트라. 이런 우연이 있을 수 있나. 네 동생에게 필요한 기적 값으로 딱 맞는 금액이구나.'

그 노신사는 빙그레 웃으며 한 손으로 아이의 돈을 받아 들고, 다른 손으로는 아이의 손을 잡았다.

'애야, 너희 집에 같이 가보자. 네 동생에게 필요한 기적을 내가 갖고 있는지 보자꾸나.'

그 노신사는 세계적인 신경외과 전문의인 칼튼 암스트롱Calton Armstrong 박사였습니다. 수술은 성공적으로 끝났고 아이는 완쾌됐습니다. 물론 수술은 무료였습니다.

어머니가 여자 아이에게 작은 목소리로 물었습니다.

'애야, 동생 수술은 정말 기적이었단다. 기적을 사는 데 얼마나 들었니?'

여자 아이는 빙그레 미소 지었습니다. 기적을 얼마에 샀는지 정확히 알고 있었기 때문입니다. 1달러 11센트… 그리고 어린 아이의 간절한 믿음… 인내심은 이런 기적을 만들어낼 수 있습니다.

성공을 위한 일곱 번째 철학은 '성공에 겸손하라' 입니다. 우리가 어떤 성취를 달성하든 이는 혼자 이룬 것이 아닙니다. 성공을 가져온 많은 요인들이 있고 이를 도와준 많은 사람들이 있게 마련입니다. 그런 면에서 성공한 사람들은 사회에 대한 고마움과 책임의식을 가져야 합니다. 자신의 성공에 대해 우월감이나 거만함을 갖게 될 때 그는 그릇된 판단에 노출됩니다. 사치와 방탕은 성공한 사람들이 항상 경계해야 할 대상입니다. 이와 관련된 사례 하나를 얘기하겠습니다.

누추한 행색의 중년 부부가 미국의 저명 대학에 약속 없이 방문해 총장 면회를 요청했습니다. 총장 비서는 초라한 행색의 그들을 보고 이마를 찌푸리며 말했습니다.
'총장님은 오늘 하루 종일 바쁘신데요.'
'그렇다면 시간이 날 때까지 기다리겠습니다.'
비서는 부부가 지쳐 돌아가길 바라며 몇 시간 동안 그들을 무시했습니다. 그러나 몇 시간이 지나도 부부가 돌아가지 않자 총장에게 그들을 잠깐 보시는 게 어떻겠느냐고 물었습니다. 그들 부부가 총장을 빨리 보고 돌아가야 자신이 신경을 쓰지 않을 것이었기 때문입니다. 총장도 부부의 행색을 보더니 거만한 표정을 지었습니다. 부인이 조용한 말투로 말했습니다.
'우리 아들도 이 학교를 다녔습니다. 학교생활에 매우 만족해했지요.

그런데 1년 전에 사고로 죽었습니다. 제 남편과 저는 캠퍼스에 그 아이를 위한 기념비를 세웠으면 합니다.'

총장은 전혀 감동 받은 눈치가 아니었습니다. 대신 그는 퉁명스런 어투로 큰소리로 말했습니다.

'부인, 죽은 모든 학생들을 위해 동상을 세울 수는 없습니다. 그렇게 되면 학교는 공동묘지가 되지요. 학교는 공동묘지가 아닙니다.'

'오, 아닙니다. 총장님. 동상을 세우자는 것이 아니라 학교에 빌딩을 하나 기증하려는 것입니다.'

'빌딩이라고요?'

총장은 그들의 낡은 옷을 다시 한번 쳐다보더니 소리를 더욱 높였습니다.

'당신들은 도대체 이 빌딩이 얼마나 비싼 줄 아세요? 저희 학교 건물들을 모두 합하면 자그마치 1,000만 달러가 넘습니다.'

이 말을 들은 부부는 잠시 말이 없었습니다. 이에 총장은 속으로 기뻤습니다. 이 한마디로 그들을 쫓아내게 됐다고 흐뭇해했지요. 잠시 후 부인이 남편을 쳐다보고 말했습니다.

'대학을 하나 세우는 데 그 정도밖에 돈이 들지 않는다면 차라리 새로 우리의 대학을 세우는 게 어떨까요?'

남편이 고개를 끄덕였습니다. 릴랜드 스탠퍼드Leland Stanford 부부는 조용히 일어나 걸어나갔습니다. 이후 이들 부부는 캘리포니아의 팰러앨토Palo Alto 지역에 죽은 아들을 기념해 대학을 하나 세웠습니다. 그것이 바로 명문 스탠퍼드 대학입니다.

내가 세상을 바꾼다

교육에 대한 철학을 갖고 있어서일까? 프렘지 회장은 지난 2001년 개인 재산 5,000만 달러를 출연出捐해 아짐프렘지재단을 설립했다. 이후 매년 500만 달러씩 추가 출연하고 있다. 이 돈은 열악한 인도 초등교육 발전을 위해 쓰이고 있다. 그럼에도 불구하고 이에 대한 어떤 발표도 없었고 언론에 보도자료도 돌리지 않았다. '왼손이 한 일을 오른손이 모르게 하라'는 선행의 원칙대로 하고 있는 것이다.

이와 관련해서 그는 "이제 위프로 경영 외에 나라를 위해 뭔가를 해야 할 때라고 생각했습니다. 그 일을 할 여력도 갖추고 있고요"라 며 당연한 일을 했다는 듯이 대답했다.

기업의 사회적 책임과 관련해 그가 가장 관심을 갖는 분야는 인도 초등교육이다. 초등교육이 혁신적으로 개선되지 않으면 인도의 빈 곤 탈출은 요원하다고 보기 때문이다. 이에 따라 아짐프렘지재단은 주 정부와 긴밀한 협조 하에 초등교육 발전에 심혈을 기울이고 있 다. 이로 인해 2007년 한 해 동안 인도 전역에 걸쳐 1만 8,250개 학 교와 5만 6,000명의 교사, 250만 명의 학생이 혜택을 보았다. 한 사 람의 선행이 미치는 영향력이 놀랄 만하다.

프렘지 회장은 몇 년 전 미국 경제잡지 〈포춘〉 등에 의해 인도 최대 갑부로 선정되었다. 당시 심정에 대해 그는 다음과 같이 표현했다.

"마치 동물원의 동물이 된 것 같은 느낌입니다. 저는 사람들이 오 직 저의 재산에 대해서만 말하는 것이 싫습니다. 모든 언론은 단지 재산에 대해서만 관심을 표명했습니다. 사람들은 제 인생에 돈 외에 다른 것은 없는 것처럼 생각합니다. 다행히도 요즘 들어선 이런 얘 기들이 좀 줄어들었지요. 왜냐하면 철강왕 락시미 미탈이 저보다 더 갑부로 부상했기 때문입니다."

2008년 프렘지 회장의 재산은 2006년에 비해 5퍼센트 줄어들었다. 위프로 주식값이 떨어졌기 때문이다. 2007년에는 인도 주식시장에서 IT 주식이 약세를 보인 반면 철강, 부동산, 정보통신 등 주가가 치솟았다. 2008년 초에도 인도 IT 주식의 약세는 계속됐다. 이에 따라 프렘지 회장의 인도 억만장자 순위도 2위에서 5위로 밀려났다. 인도 최고 갑부 순위에서 여러 단계 뒤로 밀린 그의 지금 심정은 어떨까? 가진 재산이 줄어들어 안타까워할까, 아니면 자신의 말대로 마음이 보다 편안해졌을까? 적어도 '동물원의 동물'이 된 듯한 기분은 아닐 것이란 생각이 든다.

한눈에 보는 억만장자의 성공전략

❖

프렘지 회장의 성공전략은 9가지로 정리할 수 있다.

첫째, 적절한 시기에 적당한 사업 다변화 정책을 폈다. 그는 애초 식용유에서 비누와 미용용품, 전구, 건설장비 등으로 사업을 다변화했다. 다음에는 컴퓨터 하드웨어 사업에, 인도 경제가 개방되었을 때는 소프트웨어 분야에 공격적으로 진출해 성공했다.

둘째, '품질경영'이다. 그는 위프로를 세계 최고 수준의 기술을 보유한 기업으로 만들기 위해 뼈를 깎는 노력을 기울였다. 그 결과 세계 최초로 국제공인 소프트웨어 기술 표준인 CMM 최고등급(5등급)을 받고, 세계 최초로 인재 표준인 CMMI 최고 등급(5등급)을 받았으며, 또 IT 서비스 회사로는 세계 최초로 무결점 운동인 식스시그마를 도입했다.

셋째, '과학경영'을 도입했다. 공학도 출신인 그는 복잡한 식용유 생산과정에 과학적 방법을 도입해 체계화했다. 이를 통해 인력 낭비를 극소화함은 물론 효율성과 생산성을 극대화했다.

넷째, 근면하고 절약하는 생활을 솔선수범했다. 그는 매일 새벽에 출근해 밤늦게 퇴근하는 생활을 수십 년 동안 지속했다. 또 세계적 갑부이면서도 소형차를 타고 다니고, 출장 시에는 항공기 이코노미석을 이용할 만큼 근검절약을 생활화했다.

다섯째, 철저한 윤리경영을 실천했다. 프렘지 회장은 부정부패 없는 기업이 경쟁력을 가질 수 있다고 확신하고 '청정기업'을 만드는 데 역점을 두었다. 이에 따라 '제로 허용' 정책을 추진, 리베이트나 뇌물 등 어떤 부정부패도 일절 허용치 않았다. 이를 어긴 직원들에겐 해고 등 가차 없는 제재를 가했다.

여섯째, 시대 변화를 읽는 사업 아이템을 선택했다. 그는 1970년대 말 컴퓨터 사업이 미래를 결정해줄 유망한 사업이 될 것임을 직감하고 과감히 이 사업에 뛰어들었다. IBM이 개인용 컴퓨터를 내놓기도 전이었다. 그 결과 인도 최초의 컴퓨터를 생산해 이후 10여 년간 인도 컴퓨터 생산 시장을 장악했다. 이른바 '블루오션'에 진출해 '앞선 자의 이득'을 톡톡히 누렸다.

일곱째, 위기를 기회로 전환시키는 성공전략이다. 1990년대 초 인도 시장이 개방됨에 따라 그의 컴퓨터 하드웨어 산업은 위기를 맞았다. 그러나 그는 이 위기 상황에서 하드웨어 대신 소프트웨어를 선택하는 과감한 결단을 내림으로써 성공적으로 위기를 극복함은 물론 세계적 기업으로 거듭나는 계기를 잡았다.

여덟째, 큰 꿈을 꾸었다. 그는 불과 21세라는 약관의 나이에 기업 경영을 맡게 된 어려움을 큰 꿈을 꿈으로써 극복했다. '위프로를 세계적인 기업으로 만들자'가 그의 꿈이었다. 당시로서는 어림없는 환상이었으나 지금은 이 꿈에 상당히 근접했다. 큰 꿈이 그를 지탱해왔고 성공을 위한 강력한 추진력이 됐다.

아홉째, 끝없는 탐구열정이다. 지식과 정보가 천문학적으로 늘어나는 오늘날 지식을 탐구하고 축적하는 일을 게을리 하면 시대에 뒤떨어지고 성공에의 길도 멀어진다. 그는 어린 아이처럼 그칠 줄 모르는 호기심과 탐구심을 가졌다. 그는 구닥다리 경영자가 되지 않고, 사업에 성공하기 위해 기업을 경영하는 바쁜 와중에도 일주일에 열 시간 이상 책을 읽었다.

위프로

→ 인도 대표 IT 기업

→ **사업 분야** 기업 컨설팅, 애플리케이션 개발 및 유지보수, 기업 성
   과 관리, 전사적 품질관리 서비스, 인프라 서비스, 시스템 통합

→ **매출** 50억 달러(2007년)

→ **순익** 6억 7,700만 달러(2007년)

→ **시가총액** 210억 달러(2008년 3월)

→ **직원수** 8만여 명(2008년 3월)

5

그린 이노베이터로서 성공열쇠를 거머쥐다
툴시 탄티

Tulsi Tanti

SUZLON

툴시 탄티|TULSI TANTI

수즐론그룹 회장

2007년 〈타임〉 선정 '세계 환경영웅'

총재산 70억 달러

출생년도 1958년

출신 인도 구자라트 주

학력 라즈코트 대학 기계공학

'바람風'으로 일약 억만장자가 된 사람이 있다. 바람으로 돈을 벌었다니 선뜻 믿어지지 않지만 사실이다. 주인공은 인도 풍력에너지의 대명사인 수즐론Suzlon 그룹의 툴시 탄티Tulsi Tanti 회장이다. 그는 바람을 이용한 풍력에너지 사업을 벌여 인도는 물론 세계적 갑부 대열에 올랐다.

그는 2007년 10월 이명박 대통령(당시 대선후보), 앨 고어AI Gore 전 미국 부통령 등과 함께 미국 시사주간지 〈타임〉이 선정한 '환경영웅'에 등극했다. 이명박 대통령은 서울시장 재임 시 청계천 복원을 통해 환경 친화적인 시민공간을 만들었다는 이유로, 툴시 탄티 회장은 친환경에너지인 풍력 발전에 전력투구한 공로로 전 세계 기업가로는 유일하게 '환경영웅'이란 칭호를 얻었다.

사실 풍력은 돈을 벌기 위한 목적이라기보다는 환경운동가들이 주장하는 클린 에너지 이미지가 강하다. 실용성이 별로 없기 때문이다. 그러나 최근 국제유가가 하늘 높은 줄 모르고 뛰어오르면서 대체에너지로써 관심이 집중되고 있다. 비단 미국 유럽 등 선진국뿐만 아니라 중국, 인도 등 개발도상국들도 이를 개발하고자 적극 나섰다. 특히 그동안 공해 방지를 위해 천연가스를 많이 사용해온 인도에서는 최근 천연가스 가격이 급등하면서 풍력에너지가 대체에너지로 크게 각광받고 있다.

수즐론은 지난 1995년 출범했다. 그러나 수즐론은 10여 년이란 짧은 기간 내에 인도는 물론 세계 대체에너지를 선도하는 유력 기업으로 떠올랐다. 2007년 연간 매출 34억 달러로 전년도에 비해 71퍼센트나 성장했다. 최근 몇 년간 70퍼센트 이상 초고속 성장하고 있다. 2008년 3월 말 현재 수주액만도 60억 달러에 달했다. 앞으로도 고속 성장을 이어갈 것이란 얘기다.

1995년 창업할 때 20명이었던 직원은 2008년 현재 2만여 명으로 불어났고, 인도 시장점유율은 70퍼센트로 인도 대체에너지 시장을 장악했다. 글로벌 시장점유율은 14퍼센트로 세계 5위의 풍력 터빈 업체로 부상했다. 또한 수즐론은 세계 유일의 '완전히 통합된' 풍력에너지 회사로 명성을 얻고 있다.

2008년 3월 현재 수즐론의 시가총액은 108억 달러로 이 중 66퍼센트를 소유하고 있는 툴시 탄티 회장의 재산은 70억 달러에 달했다. 한국 최대 갑부인 현대자동차 정몽구 회장(약 2조 8,000억 원)보다 두 배 이상 많다. 창업 10여 년 만에 엄청난 부富를 일군 것이다. 〈포브스〉는 그를 '녹색의 억만장자Greenest billionaire'라고 이름 지었다.

16전 17기의 신화

'대체에너지의 전도사'인 툴시 탄티 회장은 1958년 인도 서북부 구자라트 주의 라즈코트Rajkot라는 작은 마을에서 태어났다. 라즈코트 대학에서 기계공학을 전공한 그는 대학 졸업 후 바로 비즈니스계에 진출했다. 구자라트에서는 기업 취직보다 자영업을 운영하는 게 전통이었기 때문이다. 그는 부친이 경영하던 냉장 사업에 뛰어든다. 그러나 자신이 원하는 분야에서 사업하고 싶었던 그는 이후 다양한 비즈니스에 몸담았다. 풍력에너지 사업을 이끌기 전 그가 시도한 사업만도 16가지에 이른다.

하지만 풍력에너지 사업을 시작하기 전 전념했던 섬유사업을 제외하고는 대부분 실패했다. 그래서 그는 '의지의 기업인'으로도 불린다. 수많은 실패에도 좌절하지 않고 사업에 매진한 결과 결국 성공이란 단맛을 보았기 때문이다. 그런 면에서 인생은 예상 가능한 게임이다. 포기하지 않고, 좌절하지 않고 끝없이 추구하면 언젠가 좋은 결과를 기대할 수 있기 때문이다. 그러나 많은 사람들이 성공에 도달하기 전에 지쳐 포기하고 만다. 그래서 성공은 불굴의 집념과 인내를 먹고 사는가 보다.

1990년대 초반 일이다. 탄티 회장이 세 명의 동생들과 함께 섬유사업(폴리에스터)에 매달려 있을 때다. 폴리에스터 사업은 그런대로 잘 됐다. 이 사업에만 한정시키면 상당한 수익을 냈다. 그러나 문제는 인도의 열악한 사회기반시설에 있었다. 도로 사정이 좋지 않았기 때문에 납기를 지키지 못하는 경우가 종종 발생했고, 이에 따라 수송비용이 아주 많이 들어갔다. 특히 전력이 큰 문제였다. 작업 중 전기가 나가는 사례가 빈번했고, 전기값이 지나치게 소요돼 폴리에스터 사업에서 생긴 이익을 모두 갚아 먹었다.

탄티 회장은 "우리는 폴리에스터 사업에서 끊임없이 혁신을 단행해 경쟁자를 앞서 나갔습니다. 그러나 전력 사용 비용은 우리가 손댈 수 있는 영역이 아니었지요. 이 문제를 해결하는 것이 최대 관건이었습니다."

고민 끝에 탄티 회장은 자신이 직접 전기를 생산키로 결정한다. 그러나 어떤 식으로 전기를 생산할 것인가? 몇 년간의 연구 끝에 그는 풍력에너지에 미래가 있다고 판단한다. 그래서 섬유 사업에 필요한 전기를 생산하기 위해 두 개의 풍력 터빈을 네덜란드에서 구매했다. 이들 풍력 터빈으로 폴리에스터 공장의 전기를 만들어 쓰던 그는 인도에서 풍력 사업이 매우 필요함을 절감한다.

인도에선 전기가 부족해 하루에도 여러 번씩 전기가 나가기 때문이다. 특히 여름철 기온이 섭씨 45~50도까지 오를 때는 전력 수요가 치솟아 전력 공급이 크게 부족하다. 심지어 인도 수도인 델리 주정부는 날씨가 무덥고 전기가 크게 달리자 상점들로 하여금 일찍 문을 닫게 하고, 일반 가정에서도 밤 9시 이후에는 에어컨 사용을 금지하는 법을 제정하기도 했다.

사정이 이러니 공장을 가동하고 비즈니스를 하는 데 큰 문제가 아닐 수 없다. 풍력에너지는 처음 설치 비용만 들면 바람은 공짜이므로 추가 투입비용이 전혀 들지 않는다는 장점이 있다. 주변 사업가들도 탄티 회장이 직접 전기를 만들어 쓰는 것을 보고 감탄했다. 풍력에너지를 사용하려면 어떻게 하느냐는 문의가 쇄도했다.

상황이 이렇게 되자 탄티 회장은 섬유 사업에 회의를 갖기 시작했다. 섬유가 아닌 풍력에너지 사업을 벌여야 된다고 생각했다. 이에 따라 탄티 회장은 1995년 수즐론에너지를 본격 출범시킨다.

여기서 우리는 중요한 교훈 두 가지를 배울 수 있다. 첫째는 경험을 통해 풍력에너지 사업이 유망할 것이란 아이디어를 끌어낸 것이고, 둘째는 이 '허무맹랑한' 아이디어를 실제 비즈니스로 채택했다는 점이다.

세계의 위대한 발명이나 혁신은 모두 기발한 아이디어의 산물이다. 그러나 이러한 아이디어는 천재의 머리에서만 나오는 것이 아니다. 일반인도 조금만 주의를 기울이면 일상생활 속에 얼마든지 새로운 아이디어를 생각해낼 수 있다. 그러나 단순히 아이디어를 생각해내는 것으로 그쳐선 안 된다. 그보다 훨씬 중요한 작업은 이를 비즈니스로 구체화하는 일이다.

탄티 회장은 일상생활의 경험에서 생각해낸 풍력에너지 아이디어를 진지하게 생각하고 이를 사업화하려고 시도했다. 게다가 그 동안 하던 섬유 사업은 잠시 제쳐두고 풍력에너지 사업에 적극적으로 뛰어들었다. 결코 쉽지 않은 결정이었다. 아이디어가 좋다고 판단한 후 새로운 사업에 적극 뛰어든 탄티 회장의 결단력이 돋보인다.

"인도는 최근 급속한 경제 성장을 하고 있습니다. 이를 위해선 충분한 전력 공급이 필수지요. 수력, 화력, 원자력 등 여러 전력 발전 방법이 있지만 그 가운데 환경에 이로운 최고의 선택은 풍력발전이라고 판단했습니다. 이런 판단이 서자 새로운 사업에 과감히 뛰어들었지요."

탄티 회장은 사전 시장 조사와 사업 연구를 충분히 했기 때문에 과감한 결단을 내릴 수 있었다. 그가 보기에 당시 풍력에너지 사업에는 큰 문제가 있었다. 풍력에너지가 필요하면 우선 부지를 확보한 다음 제조업자로부터 풍력 터빈을 구매해야 했다. 그 다음 설치업자가 이를 설치해주었으며, 그 이후부터는 제3자가 이를 유지 및 보수를 해주었다. 고객으로서는 복잡하고 불편하기 짝이 없었다. 그는 이에 대한 해결책을 생각해냈다. 그것은 풍력에너지에 대한 '통합 서비스' 제공이다.

터빈을 설치할 부지와 터빈 구매, 설치, 유지, 보수에 이르기까지 모든 서비스를 한꺼번에 제공하는 것이다. 예를 들어 풍력에너지를 원하는 고객은 수즐론이 교외에 이미 설치한 터빈을 구매만 하면 그것으로 끝이었다. 이 터빈으로 생산되는 전기는 그때부터 바로 구매자의 것이 된다. 고객 입장에선 너무도 간단했다.

이는 당시 풍력에너지 업계에선 혁명적인 일이었다. 독일이나 네덜란드 등 풍력에너지 선진국에서조차 주된 관심은 터빈 기술 개발에 집중돼 있었다. 서비스는 관심 밖이었다. 탄티 회장은 이 서비스 영역을 집중 공략키로 했다.

수즐론Suzlon은 구자라티 언어인 수즈버즈Suz-buz와 론lon의 합성어다. 수즈버즈는 지혜intelligence를 뜻하고 론은 은행 대출loan을 의미한다. 굳이 뜻을 풀이하자면 '지혜로운 대출'이다. 젊은 시절 사업에 발을 들여놓았을 때 대출 자금을 효과적으로 사용하고자 하는 바람으로 그렇게 지었다. 그러나 근본적 이유는 단어 의미보다는 언어 형태에 비중을 두었기 때문이다.

수즐론이란 단어가 독일어 같은 뉘앙스를 풍겨서다. 인도 사람들도 우리나라 사람 못지않게 외국어, 특히 유럽 국가의 언어를 선호하는 경향이 강하다. 수즐론이란 이름은 요즘 인도뿐만 아니라 유럽에서도 한창 인기를 얻고 있다.

게다가 그는 인도가 생산 가격 면에서 충분히 경쟁력이 있다고 판단했다. 터빈을 설치할 부지 가격도 선진국에 비해 매우 저렴할 뿐 아니라 인력도 저렴했다. 탄티 회장은 인도가 가진 이점을 충분히 활용하기로 마음먹는다. 이 같은 탄티 회장의 판단은 정확히 들어맞아 수즐론 성공의 중요한 요인이 된다.

수즐론에너지를 설립하는 데는 60만 달러가 들었다. 자본금 치곤 적지 않은 돈이다. 그는 섬유사업에서 번 돈만으로는 충분치 못해 가족 소유의 부동산까지 팔았다. 이제 문제는 풍력 터빈을 만들 수 있는 기술력이었다. 기술력을 전혀 갖고 있지 못한 수즐론으로서는 풍력 기술의 원조격인 유럽 회사에서 도입해야 했다.

하지만 풍력 기술을 도입하려고 유럽을 물색하고 다녔으나 어떤 회사도 기술을 제공하려 들지 않았다. 수없이 퇴짜를 맞았고, 도중에 포기하려고까지 했다. 그러나 지성이면 감천이라고 했던가. 무수한 물색 끝에 다행히 독일의 작은 회사가 "10개의 풍력 터빈을 산다면 기술을 제공할 수 있다"라고 밝혔다. 10개가 문제인가. 기술을 제공받을 수 있으면 100개라도 살 의향이 있었다. 당장 10개의 풍력 터빈을 구매한 후 수즐론은 이 회사로부터 일정한 기술을 전수받았다.

그런 상황에서 수즐론은 풍력에너지 기술을 급격히 발전시키는 계기를 잡는다. 1997년 독일계 풍력 터빈 회사 수드윈드Sudwind가 부도난 것이다. 탄티 회장은 이때를 놓칠세라 수드윈드를 인수하는 한편 이 회사 기술진들을 대거 채용해 독일에 연구개발센터를 세웠다.

인도가 아닌 독일에 연구개발센터를 세운 이유는 자국 기술이전에 대한 독일 정부의 우려를 불식시키기 위해서였다. 만약 그가 인도에 풍력에너지 연구개발센터를 세웠다면 독일 기술자들은 인도로 가길 거부했을 것이다. 이를 간파한 탄티 회장은 독일 연구센터에 인도인들을 데려가 공부시키고 앞선 기술을 습득하도록 했다. 그는 독일에서 공부한 기술 인력들을 인도로 다시 데려와 적극 활용했다. 인도 인력이기에 고용 비용은 매우 저렴했다.

마침내 1999년 수즐론 자체 기술로 만든 최초의 풍력 터빈이 시장에 선보였다. 예상했던 대로 풍력에너지 사업의 인기는 폭발적이었다. 혁신적인 '통합서비스' 제공과 상대적으로 저렴한 가격으로 인해 이곳저곳에서 주문이 쇄도했다. 특히 중국과 미국 등지에서 주문이 밀려들어 왔다. 급기야 창업 4년 만인 1999년 수즐론은 뭄바이 증권시장에 기업 공개를 했다.

행운도 따라주었다. 인도 중남부 마하라쉬트라Maharashtra 주 정부가 풍력에너지 발전 계획을 발표했다. 마하라쉬트라 주에 풍력 터빈을 설치하는 기업에게 세제 등 여러 혜택을 주겠다고 발표한 것이다. 탄티 회장은 곧장 마하라쉬트라 주 산업 단지인 푸네Pune, 크호리 등으로 달려가 풍력 터빈을 설치했다.

주 정부의 풍력에너지 개발 정책이 시의 적절하게 나온 행운이었지만 기업 성장을 오로지 행운만으로 돌릴 수는 없다. 그런 정책이 나온다고 해서 아무나 이를 활용할 수 있는 것은 아니기 때문이다. 기회를 자신의 것으로 만들기 위해선 그만큼 평소에 준비하고 있어야 한다. 기회는 누구에게나 공평하게 온다. 중요한 것은 기회를 기회라고 판단할 수 있는 판단력과 그에 대한 준비다. 그런 면에서 기회는 준비된 자에게 찾아오는 신의 선물이다.

경쟁을 즐기는 경영의 기술

풍력에너지와 폴리에스터 사업을 함께 운영하던 탄티 회장은 2001년 섬유사업을 그만두고 풍력에너지 사업에 매진하기로 결정한다. 이는 한 신문에 실린 지구온난화 기사 때문이었다. 기사는 '전 세계에서 이산화탄소 방출을 혁신적으로 줄이지 않을 경우 2050년 몰디브 섬이 바닷물에 잠길 것'이라는 내용이었다. 몰디브는 인도 남부에 위치해 있는 아름다운 섬으로 탄티 회장이 가족들과 즐겨 찾는 휴양지였다. 이 기사를 읽고 충격을 받은 그는 지구의 운명이 풍력에너지에 있다고 판단하고 풍력에너지 사업에만 전념키로 결정했다.

"그 기사를 읽고 저는 분명한 비전을 갖게 됐습니다. 만약 인도 경제가 발전해 인도 사람들이 미국 사람들만큼 에너지를 소비하면 지구는 자원 고갈로 엄청난 고통을 받을 것입니다. 해결 방안은 인도 경제가 더 이상 발전하지 못하도록 하거나 아니면 무언가 다른 대안을 찾아야 했습니다. 풍력에너지는 이에 대한 해답이었습니다."

탄티 회장의 결정에 '인도의 오토바이 왕'으로 불리는 라훌 바자즈Rahul Bajaj 회장이 화답했다. 바자즈 회장이 자신의 오토바이 회사인 바자즈그룹에 풍력에너지를 시험 삼아 설치키로 한 것이다. 수즐론의 풍력 터빈 설치 후 크게 감동 받은 바자즈 회장은 이때부터 풍력에너지 전도사가 된다. 인도의 내로라 하는 대기업 회장이 풍력에너지를 선전하고 다니자 전력부족으로 고생하던 기업인들이 너도나도 풍력에너지를 사용하겠다고 나섰다. 사업은 날개 단 듯 나날이 번창했다.

수즐론의 인도 고객은 70퍼센트가 사업용이다. 기업들이 대체에너지 필요성에 따라 풍력에너지를 선택한 것이다. 풍력 터빈 수요는

에너지 부족으로 허덕이는 인도와 중국에서 급증했다. 2007년 인도에선 48퍼센트가 증가했고, 중국에선 65퍼센트나 크게 늘었다. 풍력에너지 사용은 중국의 중동부 해안가를 따라, 인도의 남부 지방을 중심으로 점점 확산되는 추세다.

인도와 중국에서는 석유에 대한 대체에너지로 석탄을 사용하는 비중이 높다. 중국은 전 세계 석탄 소비 증가의 79퍼센트를 차지할 만큼 절대적으로 석탄에 의존한다. 이에 비해 인도가 차지하는 비중은 7퍼센트에 불과하다. 문제는 석탄 에너지가 지구온난화를 악화시키는 한편 산성비와 호흡기 질병을 유발한다는 점이다.

이를 우려한 중국 정부는 2020년까지 전체 전력 생산의 20퍼센트를 재생에너지에서 생산하도록 강제하는 법을 제정했다. 풍력에너지가 갈수록 대체에너지로 각광 받을 것임을 시사하는 대목이다. 이에 따라 중국 업체들이 너도나도 풍력에너지 사업에 뛰어들고 있다. 그만큼 수즐론의 경쟁자가 늘어날 것임을 예고한다. 탄티 회장은 이에 대해 강한 자신감을 드러냈다.

"최근 중국에서 10여 개의 업체가 풍력 터빈 생산에 뛰어든 것으로 알고 있습니다. 그러나 이들은 아직은 품질과 생산능력에서 우리의 경쟁 상대가 되지 않습니다. 수즐론이 앞선 기술 및 디자인 혁신을 멈추지 않는 한 시장에서 앞서갈 수 있습니다. 이는 단 시일 내에 되는 것이 아니라 오랜 시간이 걸리는 작업이지요. 중국 회사들이 수즐론의 현재 기술을 따라오려면 최소 3~4년은 걸릴 것입니다. 그동안 수즐론은 더욱 앞서 나갈 것입니다."

수즐론은 인도 제조업체의 미래를 보여주는 중요한 연구 사례다. 왜냐하면 인도는 사회기반시설이 열악해 제조업에선 중국의 상대가 되지 않았기 때문이다. 중국은 공산당 정부 주도하에 일사천리로 도로, 항만, 발전소, 공항 등을 만들어 제조업 발전의 토대를 닦았다.

반면 민주주의 체제를 유지하고 있는 인도 정부는 인프라 개선을 위해 중국 정부처럼 밀어붙일 수 없는 한계를 지녔다. 그런 열악한 상황에서 수즐론 같은 제조업체가 출현해 아시아는 물론 글로벌 시장을 장악해가고 있다. 앞으로 수즐론이 중국 기업들의 추격을 어떻게 물리치고 글로벌 시장에서 우위를 점하는가는 인도 제조업체의 가능성을 엿보게 한다는 점에서 매우 중요하다.

세계 3위는 세계 1위를 위한 초석이다

탄티 회장은 인도를 세계 풍력 수출의 허브로 만들고자 노력 중이다. 하지만 그의 관심은 단지 인도 내에만 머물지 않는다. 최근 그는 인도를 넘어 해외시장으로의 급속 팽창전략을 구사한다. 아시아 최대 풍력 터빈 업체인 수즐론이 글로벌 시장에 적극 진출하고 있는 것이다.

그 대표적인 예가 2006년 벨기에 풍력 터빈 업체인 한센트랜스미션Hansen Transmissions 인수다. 인수 금액은 5억 6,500만 달러였다. 이어 한 해 뒤인 2007년에는 독일의 유력 풍력 터빈 생산업체인 리파워REpower를 16억 달러에 사들였다. 이에 따라 수즐론의 연간 풍력 터빈 생산 능력은 4,200메가와트로 껑충 뛰어올랐다.

해외 인수합병을 통해 기업의 몸집을 키웠으며 선진 기술 습득 기회로도 이를 적극 활용하고 있다. 이밖에 수즐론은 미국 미네소타에 풍력 터빈 회전날개 공장 건설, 중국 텐진 공장에 6,000만 달러 투자, 호주와 중국, 유럽, 뉴질랜드, 한국 등 전 세계 40여 곳에 진출하는 등 글로벌 체제를 강화했다. 그 결과 현재 수즐론 주문의 5분의 4가 해외 수주다.

현재 세계 5위 풍력 터빈 생산 업체인 수즐론의 단기 목표는 세계 3위 등극이다. 그러나 장기적으로는 글로벌 1위 기업을 목표로 하고 있다. 현재 세계 1위 풍력 터빈 생산 업체는 덴마크의 베스타스Vestas 다. 베스타스의 연간 생산능력은 2만 800메가와트로 수즐론(4,200메가와트)에 비해 크게 앞서 있다. 베스타스를 따라잡으려면 아직은 갈 길이 멀다. 그러나 수즐론(28퍼센트)의 성장 속도가 베스타스(15퍼센트)보다 훨씬 빠르고, 수즐론은 지난 6년간 지속적으로 순익을 낸 반면 베스타스는 적자를 면치 못했다는 점에서 희망은 있다.

주변 사람들은 탄티 회장이 남다른 비전과 리더십을 갖고 있어 세계 최고 풍력에너지 회사로의 등극이 요원한 꿈만은 아니라고 말한다. 사실 탄티 회장은 '바람'이라는 불완전한 아이디어에서 잠재력을 발견했고, 이를 사업화해 성공한 드문 사업가 가운데 한 사람이다.

그는 요즘 온통 풍력에너지 사업에 몰두해 있다. 밤낮으로, 장소에 구분 없이 풍력에너지에 매달려 있다. 어찌 보면 풍력에너지에 미쳐 있다.

"제가 몰두하는 그린 비즈니스는 아주 좋은 사업입니다. 한마디로 돈이 많이 되는 사업이지요. 그러나 저는 이를 단순히 돈을 벌기 위해 하는 것이 아닙니다. 이 사업은 무거운 사회적 책임이 따릅니다."

탄티 회장이 풍력에너지 사업을 정말 사명감에서 하는 것인지, 아니면 말로만 그런 것인지는 그가 사는 집을 보면 짐작할 수 있다. 그는 이 사업으로 엄청난 돈을 벌었지만 자기 집조차 없다. 방 세 개짜리 아파트에 세 들어 살고 있다. 동업하는 동생 가족들도 인근 아파트에 세 들어 산다. 그 이유에 대해 그는 다음과 같이 설명했다.

"물론 제가 원하면 대저택에도 살 수 있습니다. 대저택의 수많은 방마다 불도 하루종일 켜놓을 수 있고요. 이제 저는 제 자신을 위해선 돈을 아끼지 않아도 될 만큼 부자가 되었습니다. 그러나 정말 중요한 것은 인류가 직면해 있는 환경오염 문제입니다. 저는 다른 어떤 것보다 이 문제를 우선적으로 해결하고자 합니다."

풍력에너지 사업으로 벼락부자가 되었지만 그는 전혀 졸부처럼 생활하지 않는다. 마치 사회운동가 같은 엄격한 도덕성마저 느껴진다. 탄티 회장은 오늘도 환경오염 없는 지구촌 건설을 위해 풍력에너지 사업에 미쳐 있다. 인류의 이상을 사업으로 절묘하게 결합시킨 탄티 회장은 참 행복한 사람이다. 이런 사업거리를 찾는다면 누구라도 자신의 사업에 미치지 않을 수 없을 것이다. '행복한 사나이'인 툴시 탄티는 인도의 희망인 동시에 인류의 희망이기도 하다.

한눈에 보는 억만장자의 성공전략

❖

'의지의 기업인'인 툴시 탄티 회장의 성공 법칙은 10가지로 요약할 수 있다.

첫째, 그는 실패에 굴하지 않는 불굴의 의지를 지녔다. 그는 풍력 에너지 사업을 시작하기 전 무려 16가지 사업에 손을 댔으나 거의 모두 실패했다. 그럼에도 불구하고 좌절하지 않고 새로운 사업에 매진한 결과 결국 성공이란 단맛을 보았다.

둘째, 당면한 위기를 기회로 적극 전환시켰다. 그가 하던 섬유 사업은 도로와 전기 등 열악한 사회기반시설로 위기에 빠졌다. 그러나 이에 좌절하지 않고 대신 풍력을 이용한 자가 전기 생산에 매진해 성공했다.

셋째, 쉽게 상상하지 못할 풍력에너지라는 독특한 사업 아이디어를 생각해냈다. 그러나 이런 아이디어는 뛰어난 두뇌를 가진 사람들에게서만 나오는 특별한 것은 아니다. 자신이 직면한 위기를 극복하려는 과정에서 자연스럽게 생각해냈다.

넷째, '허무맹랑한' 아이디어를 실제 사업으로 구체화시켰다. 누구나 나름대로 아이디어는 갖고 있다. 문제는 이를 어떻게 사업으로 연결시키는가이다. 탄티 회장은 풍력에너지라는 '공상 같은 아이디어'를 진지하게 연구하고 치밀하게 추진해 사업화에 성공했다.

다섯째, 과감한 결단과 실행력이다. 풍력 아이디어가 사업성이 있다고 판단하자 그는 하던 사업을 제쳐두고 적극적으로 이에 뛰어들었다. 결코 쉽지 않은 결정이다. 그의 뛰어난 결단력과 추진력이 돋보인다.

여섯째, 충분하고 철저한 사전 조사와 연구다. 탄티 회장이 과감한 결단을 내릴 수 있었던 것은 그만큼 사전 시장조사와 사업 연구에 철저했기 때문이다. 그는 풍력 사업을 시작하기 전 시장조사를 통해 어떻게 시장을 공략할지 치밀하게 연구 검토했다.

일곱째, 혁신적인 서비스 제공이다. 당시 부지 구입, 터빈 구매, 설치, 유지, 보수 등 복잡하고 불편하게 나뉘어 있던 영역을 묶어 '통합 서비스'를 제공했다. 이런 전략은 당시 터빈 기술 개발에만 매달려 있던 풍력에너지 시장에 돌풍을 일으켰다.

여덟째, 인도의 장점인 가격 경쟁력을 적극 활용했다는 점이다. 탄티 회장은 터빈 설치를 위한 인도의 토지 가격이 선진국에 비해 매우 싸고, 저임금의 유능한 인력이 넘친다는 사실을 충분히 활용했다. 이 같은 가격 경쟁력은 수즐론이 성공하는 중요한 요인이 됐다.

아홉째, 해외 기업 인수합병을 통한 기술력 확보다. 탄티 회장은 풍력에너지에 대한 경험이나 지식이 전무했다. 따라서 기술력이 있을 리 만무했다. 이를 극복하기 위해 수즐론은 해외 기업 인수에 적극 나서 선진 기술을 습득했다. 또 해외에 연구센터를 설치해 인도 인력들로 하여금 선진 기술을 배울 수 있도록 했다.

열째, 야심적인 글로벌 팽창 전략이다. 그는 인도만의 풍력에너지 시장은 한계가 있다고 보고 글로벌 시장 진출을 적극 시도했다. 원유가격이 고공행진하고 화석 에너지가 고갈 위기에 직면한 요즘 대체에너지에 대한 글로벌 수요는 폭증하고 있다. 이런 상태에서 가격과 기술, 서비스 경쟁력을 갖춘 수즐론의 미래는 밝은 편이다.

수즐론

—• 세계 5위 풍력에너지 기업

—• 인도 시장점유율 70%, 세계 시장점유율 14%

—• 설립연도 1995년

—• 매출 34억 달러(2007년), 전년 대비 71% 증가

—• 순익 4억 8,000만 달러(2007년)

—• 시가총액 108억 달러(2008년 3월)

—• 직원수 2만 명(2008년 3월)

6

모든 직원은 백만장자다
나라야나 무르티

Narayana Murthy

Infosys

나라야나 무르티 NARAYANA MURTHY

IT 기업 인포시스 창업주이자 명예회장 겸 수석 멘토

총재산 1조 6,000만 원(2008년 초 현재)

생년월일 1946년 8월 20일

출신 카르나타카 주 마이소르

학력 마이소르 대학 전기공학, 인도공과대학 기술석사

수상경력 〈비즈니스위크〉 선정 '올해의 비즈니스맨'

기업을 설립할 때 '직원을 백만장자로 만들자'라는 창업 목표를 내거는 회사가 있을까? 설령 그런 목표를 내건다 하더라도 형식적이거나 구호에 불과한 경우가 대부분이다. 대개는 매출이나 수익을 많이 내는 기업 혹은 남들이 알아주는 유명 기업을 만들자, 라는 목표를 정하는 것이 일반적이다. 그러나 '직원들을 백만장자로'라는 확고한 창업 목표를 세우고, 어려운 상황에서도 이를 꾸준히 실천해왔으며 결국 이를 실현한 기업이 있다. 바로 인도 대표 IT 업체인 인포시스테크놀로지Infosys Technologies 다.

인포시스는 인도 기업 가운데 가장 많은 백만장자를 보유하고 있다. 2008년 초 현재 인포시스 내에서 자산 100만 달러가 넘는 백만장자는 3,000명 가까이 된다. 우리나라 최대 기업이며 세계적 기업으로 통하는 삼성전자의 백만장자 수도 수백 명에 불과하다. 삼성전자에 비해 매출이나 순익이 상당히 적은 회사에 백만장자가 이렇게 많다는 것은 놀랄 만한 사실이다.[1] 특히 인도 화폐인 루피 기준 백만장자(3,000만 원~10억 원)는 자그마치 3만 여명에 달한다. 연간 개인 당 국민소득이 900달러에 불과한 인도에서 한 회사에 이렇게 많은 백만장자가 존재한다는 사실은 경이롭기까지 하다. 내로라하는 글로벌 기업들도 흉내내기 어려운 일이기 때문이다.

인포시스는 비단 백만장자가 많은 걸로만 유명하지 않다. 기업 투명성 측면에서 아시아 최고 기업이고, 수익을 장학금 기부 등으로 환원하는 회사이며, 세계에서 가장 존경 받는 글로벌 지식기업으로 명성을 얻고 있다. 가족 혹은 친족이 기업을 소유, 경영하는 전 근대식 기업소유구조를 유지하고 있는 인도에선 매우 찾아보기 힘든 사례다. '인도의 마이크로소프트'로 통하는 '인포시스 성공스토리'를 찾아가보자.

가난해도 꿈은 있다

나라야나 무르티Narayana Murthy 는 인포시스 성공신화를 창조한 인물이다. 그는 1946년(2009년 현재 63세) 인도 남부 카르나타카Karnataka 주 마이소르Mysore 라는 작은 도시에서 가난한 고등학교 교사의 아들로 태어났다. 인도에선 교사나 교수 등 일반적으로 가르치는 직업은 대개 카스트 최상위 층인 브라만에 속한다. 브라만이 전통적으로 성직자로서 힌두교도를 교육하는 역할을 해왔기 때문이다. 따라서 신분으로 치면 그도 역시 브라만 출신이다. 이는 인도 비즈니스계에선 주목할 만한 사항이다. 왜냐하면 인도 비즈니스계는 주로 상인

---

1) 2007년 기준 인포시스의 연간 매출은 삼성전자의 24분의 1, 순익은 6분의 1에 불과하다.

계급인 바이샤가 장악하고 있기 때문이다. 경제가 개방된 요즘이야 계층을 막론하고 비즈니스에 뛰어들지만 그가 기업을 창업할 당시만 해도 브라만 출신이 사업을 하는 경우는 흔치 않을 때였다.

무르티는 어릴 때부터 수학과 과학에 특히 뛰어났다. 키가 작고 말 수가 적어 아이들 사이에서 눈에 띄지는 않았다. 그러나 수학이나 물리학에 관한 질문을 받으면 눈동자에 불꽃이 튀었다. 과학이나 수학 이론을 받아들이는 속도는 '빛의 속도'보다 더 빨랐다고 한다. 과학과 수학에 재능이 있는 그가 인도 최고 수재들만 가는 인도공과대학IIT에 진학하고자 한 것은 당연했다.

그는 16세에 꿈을 좇아서 IIT에 응시했다. 결과는 합격이었다. 최고 점수 명단에도 들었다. 그는 합격 소식을 듣고 뛸 듯이 기뻐서 바로 아버지에게 달려갔다. 당시 아버지는 신문을 읽고 계셨다. 그가 외쳤다.

"아버지, 저 IIT에 합격했어요."

그러나 아버지는 신문에서 눈을 떼지 않은 채 덤덤하게 응답했다.

"잘했구나, 얘야."

아버지가 그다지 기뻐하지 않는 것을 보고 시무룩해진 무르티는 더 큰 소리로 외쳤다.

"아빠, 제가 IIT에 우등으로 합격했다고요. 저 IIT에 갈 거예요."

이 말을 들은 아버지는 그제서야 신문에서 눈을 떼더니 무르티의 눈을 쳐다보며 무거운 목소리로 말했다.

"이 놈아, 너도 잘 알잖아. 우리집 형편이 어떤지. 나는 네가 외지인 벵갈루루에 가서 IIT를 다니게 할 만큼 여유가 없다. 공부를 더 하고 싶으면 마이소르에서 해라."

그 말을 듣자 무르티는 가슴이 무너져 내렸다. IIT 입학은 바로 그의 꿈이었다. 그 꿈이 가난 때문에 깨져버리는 순간이었다. 그러나 그는 아버지에게 내색하지 않았다. 아버지 얼굴에서 자식이 원하는 대로 해주지 못하는 안타까움과 슬픈 표정을 읽었기 때문이다.

어릴 때부터 무르티는 내성적이었다. 따라서 누구에게도 자신의 실망과 슬픔을 얘기하지 않았다. 고등학교 친구들은 대도시 대학에 가기 위해 마이소르를 떠났다. 그는 떠나는 친구들을 역까지 나가 환송했다. 친구들은 입학한 대학의 캠퍼스며 기숙사, 커리큘럼 등에 대해 신나게 얘기했다. 그는 아무 말 없어 가만히 서 있기만 했다. 친구들을 태운 기차는 떠나가고 그는 역 앞에서 한동안 그렇게 멍하니 서 있었다. 그는 스스로에게 다음과 같이 말하며 집으로 발길을 돌렸다.

"IIT에 다니는 모든 학생이 공부를 잘 하고 인생에서도 잘 나가는 것은 사실이지. 그러나 인생은 어떤 대학을 가느냐에 좌우되는 게 아냐. 진정 내 인생을 바꾸는 것은 나 자신이고, 내가 얼마나 노력하느냐에 달려 있지 않겠어?"

우수한 성적으로 합격하고도 IIT에 가지 못한 무르티는 아버지의 말을 따라 집 인근에 있는 마이소르 대학에 진학한다. 이곳에선 전기공학을 전공했다. 하지만 IIT에 가는 꿈을 버리지 못한 그는 마이소르 대학을 졸업한 후 결국 IIT 대학원(칸푸르 소재)에 입학한다. 비록 대학원이긴 하지만 꿈을 이루었다. IIT에서는 기계공학으로 석사 학위를 받았다.

1969년 IIT 졸업 후 그는 수 년간 연구조교와 유럽 생활을 경험한다. 이후 사상적 방황 끝에 30세인 1977년 뭄바이에 있는 작은 컴퓨터 회사인 파트니컴퓨터Patni Computers에 부장으로 입사한다. 그러나 그의 꿈은 샐러리맨이 아니었다. 자사 설립이었다. 컴퓨터 소프트웨어에 능숙해진 그는 장차 글로벌 소프트웨어 기업을 일구겠다고 다짐한다.

그가 자신의 회사를 차리겠다고 나선 데는 그만한 이유가 있었다. 소프트웨어 엔지니어의 고용비용이 미국과 인도 사이에 엄청나게 큰 차이가 난다는 사실을 발견했기 때문이다. 그 차이는 너무 커서 인도 소프트웨어 엔지니어를 미국에 보내 서비스를 해주어도 이익이 매우 클 정도였다. 그는 사업으로 돈을 벌어 이 돈을 나누면 빈곤을 없앨 수 있고, 많은 사람들이 백만장자가 될 수 있다고 생각했다. 다행히 회사 내에는 자신과 뜻을 같이하는 동료들이 여럿 있었다. 그는 시간이 날 때마다 이들과 모여 창업에 대해 얘기했다.

우직한 사랑은 또 다른 성공이다

무르티의 성공 스토리를 이야기할 때 아내 수드하Sudha 와의 러브 스토리를 빼놓을 수 없다. 이는 단순한 러브 스토리가 아닌 당시 그가 처했던 환경과 신념, 철학 등을 엿보게 한다는 점에서 의미가 있다.

아내 수드하는 연구조교였던 무르티를 다른 남자 친구를 통해 처음 만났다. 처음 무르티를 보았을 때 그녀는 그에 대해 별 관심을 갖지 않았다. 키도 작은데다 내성적이었기 때문이다. 그런 무르티가 저녁 식사에 친구들과 그녀를 초대했다. 그곳에서 무르티는 그녀에게 매우 적극적으로 사랑을 표현했다. 조만간 단둘이 만나자는 것이었다. 깜짝 놀란 그녀는 처음엔 거절했다. 그러나 친구들 앞에서 공개적으로 의사 표현을 했기 때문에 친구들은 무르티를 적극 지원했다. 할 수 없이 수드하는 다음날 한 호텔 식당에서 오후 7시 30분에

만나 저녁 식사를 같이 하기로 했다.

다음날 오후 7시에 양복점에 가기 위해 우연히 호텔 앞을 지나치던 그녀는 무르티가 그 시간에 호텔 앞에 서 있는 것을 목격했다. 약속 시간이 30분이나 남았는데도 미리 와서 기다리는 중이었다. 그녀는 그 모습에 좋은 인상을 받기는 했지만 여전히 무르티는 친구들 중 하나에 불과했다. 그렇게 아무런 이성적 감정 없이 만나던 어느 날 무르티는 중요하게 할 말이 있다며 분위기를 잡았다.

"수드하, 나는 키가 5.4 인치(138cm) 밖에 되지 않고 집안도 가난해. 일생동안 결코 부자가 될 수 없을 지도 몰라. 그러니 너를 부유하게 만들어줄 수 없어. 그러나 넌 참 예뻐. 게다가 똑똑하고 지적이고…. 그래서 넌 네가 원하는 어떤 남자와도 결혼할 수 있을 거야. 그렇긴 하지만 나하고 결혼할래?"

너무 황당한 프로포즈였지만 그녀는 기분 나쁘지 않았다. 그래서 좀 더 생각할 시간을 달라고 했다. 며칠 동안 생각한 그녀는 무르티의 청혼을 받아들이기로 결정했다. 문제는 부모님이었다. 부모님이 과연 승낙해줄까? 어머니는 찬성이었다. 어머니는 무르티의 고향이 자신과 같은 카르나타카이며, 무르티가 똑똑한 데다 좋은 가문(브라만)이라며 곧바로 허락했다. 반면 아버지는 그의 직업이 무엇이며, 월급은 얼마를 받는지, 자격증은 있는지 등을 세세히 물은 후 반대 의사를 피력했다.

당시 무르티는 연구조교를 하고 있었지만 월급은 그녀보다 적었다. 특히 아버지는 무르티가 사회주의에 빠져 있고, 그의 꿈이 고아원을 차리는 것이라는 말을 듣곤 강하게 반대했다. 그래도 한번 만나 보시라는 그녀의 끈질긴 요구에 아버지는 마지못해 동의했다.

한 호텔 커피숍에서 오전 10시에 만나기로 약속했다. 그러나 무르티는 약속시간에 나타나지 않았다. 아버지는 "약속도 하나 지키지 못하는 놈에게 어떻게 내 딸을 맡길 수 있냐"며 역정을 내셨다. 무르티는 두 시간이 지난 12시가 되어서야 허겁지겁 나타났다. 이른 아침에 출근을 했는데 오는 길에 교통체증이 너무 심해 택시를 탔지만 늦어졌다는 것이다. 택시를 탄 것은 가난한 그에게 무리였다. 하지만 아버지는 묵묵부답이었다. 아버지는 엄한 표정으로 그에게 장차 무엇이 되고 싶은지 단도직입적으로 물었다.

'눈치 없는' 무르티는 공산당 정치인이 되어 고아원 하나를 세우고 싶다고 평소 생각을 그대로 얘기했다. 아버지의 대답은 단호했다.

"내 딸을 장차 공산당원이 되려는 자에게 시집 보낼 생각은 추호도 없네. 게다가 자기 가족 부양할 돈도 없는 주제에 고아원을 세우겠다고? 어림없으니 그만 가보게."

아이러니한 것이 인생이라고 했던가. 한참 뒤 이야기지만 아내 수드하는 오늘날 많은 고아원을 세워 사회 복지에 크게 기여하고 있다.

아버지의 결혼불가 선고를 듣고 난 후 그녀는 무르티를 더욱 좋아하게 됐다. 그리고 그와의 결혼을 다시금 다짐했다. 수드하는 그가 매우 정직한 사람이라고 판단했다. 결국 그녀는 아버지에게 선언했다.

"아빠, 저는 아빠의 축복 없이는 무르티와 결혼하지 않을래요. 물론 무르티가 아닌 다른 사람하고는 절대 결혼하지 않을 거고요."

아버지는 무르티가 안정된 직업을 갖겠다고 약속하면 결혼을 허락하겠다고 한발 물러섰다. 그러나 무르티는 자신이 아닌, 남이 원하는 바 대로 인생을 살 순 없다며 버텼다. 수드하는 아버지와 무르티, 두 남자 사이에 끼여 이러지도 저러지도 못했다.

이런 식으로 3년이 흘렀다. 그 사이 무르티의 인생관에 큰 변화가 생겼다. 유럽에 갔다가 기차로 돌아오는 중 공산국가인 불가리아에서 난데없이 스파이 혐의로 체포되어 곤욕을 치른 그는 사회주의를 향한 동경을 접는다. 이후 그는 '미래 장인'이 권유한 대로 안정된 직장을 갖는다. 그것이 바로 앞서 말한 파트니컴퓨터 입사였다.

무르티가 직장을 가짐에 따라 아버지는 둘의 결혼을 승낙했다. 1978년 10월 무르티와 수드하는 결혼식을 올린다. 만난 지 5년 만에 성사된 결혼이었다. 그러나 무르티 집안이 가난했던 관계로 결혼식은 그의 집에서 양가 친척들만 모인 채 조촐하게 열렸다. 결혼식에 들어간 비용도 모두 합해 800루피(2만 4,000원)에 불과했다. 이는 무르티와 수드하가 각각 400루피씩 걷은 돈이었다.

단돈 1,000달러의 힘

1981년 34세에 무르티는 마침내 창업을 결행키로 한다. 기업 이름은 인포시스컨설팅(인포시스테크놀로지의 전신)이었다. 그를 위시한 공동 창업자 일곱 명은 장시간의 토론 끝에 창업 목표를 결정한다.

'인포시스는 주주를 중시하는 경영을 한다. 인포시스는 직원을 가족처럼 여기며 궁극적으로 직원들을 백만장자로 만들기 위해 노력한다. 남는 이익은 사회를 위해 적극 환원한다. 인포시스는 사회로부터 지탄이 아닌, 존경을 받는 회사를 지향한다.'

훗날 무르티 회장은 당시 일을 다음과 같이 회상했다.

"우리는 20여 년 전 뭄바이에 있는 저의 작은 아파트에 모여 인포시스 창업을 논의하면서 일종의 '기업인의 사명'이란 각서를 썼습니다. 우리의 목표는 최고의 기업을 만드는 것이 아니었습니다. 그렇다고 재벌처럼 몸집을 키우는 것도 아니요, 이익금을 많이 내는 회사도 아니었습니다. 우리의 창업 목표는 회사 주주들로부터 존경을 받는 회사를 만드는 것이었지요. 우리는 지금까지 그렇게 해왔고, 앞으로도 그럴 것입니다."

그러나 그에겐 비전과 꿈은 있었지만 자본금이 없었다. 아내 수드하는 자본금도 일절 없이 시작하는 사업을 처음에는 반대했다. 돈이 없었을 뿐만 아니라 무르티를 위시한 공동 창업자 어느 누구도 사업 경험이 전혀 없었기 때문이다. 게다가 부부가 매월 받는 월급으로 가족은 편안한 생활을 누리고 있었다. 군이 안정된 생활을 깰 이유가 없었다.

하지만 무르티의 뜻이 워낙 강경해 수드하는 결국 그를 지원하기로 결정한다. 이에 따라 그동안 몰래 저축해두었던 1만 루피(30만 원)를 그에게 자본금으로 빌려준다. 자본금을 건네며 수드하는 이렇게 말했다.

"이 돈을 드릴게요. 제가 가진 돈 모두예요. 당신에게 3년간의 안식년을 드리겠어요. 그동안 집안 경제는 제가 책임질게요. 당신은 아무 걱정 말고 당신의 꿈을 키우세요. 그러나 안식년은 단 3년뿐입니다."

아내의 이 말에 무르티는 눈물을 흘렸다. 가장으로서 가정을 돌보지 못하는 것은 물론 자신의 꿈을 쫓겠다고 아내로부터 돈까지 빌리는 자신이 처량하기도 했다. 그러나 그가 눈물을 흘린 진짜 이유는 아무것도 가진 게 없는 자신을 믿고 전폭적으로 지원해주는 아내의 마음씨와 자세 때문이었다. 무슨 일을 하든 자신을 믿고 전폭적으로 지지해주는 사람이 있다면 얼마나 가슴 뿌듯한 일이랴. 아내 역할의 중요성은 아무리 강조해도 지나치지 않다. 물론 남편의 경우도 마찬가지다.

자본금 총 1,000달러(무르티의 할당금 30만 원 포함)를 갖고 시작한 사업인데 어디 그 돈으로 사무실이나 제대로 구하겠는가? 그래서 방 두 개짜리 그의 집에서 방 한 개를 사무실로 사용했다. 비좁은 사무실에 공동 창업자 일곱 명이 매일 북적북적거렸다. 물론 자동차도 없었고 심지어 전화조차 놓지 못했다. 경제적 어려움 외에 당시 인도 정부의 관료주의가 극심해 사업상 어려움이 이만저만한 게 아니었다. 예를 들어 소프트웨어 사업에 필수인 컴퓨터 한 대를 외국에서 들여오는데도 2년이나 걸렸다.

창업한지 2년이 지난 1983년 인포시스는 마침내 최초의 수주를 받는다. 벵갈루루에 위치한 데이터베이직스라는 회사였다. 공동 창업자들 및 가족들은 모두 뛸 듯이 기뻐했다. 당시 사업에는 부인들도 적극적으로 참여해 일을 하던 터였다. 그들은 입을 모아 이제부턴 무언가 풀리는 모양이라고 즐거워했다. 창업 이후 2년간이나 월급도 한푼 받지 못한 채 근무했던 사람들의 기쁜 심정은 이루 말할 수 없었을 것이다. 이후 인포시스는 여러 곳에서 수주를 받으며 사업이 펴지기 시작했다.

사업이 잘 되는가 싶던 1989년 인포시스는 창업 후 최대 위기에 직면한다. 미국 기업과 함께하던 공동 벤처 사업이 부도났기 때문이다. 창업 이후 8년 동안 이루었던 일들이 하루아침에 날아가 버렸다. 인포시스도 부도 위험에 직면했다. 이는 회사 사람들을 공황 상태로 몰고 갔다. 공동 창업자 가운데 한 사람인 아쇼크 아로라는 더 이상 어려움을 견딜 능력이 없다며 회사를 떠났다. 다른 사람들도 동요하기 시작했다.

지난 8년간이나 온갖 어려움을 무릅쓰고 밤낮으로 일했음에도 불구하고 결과는 출발 원위치였다. 모두가 더 이상 일할 의욕을 상실했다. 이제 그만 사업을 접자는 의견이 설득력을 얻고 있었다. 무르티도 고민했다. 사업을 여기서 그만 접을 것인가, 말 것인가? 고민 끝에 그는 사업을 계속 추진하기로 결정했다. 그리고 그들을 설득했다.

"여러분이 알듯이 우리는 정말 어려운 상황에 처했습니다. 그러나 우리는 맨주먹만 갖고 시작하지 않았습니까? 그래도 그때보다 지금이 낫지 않습니까? 우리에게는 창업 당시의 꿈과 비전이 있지 않습니까? 만약 떠날 사람이 있으면 떠나도 좋습니다. 모두가 떠나면 나 혼자라도 남아 이 사업을 계속 하겠습니다…"

결국 이미 떠난 한 사람을 제외한 나머지 공동 창업자들은 그대로 남기로 결정한다. 인포시스를 해체할 위기에서 무르티의 리더십이 돋보이는 대목이다. 그를 만나본 사람들은 그가 어눌하다고 말한다. 유창하게 말하는 편이 아니다. 그러나 남을 끌어들이는 설득력과 카리스마는 매우 뛰어나다고 평한다. 위 사례도 그의 이 같은 능력을 잘 보여주고 있다.

1991년 인도 시장이 해외에 개방됐다. 이는 글로벌 기업을 목표로 하는 인포시스에게 큰 기회가 됐다. 해외 사업을 규제하던 각종 법규가 폐지되거나 완화됐기 때문이다. 이제 인포시스는 자유롭게 해외 시장으로 나갈 수 있게 됐다. 땅에서 헤엄치던 물고기가 물을 제대로 만난 것이다. 이후 인포시스 사업은 탄탄대로를 탄다. 기업이 커지자 1993년 인도 증시에 상장을 하고, 1999년에는 인도 기업 사상 최초로 미국 뉴욕시장에 기업 공개를 한다.

직원의 행복이 최우선

1990년대 초 인포시스는 현지에서 서비스를 제공하는 '온사이트On Site' 서비스를 주력 사업으로 진행하고 있었다. 고객이 주로 미국 기업이었으므로 모든 소프트웨어 서비스는 미국 현지에서 이루어졌다. 직원들이 고객이 있는 곳으로 직접 가서 계획하고, 준비하여 시스템을 실행시켰다. 한 프로젝트가 끝나면 다른 프로젝트로 곧바로 옮겨갔다. 당시 수익은 상당히 컸다.

일례로 1980년대 초 인도 벵갈루루 소프트웨어 엔지니어 임금은 미국 캘리포니아 내 IT 기업의 10분의 1에 불과했다. 인력 수급에는 문제가 없었다. 영어가 가능하고 훈련이 잘된 소프트웨어 엔지니어들이 인도에는 넘쳐났기 때문이다. 당시 인도에는 소프트웨어 엔지니어들이 한 해 10만 명씩 쏟아져 나왔으나 일자리가 없었다.

이 같은 온사이트 서비스 모델은 1990년대 후반까지 통했다. 그러나 1990년대 후반에 접어들면서 인도 소프트웨어 시장에는 신규 기업들이 물밀듯이 진입했다. 장래 수익성에 경고가 울렸다. 인포시스는 새 비즈니스 모델을 개발했다. 널리 알려진 역외Offshore 소프트웨어 개발OSDCs 모델이었다. 이는 고객이 있는 현장On site이 아닌 역외에서 주문을 받아 인도 본사에서 소프트웨어 서비스를 제공하는 방식이다.

예를 들어 미국 기업이 서비스를 원할 때 과거에는 인포시스 직원이 직접 미국에 가서 서비스를 제공했으나 이젠 그럴 필요 없이 인도 벵갈루루 사내로 과제를 가져와 해결한 다음 이를 고객사에 보내게 된다. 해외로 갈 필요가 없으니 비용절감과 함께 규모의 경제도 실현할 수 있게 됐다. 이에 따라 미국, 유럽 등 해외에는 마케팅 사무실을 개설하여 마케팅과 고객서비스 활동만 하면 됐다.

　직원이 직접 가는 대신 주문을 받아서 서비스를 제공하니 기업의 신뢰도가 매우 중요해졌다. 어떤 회사인 줄도 모르고 무턱대고 값비싼 서비스를 주문할 수는 없기 때문이다. 이 과정에서 인포시스가 이미 획득한 ISO 9001과 세계적 소프트웨어 품질 보증인 CMM 레벨 5 인증이 큰 도움이 됐다. 회사 이름은 몰라도 인증을 받은 회사임을 알고는 계약했기 때문이다. ISO 9001이나 CMM 레벨5는 세계 최고의 기술과 품질을 갖춘 기업에만 부여하는 인증이다.

　인포시스는 지난 10년간 연평균 50퍼센트 이상의 고속 성장을 질주해왔다. 2007년 회계연도(2007년 4월~2008년 3월)에 41억 9,500만 달러 매출과 13억 1,500만 달러의 순익을 달성했다. 전년 대비 40퍼센트를 웃도는 순익 증가였다. 폭발적 성장세를 이어가고 있다. 1981년 자본금 1,000달러로 시작한 회사가 2008년 3월 현재 시장가치 314억 달러에, 직원수 9만 1,000여 명의 유력 글로벌 기업으로 성장했다.

　성공한 지금 무르티 회장의 재산은 얼마나 될까? 2008년 초 현재 16억 달러다. 시장가치 300억 달러가 넘는 인포시스 규모를 고려할 때 의외로 적은 액수다. 그 이유는 그가 인포시스 주식의 5.12퍼센트만 보유하고 있기 때문이다. 나머지는 공동 창업자를 비롯한 직원들에게 스톡옵션으로 제공했다. 이는 '직원들을 백만장자로 만든다'는 창업 목표에 따른 것이다. 이에 따라 2008년 초 현재 인포시스 내 백만장자(10억 원 이상)는 3,000명을 웃돌고 있다. 직원들을 백만장자로 만들기 위해 인포시스는 인도 기업 가운데 직원들에게 최초로 스톡옵션을 제공한 회사다.

　인포시스는 직원의 행복을 최우선으로 하는 회사다. 직원들을 위해 여건이 허락하는 한 모든 것을 투자하고 있다. 자유로운 근무환경, 여가활동 최대지원, 완벽한 복지시설 등도 인포시스가 성공한 경영 비결 중 하나다. 무르티 회장은 직원이 행복해야 생산성이 높아질 수 있다고 확고히 믿는다. 10만여 평에 달하는 대규모 인포시스 본사 사옥 단지도 바로 직원의 행복을 위해 설계된 '휴먼 캠퍼스'다.

뛰어난 인재 채용과 유지도 인포시스의 중요한 성공 요인 중 하나다. IT 소프트웨어 산업은 특성상 얼마나 우수한 인재를 확보해 활용하는가에 달려 있다. 인포시스는 우수 인재를 뽑아 이들을 교육 훈련하는 데 많은 투자를 했다.

그러나 여기에는 딜레마가 존재한다. 돈을 많이 들여 인력을 교육시키면 이들의 몸값이 올라가 더 나은 일자리를 찾아 이직을 고려하기 마련이다. 특히 최근 들어선 유명한 다국적 기업들이 인도에 들어와 고임금과 해외근무 기회 등을 제시하며 유능한 IT 인력을 구하려고 혈안이 되어 있다. 당연히 인도 대표 IT 기업인 인포시스 직원들이 이들 다국적 기업의 스카우트 표적이 되곤 한다.

특히 인포시스는 인도 최고의 회사이면서도 임금은 업계 최고로 주지 않는 것으로 유명하다. 인포시스의 연봉은 언제나 업계 중간 수준에 맞춰져 있다. 따라서 다국적 기업들은 인포시스 직원들에게 최고의 대우를 보장해주면 영입해올 수 있다고 생각한다. 그러나 이런 생각은 종종 빗나가곤 한다. 예상 외로 높은 보수를 주겠다는 제의에도 불구하고 인포시스를 떠나는 직원들은 오히려 경쟁사에 비해 적다.

인포시스는 인도 IT 기업 중 최저 직원 이직률을 자랑한다. 그 이유가 무엇일까? 업계 평균 정도의 연봉만 주는데도 이 회사는 어떻게 우수 인재를 뺏기지 않고 잘 유지하고 있을까?

인포시스는 인력채용 시 결코 공부만 한 수재들을 뽑지 않는다. 이들은 조건이 맞지 않거나 직장이 싫증나면 언제든 다른 곳으로 옮겨갈 사람이라고 인포시스는 판단한다. 그래서 인포시스에서 인력채용 인터뷰는 보다 공격적이고 도전적인 사람을 제외하는 과정이라고 할 수 있다. 요즘 우리 기업들이 선호하는 인재상像과는 차이가 있다.

인포시스는 또한 부채를 극히 싫어한다. 돈이 있으면 사채 등 수익성이 높은 부문에 투자하는 대부분의 기업과는 달리 인포시스는 비록 수익성이 낮더라도 안전한 쪽을 택한다. 이 같은 적자를 허용하지 않는 분위기로 인해 인포시스의 재무구조는 매우 튼튼하다.

이 회사 재무담당이사인 모한다스 파이Mohandas Pai는 "우리는 도전에 따른 위험을 두려워하지 않습니다. 그러나 재무상 위험은 가능한 피하려는 게 창업 이래 경영 방침입니다"라고 말한다.

무르티 회장을 보면 이는 빈말이 아님을 실감할 수 있다. 무르티 회장이 쓰는 사무실은 너댓 평 정도 되는 공간에 책과 자료가 많이 쌓여 있어 비좁기 짝이 없다. 평범한 교수 연구실 같은 느낌마저 준다. 이런 특성은 그의 엄격한 생활 태도에서도 확인할 수 있다. 그는 출장 시 항공기 이코노미석을 이용하고 자가용도 1500cc 소형차만 고집한다. 현재 살고 있는 집도 20여 년 전 바로 그 집이다. 돈 좀 벌었다 하면 고급 대형 세단에, 으리으리한 사무실을 마련하는 한국 기업인들과는 비교된다.

성공은 제2의 성공을 부른다

인포시스가 추구하는 가치는 무엇일까? 이에 대해 무르티 회장은 망설임 없이 대답한다.

"우리는 인도 기업들이 추구하는 전통적인 가치를 추구하지 않습니다. 최고의 국제 관례와 기준, 그리고 가치를 추구합니다. 즉 우리는 인도 기업들의 관행인 정경유착이나 권력관계에 관심이 없습니다. 인포시스는 인도는 물론 미국과 유럽 등 해외에 있는 우리의 고객에 봉사하는 것을 가장 중요한 기업의 사명이자 최고의 가치라고 생각합니다."

사실이다. 인포시스는 지금까지 개방적이고, 공정하고, 직원들의 실력을 가장 강조하고, 원칙을 중시하는 경영을 해온 것으로 평가받고 있다. 그래서 인도 내 비판자들은 "인포시스가 미국 등 국제 금융기관들의 원칙에 굴복했다"라고도 말한다. 그만큼 인포시스는 인도에선 과감하고 혁신적인 글로벌 경영을 하고 있다.

인포시스는 인도를 대표하는 IT 소프트웨어 기업 중 기업가 정신으로 창업한 유일한 회사다. 인도에서 내로라 하는 유명한 소프트웨어 회사는 타타컨설턴시서비스TCS와 위프로Wipro 등이 있다. TCS는 IT 소프트웨어 부문 매출 1위이고, 위프로는 인포시스와 2~3위를 서로 다투고 있다. 그러나 TCS는 인도 최대 재벌인 타타그룹의 자회사이고, 위프로는 2세 경영인이 하드웨어 회사에서 소프트웨어 회사로 기업 주력 사업을 전환한 케이스다. 이에 비교해볼 때 인포시스는 글로벌하고도 혁신적인 기업가 정신이 살아있다고 할 수 있다.

다시 말하면 인포시스는 기업 경영과 문화, 시설, 복지 등 거의 모든 면에서 기존 인도 기업과는 달리 글로벌 스탠더드를 앞서 실천하고 있다. 이에 따라 인포시스는 인도 기업에 주는 최고 권위의 '인도에서 가장 존경받는 회사상', '지배구조가 가장 건실한 회사상', '최고 사원 복지상', '최고 경영자상' 등을 매년 휩쓸고 있다.

무르티 회장은 2006년 8월 인포시스 회장 자리에서 물러났다. 정년인 60세가 되었기 때문이다. 일반적으로 인도 기업 경영자들은 정년이 없다. 가족이나 친족이 소유, 경영하는 패밀리 비즈니스이기 때문이다. 죽을 때까지 CEO 자리에 머물러 있거나 물러나도 뒤에서 영향력을 행사하는 것이 보통이다. 그러나 무르티 회장은 스스로 60세로 정년을 정한 뒤 이를 준수해 물러났다. 현재는 인포시스 수석 멘토로서 활동하고 있다. 인도 기업에선 아주 특이한 케이스다.

또 그는 자녀를 인포시스에 채용하지 않을 계획이다. 그가 추구하는 민주적 지배구조라는 가치와 상충된다고 보기 때문이다. 이역시 자녀들이 대부분 경영권을 승계하는 인도 기업 경영 형태와다른 점이다. 미국 스탠퍼드 대학에서 MBA를 받은 딸은 현재 샌프란시스코에서 마케팅 전문가로 이름을 날리고 있으며, 아들은 미국 코넬 대학을 졸업한 후 하버드 대학에서 컴퓨터공학 박사과정을 밟고 있다.

새벽이 오는 데는 긴 어둠이 필요하다

무르티 회장은 미국 뉴욕대 스턴 경영대학원에서 '성공하는 삶'에 대해 강의한 적이 있다. 이 강의는 그가 살아온 인생 역정과 함께 그의 인생관, 인생 교훈, 성공 요인 등을 잘 보여준다.

"사람의 인생이란 우연한 사건과 의도적인 일들이 서로 섞여 있기 마련입니다. 제 인생도 마찬가지였습니다. 우연과 의도적인 사건들에 대한 사색과 번민, 투쟁하는 과정에서 제 인생도 형성되었지요.

첫 번째 사건은 1968년 제가 인도공과대학 대학원에 재학 중일 때 일어났습니다. 어느 날 아침, 식당에서 아침식사를 하면서 우연히 컴퓨터공학자로 널리 알려진 미국 명문대학 교수를 만났습니다. 그는 안식년을 인도에서 보내는 중이었지요. 그는 컴퓨터가 향후 세상을 어떻게 바꿀 것인지에 대해 열정적으로 말했습니다.

당시는 컴퓨터가 무엇인지도 모르는 때였지요. 그는 분명하고 확신에 찬 어조로 말해 저는 그 교수에 매료되었습니다. 그래서 아침밥을 먹자마자 도서관으로 직행해 그의 논문 4~5편을 읽었습니다. 논문을 다 읽고 도서관을 나오면서 저는 전공을 컴퓨터공학으로 바꾸기로 마음먹었습니다. 제 인생길이 정해진 것이지요.

이처럼 인생이란 어느 순간의 우연한 만남과 경험이 자신의 인생 전 행로를 결정하기도 합니다. 즉 우리가 인생을 살아가면서 부딪히는 조그만 우연한 사건도 자신이 어떻게 이를 받아들이느냐에 따라 성공의 기회로 활용할 수 있다는 말입니다.

두 번째 사건은 1974년에 발생합니다. 프랑스 파리에서 기차를 타고 인도로 돌아가는 중이었습니다. 당시 공산국가였던 유고슬라비아와 불가리아 국경 근처 니스Nis란 곳을 지날 때였습니다. 제가 있던 기차 칸(유럽 기차 칸은 보통 6~8인용)에는 저와 여자 아이와 남자 아이, 이렇게 셋이 타고 있었지요. 저는 여자 아이와 자연스럽게 얘기를 시작했습니다. 그 아이는 공산국가에서 사는 것이 참 힘들다고 말했지요. 그때 갑자기 문이 열리더니 경찰이 들이닥쳤습니다. 나중에 추정해본 결과, 그 칸에 타고 있던 남자 아이가 신고했던 것입니다. 그 아이는 우리가 불가리아 정부를 비판하고 있다고 생각했겠지요.

여자 아이는 어디론가 끌려갔고, 저도 경찰에 체포돼 사방 2.4미터의 독방에 수용됐지요. 바닥이 돌로 되어 얼음장처럼 차가운 그곳에서 장장 92시간 동안 악몽 같은 시간을 보내야 했습니다. 나흘간 먹을 밥도, 마실 물도 주지 않았습니다. '이제 바깥 세상을 더 이상 보지 못하고 죽는구나'라며 절망하고 있을 때 문이 열렸습니다. 경비병은 기진맥진한 저를 풀어주며 말했지요. '너를 풀어주는 이유는 네가 인도라는 우호국가에서 왔기 때문이야.' 저는 지금도 이말이 생생하게 귀에 박혀 있습니다.

감금에서 풀려나 인도로 돌아가는 동안 저는 확신을 갖고 믿었던 공산주의에 대해 다시 생각했습니다. 나흘간의 악몽 같은 경험은 좌파에 대한 저의 뜨거운 애정을 몽땅 빼앗아갔지요. 저는 이때 확신했습니다. 가난을 뿌리뽑는 일은 공산주의가 아니라 기업인이 대규모 일자리를 창출함으로써 가능하다는 사실을 말입니다. 그런 면에서 저를 사회주의자에서 자본주의자로 만들어준 불가리아 경비대에 항상 감사하고 있습니다. 이 같은 일련의 사건들은 1981년 인포시스를 창업하게 만듭니다. 우연한 사건들이 저를 기업가의 길로 들어서게 한 것이지요. 인생은 이처럼 우연한 사건들이 인생을 바꾸게도 합니다.

세 번째 사건은 1990년 겨울에 있었습니다. 앞의 일들이 우연한 일이었다면 지금부터 얘기하는 것은 의도된 사건입니다. 그해 추운 겨울 어느 날 공동 창업자 다섯 명이 벵갈루루 사무실에 모였습니다. 인포시스 매각을 의논하기 위해서였지요. 외부에서 인포시스를 100만 달러에 매입하겠다는 제의가 들어왔기 때문입니다.

당시는 창업한 지 9년이 되었지만 정부의 심한 관료주의 등으로 인해 사업 전망이 그다지 좋지 않을 때였습니다. 동료들은 인포시스를 팔자고 주장했습니다. 그들은 지쳐 있었습니다. 그동안 사업이 너무 힘들었던 데다 미래 전망도 극히 불투명하므로 인포시스를 팔아 100만 달러라도 손에 쥐는 것이 좋겠다는 의견이었지요. 당시 100만 달러면 월급도 제대로 받지 못하던 저희에겐 매우 큰 돈이었지요.

마지막으로 제 발언 차례가 왔습니다. 저는 1981년 제 조그만 아파트에서 인포시스를 창업한 이래 겪었던 오랜 시련과 도전에 대해 길게 얘기했지요. 그러면서 '새벽이 오는 데는 긴 어둠이 필요하다'라고 역설했습니다. 지금 앞은 캄캄하지만 어쩌면 새벽이 다가오는 어둠의 막바지일 것이라고 얘기했지요.

제 결론이 이어졌습니다. '그냥 팔지 말고 갔으면 좋겠다. 만약 여러분이 지분을 팔겠다면 내가 이를 다 사겠다'라고 말했지요. 사실은 수중에 돈 한푼 없었으면서 말입니다.

사무실에는 순간 적막이 흘렀습니다. 수중에 돈 한푼 없다는 사실을 익히 잘 알고 있는 동료들은 저의 무모함에 할 말을 잃었던 것이지요. 저는 다시 한번 강조했습니다. 위대한 비전과 꿈을 실현하기 위해선 보다 긍정적인 자신감을 가질 필요가 있다고 말입니다. 한시간이 넘는 제 설득에 결국 동료들은 인포시스를 팔지 않기로 마음을 바꾸었습니다.

그로부터 17년이란 세월이 흘렀습니다. 2006년 인포시스의 매출은 30억 달러가 넘고 순익은 8억 달러를 초과했습니다. 1990년 100만 달러였던 인포시스의 시장 가치는 2006년 280억 달러로 커졌습니다. 자그마치 2,800배나 비싸진 것입니다.

인포시스에는 좋은 보수를 받는 직원들이 7만 명이나 일하고 있고, 백만장자만도 2,500명이나 됩니다. 인도 루피 기준으로 산출한 백만장자는 2만 5,000명이나 됩니다.

기업을 통한 가치 창출로 가난을 물리치고, 직원들을 백만장자로 만들자는 우리의 이상과 목표가 어느 정도 실현된 것입니다. 만약 우리가 그때 100만 달러를 받고 인포시스를 팔았다면 오늘의 성취는 결코 없었을 것입니다.

성공은 때로 시간과 인내를 필요로 합니다. 목적지에 도달하기 전 도중에 그만 두면 성공의 달콤한 열매를 결코 맛볼 수 없지요. 큰 성공과 성취는 긴 기다림과 고통, 인내를 먹고 자랍니다.

마지막 사건은 1995년 여름으로 거슬러 올라갑니다. 우리 고객이었던 세계적인 기업이 벵갈루루의 한 호텔로 인포시스를 포함한 인도 소프트웨어 판매자들을 불러 모았습니다. 유리한 가격 협상을 위해서였지요. 인도 회사들은 서로 다른 방에 배치됐습니다. 인도 회사들간 의사 소통을 불가능하게 만들려는 조치였지요.

이 회사의 협상 방식은 거칠고 공격적인 걸로 이미 정평이 나있던 터였습니다. 우리 협상팀은 매우 긴장했습니다. 당시 인포시스의 매출은 500만 달러로 이 회사에 비하면 피라미에 불과했습니다. 또한 이 회사의 용역 규모는 인포시스 매출의 25퍼센트나 차지했습니다. 만약 이 회사를 놓치면 우리는 치명타를 입을 것이 분명했습니다.

이 회사 협상팀은 각 방을 돌면서 인도 각 회사들로부터 최적의 조건을 얻어내려고 기를 썼습니다. 이런 식의 협상이 며칠간 지속됐습니다. 최종 결정을 내려야 하는 마지막 날 이 회사는 아주 인색한 최종 조건을 알려 왔습니다. 우리로선 굴욕적인 조건이었습니다. 받아들일지, 거부할지 결정해야 하는 순간이었지요.

모든 눈이 저에게 쏠렸습니다. 저는 눈을 감고 어떻게 해야 할지 고민했습니다. 잠시 후 저는 비록 굴욕적이긴 했지만 받아들이기로 결정했습니다. 단기 이익이 아닌 장기 성장을 위해서였습니다. 이때의 경험은 인포시스 내에 '위험완화위원회RMC'를 설치케 했습니다. 고객이든, 기술이든, 국가든 한 곳에 지나치게 의존하지 않게 하려는 조치였습니다. 그런 면에서 당시 위기는 축복이 되었습니다. 위기를 기회로 전환하는 자세와 노력, 이것 또한 성공하기 위해 중요한 요소입니다.

인도에서 인포시스는 이미 젊은이들의 우상이 되었습니다. 인포시스를 인도뿐 아니라 세계적으로 존경 받는 회사로 키울 것입니다. 이를 위해 우리는 알찬 성장의 지속과 함께 이익의 사회 환원에도 깊은 관심을 갖고 있습니다."

그렇다. 그는 이미 정신적으로뿐만 아니라 물질적으로도 인도 사회에 크게 기여하고 있다. 무르티 회장은 매년 수백만 달러의 이익금을 인도공과대학 등 교육기관과 빈민구제단체에 기부한다.

부富의 창출은 물론 부의 분배에서도 세계적 표본이 된 무르티 회장. 우리나라에서도 무르티 같은 훌륭한 기업인이 탄생하길 바라는 것은 지나친 욕심일까?

한눈에 보는 억만장자의 성공전략

❖

'빈털터리' 젊은 무르티는 창업을 꿈꾸었다. 그러나 그가 꿈꾼 기업은 평범하지 않았다. '직원들을 백만장자로 만드는' 실현 불가능할 것 같은 꿈이었다. 또 사업을 해서 돈을 벌면 이 돈을 나누어 인도인들의 빈곤 청산에 기여하겠다고 다짐했다. 자신이 품고 있던 사회주의 신념을 자본주의의 꽃인 기업을 통해 실현하고자 하는 야무진 꿈이었다.

이 꿈의 실현에는 수많은 난관이 도사리고 있었다. 어려움 속에서 많은 사람들이 좌절했다. 그러나 그는 모두가 포기하는 상황에서도 끊임없이 도전했다. 특히 이 과정에서 패배주의에 젖어있던 동료들을 설득하는 무르티 회장의 지도력과 카리스마는 단연 돋보였다. 고비마다 그는 미래에 대한 확고한 비전을 갖고 앞길을 헤쳐가는 뛰어난 지도자로서의 면모를 여실히 보여주었다.

사업가로서 그는 또 남이 보지 못하는 사업 분야를 간파하고 이를 앞서 개척했다. '온사이트 소프트웨어 모델'을 개발해 경쟁자 없는 사업영역, 즉 '블루오션'을 창조했다. 이후 '온사이트 모델'이 수명을 다해갈 즈음 그는 다시 '역외 소프트웨어 개발OSDCs 모델'을 고안했다. 이처럼 끊임없는 새로운 성장 모델 개발을 통해 그는 성공의 길로 질주했다.

그의 성공은 단지 성장 모델 개발에만 있지 않다. 이를 뒷받침할 실력을 쌓는 데 철저했다. ISO 9001과 CMM 레벨5 인증 등 세계 최고의 기술력을 습득해 고객사의 신뢰를 얻었다. 그는 또 주주와 직원들의 후생 복지 향상을 위해 선구자적인 면모를 보였다. 인도 기업 가운데 최초로 직원들에게 스톡옵션을 제공하는가 하면 자유로운 근무환경, 여가활동 최대지원, 완벽한 복지시설 등 직원의 행복을 위해 최대한 투자했다. 그는 직원이 행복해야 생산성이 높아질 수 있다고 확고히 믿었다.

또 뛰어난 인재의 채용과 유지, 적자를 허용하지 않는 탄탄한 재무구조, 최고의 국제관례와 기준 준수, 투명한 기업 지배구조 등도 인포시스가 성공하는데 기여한 중요한 요인들이었다. 특히 무르티 회장은 인도 회사에선 보기 드문 주주를 중시하는 경영 문화를 확립했고, 남는 이익은 사회를 위해 적극 환원했다. 이에 따라 인포시스는 무르티 회장이 꿈꾼 대로 회사 내에 수천명의 백만장자를 탄생시키는 한편 사회로부터 지탄이 아닌, 존경을 받는 회사가 되었다. 내로라하는 세계 최고의 글로벌 기업들도 따라 하기 어려운 '위대한 업적'을 이룩한 것이다.

인포시스

—• 인도 제2의 IT 기업

—• 1981년 인도 벵갈루루 설립

—• 1987년 미국에 최초 해외사무소 설립

—• 1993년 인도 내 기업공개, ISO 9001 인증 획득

—• 1999년 미국 나스닥 상장, 시장가치 240억 달러 기록
　　　　'SEI CMM 레벨5' 획득

—• 2004년 매출 10억 달러 돌파

—• 2007년 매출 42억 달러, 순익 13억 달러

—• **직원수** 9만 1,000명 (2008년 3월 현재)

NANDAN NILEKANI

인생의 목표를 올바로 세워라
난단 닐레카니

인도 IT 기업 인포시스 이사회 공동 의장

2002년 3월 ~ 2007년 6월 인포시스 CEO

총 재산 1조 원 (2008년 초)

출신 카르나타카 주 벵갈루루

학력 카르나타카 대학, 인도공과대학에서 전기공학 전공

세계적인 베스트셀러 《세계는 평평하다》에 영감을 준 인물

2006년 세계경제포럼이 선정한 '글로벌 젊은 기업인 리더 20인'

〈뉴욕타임스〉의 저명한 칼럼니스트인 토머스 프리드먼Thomas Friedman은 몇 년 전《세계는 평평하다The World is Flat》란 베스트셀러를 펴냈다. 그는 이 책에서 인터넷 시대인 오늘날에는 세계 어디서나 지식과 정보를 똑같이 공유할 수 있으므로 선진국이나, 후진국이나 기회는 공평하다고 주장했다. 즉 인터넷의 발명으로 개인이나 기업, 국가는 균등한 기회를 갖게 돼 세계는 둥글지 않고 평평하다는 내용이다.

프리드먼에게 이런 논리를 제공한 사람은 인도의 한 IT 기업인이었다. 난단 닐레카니Nandan Nilekani 당시 인포시스 CEO가 바로 그다. 그는 비록 후진국이라 알려져 있는 인도에서 사업을 하지만 어떤 글로벌 기업에도 경쟁력에서 뒤지지 않는다고 느꼈다.

인터넷에는 무한한 정보가 널려 있어 기업이 위치한 곳이 선진국이든, 후진국이든 아무 상관이 없다는 것이다. 그의 말에 영감을 받은 프리드먼은 이를 책으로 엮어내 세계적인 밀리언셀러를 만들었다.

7인의 인포시스 공동 창업자 중 한 명인 난단 닐레카니는 나라야나 무르티 전 회장의 뒤를 이어 2002년 3월~2007년 6월까지 CEO로서 인포시스를 이끌었다. 2002년 무르티 회장이 경영권을 후배에게 물려준다고 했을 때 직원들이 만장일치로 그를 지지했을 정도로 그는 회사 내에서 신망이 높은 인물이다.

그는 2006년 세계경제포럼WEF이 지명한 '글로벌 젊은 기업인 리더 20인'에 포함됐으며, 2007년에는 〈포브스〉의 '올해의 비즈니스맨'에 선정되기도 하는 등 유명세를 탔다. 그는 2007년 6월 이후 무르티 전 회장과 함께 인포시스 이사회 공동 의장을 맡고 있다.

인포시스에서 무르티 전 회장에 이어 제2인자인 닐레카니 공동 의장은 1955년 6월 벵갈루루에서 태어났다. 그는 벵갈루루에 소재한 비숍코튼 스쿨과 카르나타카 대학을 다녔다. 학교에서 1, 2등을 놓치지 않았던 그는 명문 인도공과대학IIT에 진학해 전기공학을 전공했다. 그러나 수재들만 모인 IIT에선 특출난 성적을 내진 못했다.

"저는 IIT에 입학하기 전까지 항상 최상위권을 유지했지요. 그러나 IIT에서는 달랐습니다. 저의 자랑거리라고는 IIT에 입학했다는 사실 자체뿐이었지요. 제 전공은 전기공학이었는데 당시 전기공학은 가장 인기 있는 학문이어서 뛰어난 학생들이 많이 몰렸습니다. 저는 한번도 학급에서 최상위권에 든 적이 없었고, 저보다 똑똑한 학생들이 참 많았지요."

IIT 졸업 후 그는 명문인 인도경영대학원IIM에 진학해 MBA 학위를 받고자 했다. 그러나 갑자기 지병을 얻어 입학시험을 보지 못했다. 무엇을 할까 고민하던 그는 컴퓨터회사에 취직하기로 했다. 그래서 파트니시스템스Patni Systems에 입사했는데 거기서 그는 인생을 바꾸어놓은 인물을 만나게 된다. 바로 나라야나 무르티였다.

파트니에서 팀장을 맡고 있던 무르티는 닐레카니의 입사 인터뷰 담당자였다. 그는 인터뷰에서 퍼즐 문제를 냈다. 전혀 기대하지 못했던 의외의 입사 면접이었다. 당시 무르티는 마치 IQ 테스트를 하는 학교 선생님처럼 행동했다. 닐레카니가 퍼즐을 잘 맞추자 무르티는 그 자리에서 그를 채용했다. 이때부터 두 사람은 매우 가까워졌다.

닐레카니는 그때를 이렇게 회고한다.

"무르티는 대단히 뛰어난 리더십을 갖고 있었습니다. 팀원들 모두가 그를 마치 영웅처럼 존경했지요."

이후 무르티가 창업을 하기 위해 파트너를 떠나기로 하자 닐레카니를 비롯한 모든 팀원이 무르티를 따라 나섰다.

닐레카니는 무르티 전 회장과 호흡을 맞춰 인포시스의 성공에 큰 기여를 했다. 그의 경영철학은 '바쁘기보다는 효율적으로 일하라Be less busy and more effective'이다. 그럼에도 그는 하루에 12~14시간씩 일하는 것으로 정평이 나 있다. 휴가도 최근 3년 동안 전혀 가지 못했다. 무르티는 닐레카니에 대해 "나보다 더 똑똑한 친구"라며 "회사 내에서 의사소통을 가장 잘 하는 인물"이라고 평가했다.

닐레카니가 소유하고 있는 인포시스 지분은 약 3.55퍼센트다. 이는 약 10억 달러에 달한다. 돈에 대한 그의 생각은 무르티 회장과 유사하다. 그동안 번 돈은 스스로 똑똑하고 능력이 있어서라기보다는 운이 좋아서라고 생각한다. 자신보다 똑똑하고 더 열심히 일하는 사람은 주변에도 적지 않다고 생각하기 때문이다.

그래서 그는 스스로 '적당한 시기에 적당한 장소에 있었기 때문에 남들보다 부자가 될 수 있었다'라고 믿는다. 따라서 자신이 번 돈을 사회에 돌려줄 필요가 있다는 의무감을 갖고 있다. 이는 단지 도덕적인 차원에서뿐 아니다. 보다 실제적인 이유가 있다. 인도에는 가난한 사람이 너무 많아서 돈을 많이 벌고도 이를 가난한 사람들과 나누지 않는다는 것은 아주 '꺼림칙한' 일로 받아들여지기 때문이다.

"사실 저는 사치와는 거리가 멉니다. 남에게 그렇게 보이기 위해서가 아니라 저는 비싼 것을 좋아하지 않습니다. 또 자식들에게 유산을 물려줄 생각도 별로 없습니다. 저는 자식들은 제 밥벌이를 스스로 해야 한다는 인도 중산층 전통을 믿습니다. 따라서 저는 필요 이상으로 많은 돈을 갖고 있는 셈이지요. 그렇다면 넘치는 이 돈으로 무엇을 해야 좋을까요? 제가 죽을 때 자선기관에 남기도록 유언을 쓸까요? 만약 그렇다면 왜 죽을 때까지 기다려야 합니까? 제가 살아있는 동안 좋은 일을 하는 것이 맞지 않나요?"

이런 생각에 따라 그는 아내와 함께 매년 수천만 루피를 자선활동에 지출한다. 아내는 인포시스 창립 시부터 주주로 참여하여 벌어들인 수익으로 교육재단을 설립하여 운영하고 있다. 무르티 전 회장 부부와 마찬가지로 닐레카니 부부도 사회적 책임에 매우 철저하다. 인포시스 공동 창업자들은 모두 돈과 사회적 책임에 대해 비슷한 철학과 신념을 갖고 있다.

돈과 관련한 이들의 삶과 철학은 우리에게 많은 것을 일깨워준다. 사람들은 대개 아침에 깨어나서 잘 때까지 하루종일 돈 벌 궁리만 하고 산다. 왜 그렇게 돈 버는 데만 몰두하는 걸까? 물론 가장 시급한 것은 의식주를 해결하기 위해서다. 그러나 의식주를 해결한 다음에도 돈에 대한 욕심은 끝이 없다. 어디에, 어떻게 쓸 것인가는 차후문제다. 일단 돈을 많이 버는 것이 인생의 목표처럼 돼 버렸다.

다 아는 사실이지만 돈은 인생의 목적이 아니다. 돈을 갖고 어떻게 쓰느냐가 중요하다. 경제학 용어로 풀어쓰면 돈은 벌수록 돈의 한계효용은 떨어진다. 돈이 많을수록 일정한 액수의 돈을 쓰는 가치와 기쁨은 감소한다. 따라서 자신뿐만 아닌 사회의 기쁨 수치(총효용)를 증가시키기 위해선 자신의 부를 나누는 것이 중요하다. 자신의 돈을 사회와 나눌 때 자신은 물론 사회적 기쁨도 증가한다. 가난한 나라 인도의 부자들을 통해 어떻게 쓸 것인가를 고민하는 '신 부자 풍속'이 우리 사회에 많이 퍼졌으면 좋겠다.

위기는 최고의 기회다

우리 인생은, 음악으로 치면 위기와 기회의 혼성곡이다. 위기가 찾아오는가 싶다가 기회가 오기도 하고, 반대로 기회인 듯하다가 위기를 맞기도 한다. 위기와 기회가 서로 혼합돼 있어 분간하기 어렵다.

성공하기 위한 또 다른 중요한 전략은 '위기를 어떻게 기회로 전환시키는가'이다. 우리는 살아가면서 수많은 위기에 직면한다. 대개 사람들은 위기가 닥치면 이에 굴복하고 만다. 위기에 굴복하면 성공은 기대난망期待難望이다.

위기가 오면 극복해야 한다. 그러나 단지 극복하는 것만으로는 부족하다. 위기를 기회로 역전시키는 것이 매우 중요하다. 위기에는 보통 기회가 내재돼 있다. 흔히 '위기는 기회'라는 말을 하는 이유도 그 때문이다. 당면한 위기를 전화위복轉禍爲福으로 만들 때 성공은 환한 미소를 짓고 찾아온다.

위프로의 아짐 프렘지 회장은 위기를 기회로 전환시킨 아주 좋은 사례다. 미니 컴퓨터를 개발해 컴퓨터 하드웨어 부문에서 10여 년간 경쟁자 없이 독점적 지위를 누려왔다. 하지만 1990년대 초반 중대한 위기에 직면한다. 1991년 인도 정부가 경제와 시장을 전격적으로 개방했기 때문이다. 개방에 따라 위프로보다 품질, 가격, 물량면에서 훨씬 뛰어난 컴팩, HP, IBM 등 세계적인 PC 메이커들이 물밀듯이 인도에 들어왔다.

절대절명의 위기였다. 그런데 프렘지 회장은 놀랄 만한 결정을 내린다. 지금까지 관여했던 하드웨어 대신 새로운 분야 소프트웨어로 승부하겠다고 결심한 것이다. 만약 일반인이라면 이런 상황에서 자신이 독점적 지위를 누리는 하드웨어 분야를 어떻게 든 지켜보려 안간힘을 쓸 것이다. 그러나 프렘지 회장은 정반대의 선택을 했다. 다국적 컴퓨터 하드웨어 기업이 인도에 들어오는 것을 본 그는 이젠 자신이 소프트웨어 분야로 해외에 진출하기로 결정했다. 어찌 보면 매우 무모한 결정이었다. 소프트웨어 기술력이 전혀 안 되는 회사가 글로벌 기업들과 겨루어보겠다고 감히 나섰기 때문이다.

하지만 프렘지 회장은 우수하고 값싼 인도 인력이라면 충분히 승산이 있다고 생각했다. 그래서 소프트웨어 연구개발센터 설치 등 필사적으로 '품질경영'에 나섰다. 그 결과 위프로는 세계 최고의 기술력과 글로벌 경쟁력을 갖춘 세계적 IT 소프트웨어 기업으로 변모했다.

'세계 풍력에너지의 신화'인 수즐론의 툴시 탄티 회장도 위기를 슬기롭게 기회로 전환시켰다. 탄티 회장은 풍력에너지 사업을 하기 전 시도한 사업만도 16가지에 이른다. 대부분 실패했다. 그럼에도 불구하고 그는 좌절하지 않고 오뚝이처럼 재기했다. 말이 16번의 실패지, 이를 겪는 당사자의 심정은 어떠했겠는가? 사실 단 한 번의 실패도 매우 괴롭고 힘들다. 그는 수많은 실패에도 불구하고 좌절하지 않고 사업에 매진한 결과 결국 성공이란 단맛을 보았다.

탄티 회장이 성공의 발판을 거머쥔 가장 중요한 계기도 그에게 닥친 위기 때문이었다. 그는 섬유사업을 하는 도중 인도의 열악한 사회기반시설 때문에 커다란 위기에 직면한다. 전기 사용 비용이 지나치게 소요돼 섬유 사업에서 벌어들인 이익을 모두 갉아 먹었기 때문이다. 이 위기를 어떻게 해결할 것인가?

고민 끝에 탄티 회장은 풍력 터빈을 사용해 직접 전기를 생산키로 결정했다. 그후 풍력에너지의 미래를 본 그는 당시로서는 대단히 위험하고 모험적인 풍력에너지 사업에 전격 뛰어들어 성공한다. 위기에 대한 현명한 대처가 그를 세계 환경영웅이자 억만장자로 만들었다.

인포시스의 나라야나 무르티 회장도 마찬가지다. 1981년 창업한 인포시스가 그럭저럭 인지도를 쌓아 가고 있었으나 1989년 심각한 위기에 직면했다. 미국 기업과 함께하던 공동 벤처 사업이 부도났기 때문이다. 창업 이후 8년 동안 이루었던 일들이 하루아침에 날아가 버렸다. 모 기업인 인포시스도 부도 위험에 직면했다. 이는 회사 직원들을 공황 상태로 몰고 갔다. 공동 창업주 중 한 사람은 회사를 떠났다. 모든 직원이 동요했다. 사업을 접자는 의견마저 팽배했다.

이런 상황에서 무르티 회장은 특유의 뛰어난 리더십으로 직원들을 설득하는 한편 회사 규모를 대폭 확대하는 등 지금까지보다 더욱 도전적으로 사업을 추진했다. 그리고 성공했다. 직원들의 사기 상실로 회사가 부도에 처한 상황에서 무르티 회장은 위축되기는커녕 더욱 강하게 밀어붙여 위기를 돌파했다. 위기 대처가 어떠해야 하는가를 잘 보여준다.

PART
3

가슴 뛰는 혁신을
시작하라

Lakshmi Mittal

Shahrukh Khan

Jamsetji Nusserwanji Tata

Ratan Naval Tata

7

열정 하나로 불타오르다
락시미 미탈

Lakshmi Mittal

ArcelorMittal

락시미 미탈 LAKSHIMI NIWAS MITTAL

세계 최대 철강 회사 아르셀로미탈스틸 회장

총재산 480억 달러로 세계 4위 갑부(2008년 3월)

생년월일 1950년 6월 15일

출신 인도 북서부 라자스탄 주 사둘푸르

학력 콜커타 소재 세인트사비에르 대학 회계학 전공

'철강왕'하면 우리는 미국의 앤드류 카네기Andrew Carnegie를 떠올린다. 그러나 오늘날 세계 철강 지배력에서 카네기를 훨씬 능가하는 '현대 철강왕'이 있다. 인도 출신 기업인 락시미 미탈Lakshmi Mittal이다.

'인도 출신'이라고 쓴 이유는 그가 인도를 떠나 해외에서 활동하고 있기 때문이다. 그러나 그는 인도 국적을 유지하며 인도에 대한 자부심을 강하게 드러내고 있다. "인도인이라는 사실이 나의 최대 장점"이라며 "다양한 언어와 민족이 공존하는 인도에서 많은 것을 배웠다"라고 자랑하기를 주저하지 않는다.

그는 현재 영국에서 살고 있다. 그의 회사인 아르셀로미탈스틸 Archelor Mittal Steel은 네덜란드에 등록돼 있다. 그가 영국이나 네덜란드 등에 체류하는 이유는 저렴한 세금 때문이다.

아르셀로미탈스틸이 얼마나 큰 회사길래 미탈을 '세계 철강왕'이라고 부르는 것일까? 미탈이 명실상부한 '세계 철강왕'의 자리에 등극한 것은 지난 2006년 6월이다. 이때 미탈은 세계 철강업계를 깜짝 놀라게 한 빅 뉴스를 발표했다. 세계 1위인 미탈스틸이 세계 2위 아르셀로를 인수합병한다는 소식이었다. 이로써 아르셀로-미탈 합병 회사의 연간 조강 생산능력은 2007년 말 기준 1억 3,000만 톤으로 2위인 일본 신일철의 3,270만 톤보다 세 배 이상 많아졌다.

한때 세계 최대 철강 기업이었던 포스코(3,010만 톤)도 상대가 되지 않는다. 특히 카네기 철강 회사를 물려받은 US 스틸(2,120만 톤)보다 다섯 배 이상 앞서 가고 있다. 세계 철강업계에 감히 경쟁자가 없는 거대한 공룡 철강기업이 탄생한 것이다.

인수합병에 의해 탄생한 새 회사의 직원 수는 32만 명, 연간 매출은 1,050억 달러, 공장은 60개국에 퍼져 있다. 락시미 미탈은 사업에 뛰어든 지 30년 만에 세계 시장의 11퍼센트를 장악하는 초대형 기업을 창조했다. 그가 보유한 재산도 자그마치 480억 달러에 달한다. 빌 게이츠(540억 달러)와 어깨를 나란히 겨루는 세계 최고 갑부 대열에 합류했다. 그는 누구이며, 어떻게 한 세대 만에 세계 최대 철강 기업을 일구었을까?

출신은 성공을 결정지을 수 없다

락시미 미탈은 1950년 인도 북서부 라자스탄Rajasthan 주에서 태어났다. 라자스탄 주는 인도 대표적인 상인 계급인 마르와리Marwari의 고향이다. 마르와리는 대머리에게도 머리빗을 팔 만큼 상술이 뛰어난 상인으로 알려져 있다. 실제로 그의 집안은 마르와리 상인 출신이다.

그의 아버지에게 선견지명이 있었던 것일까? 부친은 그의 이름을 힌두교에서 '부富의 여신'을 뜻하는 '락시미'로 지었다. 돈을 많이 벌라는 의미에서였다. 어릴 적 그의 집안은 매우 어려웠다. 장판이 없는 맨 콘크리트에서 생활하고, 밧줄로 엮은 침대에서 잠을 잤다. 가난한 동네였던 그의 고향은 그가 떠날 때까지 전기도, 수도도 들어오지 않았다.

어린 시절을 라자스탄 주에서 보낸 후 미탈 가족은 당시 마르와리 상인들이 몰리던 콜커타Calcutta 지역으로 돈을 벌기 위해 이주한다. 콜커타에서도 가난한 동네에 살았다. 전차길 바로 옆 2층 아파트였다. 창문을 열면 얽히고 설킨 전차 전선이 시야를 가렸다. 또한 새벽마다 시끄러운 전동차 소리에 잠을 깨곤 했다고 그는 회상했다.

아버지는 콜커타로 이사해 한동안 영국계 철강회사에서 근무했다. 그러다 철강사업에 익숙해지자 그곳에서 자신의 철강사업을 시작했다. 사업은 그럭저럭 잘 됐다. 미탈은 콜커타의 명문 세인트사비에르스 대학(경영학과 회계학 전공)에 입학한다.

그는 대학 재학 당시 회계학과 수학에 매우 출중한 능력을 보였다. 회계학과 수학에 관한한 그의 성적은 세인트사비에르스 대학 역사상 전무후무할 정도였다고 한다. 1969년 대학을 졸업한 뒤엔 바로 아버지 회사에 들어갔다. 아버지는 그에게 도전정신을 일깨워주었다.

아버지는 틈이 날 때마다 "도전을 받아들여라. 새로운 과제에 대해 결코 두려워 하지 말라"고 강조하셨다. 새로운 것에 대한 강한 도전정신은 그의 일생을 관통하는 교훈이 되었다. 그는 콜커타에서 결혼도 하고, 1남 1녀를 갖는다. 생활도 안정됐다.

그러나 미탈은 이런 생활에 만족할 수 없었다. 아버지와 함께가 아닌 자신만의 철강 사업을 하고 싶었다. 그의 꿈은 카네기와 같은 세계적인 철강왕이 되는 것이었다. 아버지도 이런 그를 적극 지지했다. 이에 따라 그는 1976년 26세의 젊은 나이에 인도네시아로 진출한다. 인도네시아로 간 이유는 당시 인도에선 여러 가지 규제가 많아 사업하기 어렵다고 판단했기 때문이다.

고국인 인도를 떠나 본격적인 글로벌 기업인의 길로 들어선 것이다. 인도네시아에서 그는 '이스팟인도Ispat Indo'라는 제철회사를 세워 자신의 경영능력을 발휘하기 시작한다. 이스팟이란 산스크리트 말로 '철강Steel'을 뜻한다. 그는 '이스팟인도' 경영을 훌륭히 해내 장차 세계적인 경영자로서의 가능성을 보여준다.

젊은 미탈이 어떻게 사업을 성공했는지 일례를 들어보자. 많은 규제를 피해 인도를 떠났지만 그는 인도네시아에서도 똑같은 문제에 직면한다. 그곳 역시 관료주의와 규제가 매우 심했기 때문이다. 또 다른 장애요인은 그곳에서 이미 활발하게 사업을 하고 있는 일본 철강 기업들이었다. 일본 철강기업들은 앞선 기술로 인도네시아 시장을 장악하고 있었다. 이는 야심차게 철강 사업을 시작하려는 그의 사기를 꺾었다.

그러나 이에 굴복할 미탈이 아니었다. 그는 관료들과 끈질기게 접촉해 규제 문제를 풀었다. 인도네시아 관료들도 많이 사귀었다. 다음은 일본 기업들과의 경쟁이었다. 그는 시장에 직접 나가 철광석과 철강재에 대한 가격을 조사했다. 조사 결과 양자의 가격 차이가 커 사업성이 있다고 판단했다. 특히 생산 비용을 보다 낮추면 독과점을 형성하고 있는 일본 철강 기업들과의 경쟁에서 충분히 승산이 있다고 봤다.

이에 따라 그는 철광석, 석회석 등을 철로 만들 때 쓰는 전통적인 용광로인 고로高爐 대신 전기 호광로弧光爐를 설치했다. 그 결과 생산 비용을 50퍼센트나 절감시켜 일본 기업들을 따라잡을 수 있었다. 당시 20대 후반에 불과했던 미탈의 도전정신과 경영, 문제해결 능력이 뛰어났음을 확인할 수 있다.

그는 이후 인도네시아에 14년간 머문다. 철강사업으로 어느 정도 성공해 인도네시아에서 탄탄한 입지를 갖추었기 때문이다. 그러나 그는 이에 안주할 수 없었다. '세계 최고의 철강왕'이 되고자 하는 그의 꿈은 이보다 훨씬 크고 멀리 있었기 때문이다.

하지만 꿈을 실현하기에는 현실이 너무 옹색했다. 미탈이 철강사업을 시작할 때 생산량은 연간 3만 톤이었다. 이를 11배인 33만 톤으로 늘리는 데 장장 13년이 걸렸다. 이런 식으로 해선 일생동안 최선을 다해도 '세계 최고의 철강왕'의 꿈은 이룰 수 없는 환상일 뿐이었다. 무언가 다른 방식이 필요했다. 해답은 글로벌 진출이었다. 해외에 나가 다른 철강회사를 인수해야겠다고 결정했다. 이때부터 그는 철강회사 인수에 필사적으로 나선다.

미탈의 전략은 이러했다. 경영난에 빠진 해외 국영기업을 싸게 사들여 이를 빠른 시간 내에 우수 기업으로 탈바꿈시키는 것이다. 1989년 트리니다드Trinidad의 제철소 인수는 좋은 예다.

그는 하루 100만 달러의 손실을 기록하던 국영 철강회사를 사들여 1년도 채 안 되는 기간 동안에 매출을 두 배로 늘리고 흑자 회사로 바꿔놓았다. 이 회사는 미국과 독일의 유명 컨설턴트와 전문가들이 회생길이 없다며 포기한 기업이었다.

어떻게 이런 일이 가능했을까? 그가 트리니다드 제철소를 인수하자마자 취한 가장 중요한 조치는 인력 교체였다. 그는 60명에 달하는 독일 출신 고위 임원들을 인도 출신으로 모두 바꾸었다. 인도 인력의 임금은 독일의 10분의 1에 불과했다. 이에 따라 고용 비용이 현격히 줄어들었다. 여기에 그의 리더십도 큰 역할을 했다. 그가 인도인이어서 인도인 고위 임원들이 그의 리더십에 충실히 잘 따랐기 때문이다.

카자흐스탄에서도 비슷한 일을 해냈다. 1995년 미탈은 카자흐스탄 국영 철강업체를 인수했다. 당시 많은 사람들은 카자흐스탄이 어디에 위치한 나라인지도 잘 모를 때였다. 소련으로부터 독립한 지 얼마 되지 않았기 때문이다.

잘 모른다는 것은 그만큼 불확실성이 높고 사업 위험이 크다는 사실을 뜻한다. 그러나 미탈은 과감히 낯선 나라의 낯선 회사를 인수했다. 그 회사는 6개월간 직원들의 월급을 주지 못할 정도로 문제가 아주 심각했다. 그러나 미탈은 이 회사 역시 1년도 채 되지 않아 흑자로 전환시키고, 월간 생산량을 12만 톤에서 25만 톤으로 두 배 이상 증가시켰다. 당시 카자흐스탄의 철강회사는 그 나라 경제를 좌지우지할 만한 큰 규모였다. 국영 철강회사의 기사회생에 카자흐스탄 정부는 미탈 회장에게 대단한 예우를 갖춰 감사함을 표시했다.

부실기업에 프리미엄을 입히다

미탈이 부실기업을 사들여 어떻게 회생시켰는지 멕시코 철강회사 사례를 바탕으로 보다 자세히 살펴보자. 왜냐하면 이를 통해 미탈이 부실 기업을 어떻게 회생시켰는 지 확인할 수 있기 때문이다.

1991년 멕시코 정부는 미탈스틸(당시 이스팟인도)의 문을 두드렸다. 미탈이 당시 '부실철강 기업 회생 전문가'로 명성을 떨치고 있을 때였다.

1980년대 초반 멕시코 정부는 자국을 대표할 굴지의 철강회사를 설립하기로 결정한다. 최첨단 시설을 갖춘 공장을 만들기 위해 멕시코 정부는 22억 달러라는 대규모 자금을 쏟아 부었다. 그러나 공장이 완공되기 전 당시 활황을 보였던 석유 붐이 급속히 식어갔다. 산유국인 멕시코 경제에 치명적이었다. 풍부한 석유 자원을 믿고 해외에서 외채를 많이 빌려다 쓴 멕시코는 지불 불능 상태에 빠져 외채위기를 맞는다. 이에 따라 멕시코 정부는 철강 공장을 당초 계획했던 규모보다 대폭 줄여 완공한다.

그러나 공장이 가동된 후 3년이 지나도 조강 생산능력은 예상치를 훨씬 밑돌았고, 적자 규모는 갈수록 커졌다. 이런 상황이 계속되자 멕시코 정부는 회사 경영진과 노동자들을 비난했다. 하지만 그런다고 상황은 개선되지 않았다. 결국 1991년 야심차게 추진했던 철강 기업을 외국에 팔기로 결정한다. 당시 멕시코 국영 철강회사 시카르차Sicartsa 공개입찰에 초대된 기업은 미탈스틸을 포함한 세 개 회사였다.

미탈은 회사 내 각 부문 전문가 20명으로 구성된 특별팀을 파견했다. 이 특별팀이 멕시코 회사를 철저히 분석해 인수할 것인지 여부를 결정토록 했다. 특별팀의 분석 결과 시카르차의 노동자들은 근로의욕이 형편없었다. 그리고 겨우 20퍼센트의 설비만 가동해 낮은 품질의 철강을 생산하고 있었다. 대신 기계 설비는 최신식이었고, 노동자들의 사기는 저하되어 있었지만 평균 나이가 27세로 매우 젊은데다, 기타 기반 시설도 우수했다. 특별팀은 미탈에게 시카르차를 인수토록 건의했다.

미탈은 특별팀의 실사를 바탕으로 이 회사를 총 2억 2,000만 달러에 인수하겠다는 입찰안을 제출한다. 시카르차 설립을 위해 멕시코 정부가 쏟아 부은 22억 달러의 10분의 1에 불과한 액수였다. 대신 미탈은 3억 5,000만 달러를 추가로 들여 5년 안에 시카르차를 경쟁력 있는 기업으로 만들겠다는 계획을 덧붙였다. 만약 이 계획대로 이행하지 못할 경우 5,000만 달러의 보상금을 지불할 것이라는 단서를 달았다.

이에 덧붙여 미탈은 회사 인수와 동시에 전체 1,050명의 노동자 가운데 100명을 해고할 것이라고 밝혔다. 이 같은 미탈의 입찰 안에 매력을 느낀 멕시코 정부는 미탈스틸을 인수 회사로 선정한다.

미탈스틸은 1992년 초부터 인수 회사인 이멕사Imexsa 관리에 들어갔다. 그러나 당시 세계 철강 산업이 불경기였던 관계로 철강에 대한 수요가 적어 이멕사 고로(용광로)들을 폐쇄해야 했다. 그럼에도 불구하고 해고자는 70명에 불과했다. 100명을 해고할 것이란 당초 계획보다 30명이 적은 숫자다.

하지만 최종적으로 270명의 노동자를 새로 고용하는 등 회생을 위한 인력 보강에 나선다. 일반적으로 새 기업을 인수하면 으레 따르는 대규모 인력 삭감 대신 오히려 인력 고용을 선택한 것이다. 이와 함께 방치해두었던 평판(플레이트) 공장을 한국 회사에 팔아 넘겼다. 평판이 아닌 슬라브(두꺼운 철판 형태의 커다란 철 덩어리)에 집중하는 전략을 취하기로 했기 때문이다. 평판 공장 매각 대금 1억 3,500만 달러는 설비를 업그레이드하는 데 투자했다.

당시 상황을 어떻게 헤쳐나갔고, 전략은 어떤 것이었는지 미탈 회장으로부터 직접 들어보자.

"특별한 것은 없었습니다. 우리는 그간 해온 대로 했을 뿐입니다. 예를 들어 인수 회사의 경영진과 마주 앉아 회생을 위해 무슨 일을 해야 할 것인지 토론하고, 향후 계획을 함께 짰습니다. 우리는 또한 각 부서 관리자들과도 자주 모여 각 부서가 직면한 문제가 무엇이며 이를 보는 그들의 시각이 어떠한지를 들었습니다. 다음에는 글로벌 사업을 통해 얻은 경험을 이들에게 들려주고 시행토록 했습니다.

이와 함께 우리는 아주 공격적인 목표를 설정했습니다. 이는 멕시코 국내가 아닌 세계적 수준의 목표였습니다. 만약 인수 회사 고위 임원들이 이 목표를 달성할 의지가 있다면 잔류하고, 그렇지 않다면 사임하도록 촉구했습니다. 다행히도 모든 임원진들은 우리의 목표를 따르겠다고 약속했습니다."

당시 생산 계획 담당 임원이었던 오스카르 바스케스는 그때를 이렇게 회고한다.

"회사가 미탈스틸에 넘어간 후 첫 회의를 할 때였습니다. 우리는 미탈 회장에게 두 가지 생산 계획을 보고했지요. 하나는 한 해 60만 톤을 생산한다는 것이었는데 이는 과거의 경험에 비추어 정했습니다. 보수적으로 목표를 설정한 것입니다.

반면 다른 하나는 그 두 배인 120만 톤 생산 계획이었지요. 미탈 회장은 두 가지 계획을 듣더니 즉각 '작은 계획은 없던 걸로 하세요. 두 번째 방안인 120만 톤 생산을 실행하기 위해 필요한 것이 무엇인지 알려주세요'라고 너무 쉽게 정리했습니다.

그러나 과거 관습에 젖어 있던 우리는 '생산을 많이 했을 경우 이를 팔 시장이 있을 지 모르겠다'라고 회의적으로 대답했어요. 그러자 미탈 회장은 퉁명스럽게 '생산만 충분히 하세요. 판매는 내가 알아서 할 테니까'라고 답했습니다. 미탈 회장의 말을 듣고 우리가 아직 새 회사에 적응을 못하고 있구나, 하고 반성했습니다."

계획대로 생산이 이루어지자 미탈은 익숙한 아시아 시장에서 판로를 찾았다. 대만 등 여러 나라 회사가 구매자가 되었다. 비록 이익이 크게 남진 않았지만 이로 인해 이멕사의 설비 가동률은 대폭 늘어났다. 미탈은 또한 비용 절감을 위해 회계 보고 시스템을 확 뜯어고쳤다.

미탈스틸에 인수 직전까지 시카르차 공장은 월간 기준으로 총생산 비용을 보고했다. 그러나 새 회사에선 매일 아침 전날 소요된 생산 비용을 보고하도록 했다. 이 조치로 인해 긴요한 지출만 허용되고 불필요한 자금의 지출은 철저히 통제됐다.

그 결과 회생 조짐이 엿보였다. 투자회사 JP 모건은 '이멕사는 세계에서 최저비용으로 평판을 생산하는 회사'라며 '이멕사의 비용 절감 방식은 저비용 생산으로 유명한, 미국 제2의 철강회사 누코르 Nucor를 아마추어로 만들고 있다'라고 칭찬했다. 실제로 이멕사의 톤 당 생산 가격은 35달러에 불과해 누코르(210달러)에 비교가 되지 않을 정도로 저렴했다.

1992년 말 이멕사의 철강 생산 선적량은 1년 전 52만 8,000톤에서 92만 9,000톤으로 증가했다. 미탈스틸이 이멕사를 관리하기 시작한 지 1년 만에 약 두 배 가까이 늘어난 것이다. 톤 당 철강 생산 비용도 253달러에서 178달러로 감소했다. 이런 결과 만성적자를 내던 회사가 작지만 흑자로 돌아섰다. 멕시코 정부는 물론 이멕사 경영자들도 모두 놀랐다. 구제불능처럼 보였던 회사가 미탈의 개입으로 회생하기 시작했기 때문이다.

이후 이멕사의 실적은 급격히 좋아진다. 1992년 92만 9,000톤이었던 이멕사 선적량은 1998년 300만 톤을 넘어섰다. 미탈이 개입하기 직전 해인 1991년에 비해 철강 선적량이 여섯 배 가까이 급증한 것이다. 또 톤 당 철강 생산에 소요되던 인력도 2.62명에서 0.97명으로 줄어들었다. 즉 그만큼 생산성 향상이 이루어진 것이다.

이런 상태에서 미탈은 1997년 이멕사의 CEO로 인도 철강 업계를 주름잡던 MRR 나이르를 임명한다. 그는 세계 일곱 번째 철강 회사인 인도철강공사SAI 회장을 오랫동안 역임했으며, '인도 최고 CEO상'을 받기도 한 인물이었다. 그는 이멕사 경영을 맡은 후 다양한 전략으로 이멕사를 멕시코 최우량 기업 중 하나로 거듭나게 했으며 글로벌 철강기업으로 탈바꿈시키고 있다.

이 사례를 통해 우리는 미탈의 인수합병 성공전략이 단순한 주먹구구식 판단에서 나온 것이 아님을 확인할 수 있다. 첫째, 그는 부실기업 인수 시 특별 실사팀을 파견해 수익을 낼 만한 회사인지 사전에 철저히 검증한다. 둘째, 경쟁력을 강화하고 비용을 줄이는 등 엄격한 구조조정을 실시한다. 그 과정에서 경영구조를 완전히 개조함은 물론이다. 셋째, 과감하게 규모를 키우는 전략을 구사한다. 다시 말해 국내 수요에 안주하지 않고 글로벌 시장을 목표로 대규모 판매 전략을 세우는 것이다. 넷째, 능력 있는 최고의 경영진을 선임한다. 그는 CEO에 상대적으로 적은 임금으로도 능력이 검증된 인도인 출신을 기용함으로써 경영 위험을 최소화하는 전략을 채택했다.

미탈 회장은 이멕사 이후에도 캐나다, 독일, 아일랜드, 남아공의 제철업체를 사들여 몸집을 급속도로 불려나갔다. 10여 년간 그가 인수한 기업만도 40여 개에 달했다. 미탈의 경영전략 특징은 불량기업을 우량기업으로 탈바꿈시킨 후에도 이 회사들을 팔지 않는다는 점이다. 그는 우량기업으로 탈바꿈한 새 회사를 계속 소유해 덩치를 키우는 방식으로 급성장해왔다. 그 결과 미탈스틸은 1995년 조강능력 총 560만 톤에서 10년 후인 2005년에는 7,200만 톤의 조강능력을 갖춘 세계 최대의 '철강왕국'을 건설한다.

나의 적수는 오직 카네기뿐

이런 상황에서 미탈은 2006년 6월 세계 철강업계를 발칵 뒤집어놓는 빅 뉴스를 발표한다. 세계 1위 철강기업 미탈스틸이 2위 아르셀로를 인수합병한다는 것이었다. 이를 통해 경쟁 기업들이 감히 넘볼 수 없는 매머드급 철강 기업이 탄생됐다. 아르셀로 인수는 그가 수십 년간 감행한 인수합병 사례 중 가장 극적이고 모험적이었다. 인수 금액은 무려 395억 달러였다. 미탈스틸이 골드만삭스에 자문을 위해 지불한 돈만 1억 9,000만 달러에 달했다.

그는 어떻게 이런 초대형 인수합병을 성사시켰을까? 미탈스틸과 마찬가지로 아르셀로 역시 합병으로 설립한 회사다. 아르셀로는 2002년 프랑스, 스페인, 룩셈부르크 3국 국영 철강사들의 합병으로 탄생했다. 합병의 주역은 전前 아르셀로 회장이었던 기 돌레Guy Dolle 였다. 돌레 회장도 합병에 관해 일가견이 있었다.

미탈이나 돌레 회장 모두 철강회사가 살아 남기 위해선 덩치를 키울 필요가 있다는 합병론자였다. 세계 철강산업이 너무 파편처럼 나뉘어 있어 철강 원료와 수요 업계들에 대한 협상력이 약할 뿐 아니라 금융시장에서도 저평가 받고 있어 통합화가 필요하다고 역설했다. 따라서 둘은 이미 서로를 가상의 적으로 여기고 있던 터였다.

이런 상황에서 'M&A의 달인'인 미탈 회장이 아르셀로 인수작전에 들어갔다. 아르셀로 인수를 위한 미탈스틸의 작전명은 '프로젝트 올림푸스Project Olympus'였다. 미탈 회장은 돌레 회장이 캐나다의 한 철강사를 인수하려는 데 신경을 집중하는 동안 아르셀로 인수 준비를 착착 진행했다.

2006년 1월 26일 마침내 미탈 회장은 돌레 회장에게 전화를 걸어

선전포고했다.

"돌레 회장님, 미탈스틸이 내일 아르셀로 주주들에게 모든 주식을 팔라고 직접 제안할 것임을 알려드리는 바입니다."

이 말을 들은 돌레 회장은 거의 실신할 지경이었다. 그의 옆에 있던 한 측근은 "당시 돌레 회장은 마치 고층 빌딩에서 떨어져 자살하려는 사람 같았다"라고 회고했다.

이후 돌레 회장은 미탈의 아르셀로 인수를 막기 위해 갖은 노력을 다했다. 미탈 회장에 대한 인신공격도 서슴지 않았다. 그는 미탈의 인수 자금을 더러운 돈을 뜻하는 '멍키 머니monkey money'라고 비난하는가 하면 "아르셀로의 철강제품이 고급 향수라면 미탈스틸의 제품은 싸구려 화장수"라고 깎아 내렸다.

또 그는 "미탈 회장은 사업가도 아니요, 철강맨도 아니다. 그는 기회주의적 기업인에 불과하다"라고 목소리를 높였다. 자크 시라크Jacques Chirac 프랑스 대통령을 비롯한 프랑스 정치인들도 '경제 민족주의'를 내세우며 미탈을 향한 비난 대열에 합류했다. 다른 유럽 정부들도 미탈의 아르셀로 인수를 반대하고 나섰다.

미탈 회장은 일곱 개의 유럽 정부, 여덟 개의 규제당국, 다섯 명의 억만장자와 수많은 투자기관, 금융분석가와 법률가 등을 상대해야 했다. 미탈로선 그야말로 사면초가였다. 당시 심정에 대해 그는 다음과 같이 회고했다.

"당시 아르셀로 인수 제안이 그렇게 격한 반응을 불러올 것이라고는 전혀 예상하지 못했습니다. 이는 매우 슬픈 일이었습니다. 21세기 문명시대에 이런 종류의 언급이 난무하다니, 참 답답했지요."

그는 자신을 향한 비난에 직접적으로 대응하지 않았다. 대신 전 세계를 오가며 자신의 일에만 몰두했다. 사실 그는 평소 매우 신중

하고 인내심이 강하다. 대화와 설득에도 능하다. 그는 시간을 두고 차근차근 아르셀로 주주들과 프랑스를 위시한 각국 정치인, 관료들을 설득했다. 신문과 방송 등 각종 매체를 통한 홍보에도 적극 나섰다. 미탈의 신중하면서도 끈질긴 전략은 성공했다.

미탈 회장이 아르셀로 인수합병에 성공하자 언론들은 그의 빠른 판단력과 실행력, 자신감과 열정, 그리고 참을성과 설득력이 성공의 견인차였다고 일제히 전했다.

누가 감히 그를 비판하랴

미탈은 호화생활로도 유명하다. 2004년 6월 프랑스에서 초 호화판 약혼식 및 결혼식이 있었다. 주인공은 미탈의 딸인 바니샤였다. 20페이지가 넘는 초대장은 모두 은으로 제작되었다. 약혼식은 베르사유 궁전에서, 결혼식은 보르비콩트 성城[1]에서 성대하게 개최됐다. 인도의 최고 인기 배우 샤루 칸을 부르고, 오페라를 비롯한 갖가지 공연까지 닷새 결혼행사에 들어간 돈이 무려 5,500만 달러에 이르렀다.

그는 또 2004년 런던 켄싱턴Kensington의 대저택을 1억 3,500만 달러에 사들여 세상을 놀라게 했다. 이는 지금까지 거래된 주택 가격 중 최고로 비싼 것이다. 대저택은 대형 무도회장과 대형 화랑, 12개의 화려한 방을 갖추고 있다. 또 큰 정원 곳곳에는 금박을 입힌 화려한 야자수가 늘어서 있고, 호사의 상징인 터키탕도 여러 개 있다. 지

---

1) 보르비콩트 성은 루이 14세의 재무경卿 니콜라 푸케가 당시 어느 궁전보다 호화롭게 지었다가 왕의 노여움을 사 몰락했다는 사연을 갖고 있다.

하에는 보석이 줄줄이 박힌 대형 수영장이 자태를 뽐내고, 옆에는 그의 전용기가 위용을 자랑하고 있다. 세계적 명차인 마이바흐 및 대형 요트도 여러 대 갖고 있다. 그는 가진 돈을 마음대로 쓰고 있는 것이다.

이에 대해 일부에서는 따가운 시선을 보내기도 하나 그를 옹호하는 목소리도 적지 않다. 미탈 회장의 친구인 윌버 로스Wilbur Ross 전 ISG 회장은 "미탈 회장이 자신의 주택에 투자한 돈은 그가 가진 전 재산에 비하면 '새 발의 피'에 불과하다. 이 비율은 일반 사람들의 재산 대비 집 투자 비용에 비해 훨씬 낮다. 그가 가진 재산 규모로 판단할 때 미탈 회장은 결코 사치스럽지 않다"라고 변호했다.

미탈 회장은 오늘날 지구상에 감히 경쟁자가 없는 세계 최대 철강 회사를 구축했다. 그가 애초 꿈꾸던 카네기 같은 세계적 철강왕 자리에 오른 것이다. 아니 그는 현재 기업 규모나 철강 산업 지배력, 재산 측면에서 1세기 전 카네기를 훨씬 능가하는 철강왕 자리를 차지했다.

인생 목표와 꿈을 성취한 그의 앞으로 계획은 무엇일까? 이제 그의 인생 성공 여정은 끝났을까? 이에 대해 그는 단호히 "보다 큰 성공에의 여정은 앞으로도 지속될 것"이라고 말했다. 그는 "개발도상국에선 아직 철강 산업이 성장할 기회가, 선진국에선 철강 기업 간 통합의 기회가 많다"며 "미탈스틸이 할 일은 여전히 많다"라고 강조했다.

이와 관련해 그는 "최근 포스코와 신일본제철이 미탈스틸의 적대적 인수 가능성에 대해 이미 방어적 태도를 취하고 있다"면서 "하지만 저는 이들 기업을 인수할 어떤 계획도 갖고 있지 않다"고 밝혔다. 그러나 그의 진짜 속마음을 누가 알겠는가? 스스로 인정하듯이 앞으로도 그의 기업 사냥은 지속될 것이고, 그 시야에 가장 가까이 있는 기업은 포스코와 신일본제철이다. 대한민국 최고 우량기업 중 하나인 포스코가 항상 경각심을 가져야 할 이유이다.

미탈스틸은 대부분의 인도 기업이 그런 것처럼 전통적인 가족 경영 체제를 유지하고 있다. 미탈과 그의 외아들인 아디트야(30)가 경영의 두 바퀴를 이룬다. 현재로선 아들에게 자신의 기업을 물려줄 것이 거의 확실하다. 글로벌 기업을 내세우면서도 경영 체제는 아직 가족 경영체제에 머물고 있다. 그러나 이 같은 전근대적인 가족 경영이 글로벌 경쟁시대에 얼마나 통용될 수 있을 지는 미지수다. 이런 가족 경영체제가 앞으로도 계속 통할지 세계는 관심을 갖고 지켜보고 있다.

세계 철강 기업 순위			(2006년 말 기준)
순위	기업 이름	나라	조강 생산 실적(톤)
1	아르셀로미탈스틸	네덜란드	1억 1,720만
2	신일본제철	일본	3,270만
3	JFE 스틸	일본	3,200만
4	포스코	한국	3,010만
5	바요산강철	중국	2,250만
6	US 스틸	미국	2,120만

* 자료: 국제철강협회IISI

한눈에 보는 억만장자의 성공전략

❖

미탈 회장은 몇 가지 분명한 경영철학을 고수한다.

첫째, 부실기업 인수합병을 통한 몸집 불리기다. 그는 경영난에 빠진 해외 국영기업을 싸게 사들여 이를 빠른 시간 내에 우수 기업으로 탈바꿈시키는 데 천재적인 역량을 발휘했다.

둘째, 그는 불량기업을 우량기업으로 탈바꿈시킨 뒤에도 이 회사들을 팔지 않았다. 우량기업으로 탈바꿈한 새 회사를 계속 소유해 덩치를 키우는 방식으로 급성장해왔다. 이는 인수합병을 통해 기업을 사들여 차액을 남긴 후 팔아치우는 기업 사냥꾼과는 차이가 있다.

셋째, 기업 인수합병은 주먹구구식으로 이루어지지 않았다. 철저한 과학적 조사에 바탕을 두고 인수합병을 진행했다. 예를 들어 그는 부실기업 인수 시 특별실사팀을 파견해 수익을 낼 만한 회사인지 사전에 철저히 검증하여 신중한 결정을 내렸다.

넷째, 과감하게 규모를 키우는 전략을 구사했다. 국내 철강 수요에 안주하지 않고 글로벌 시장을 목표로 대규모 생산 및 판매 전략을 세웠다. 즉 좁은 국내가 아닌 철저한 글로벌 시각에서 판단한 후 기업을 경영했다.

다섯째, 끝없는 도전정신이 오늘날 그를 만들었다. 미탈이 젊었을 때 아버지는 항상 그에게 도전정신을 일깨워주었다. 아버지는 틈이 날 때마다 "도전을 받아들여라. 새로운 과제에 대해 결코 두려워하지 말라"라고 강조했다. 이 같은 도전정신은 사업을 하는 데 있어 그의 일생을 관통하는 교훈과 전략이 되었다.

여섯째, 항상 가격 경쟁력에 역점을 두었다. 이를 위해 그는 고용비용을 줄이고 생산 프로세스를 혁신하는 데 남다른 노력을 기울였다. 그는 임금이 낮으면서도 능력 있는 인도인을 채용해 인력문제를 해결했으며, 저비용의 용광로 선택과 철저한 회계감시 등을 통해 가격 경쟁력을 확보했다.

일곱째, 뛰어난 문제해결 능력도 큰 성공 비결이다. 그는 인도네시아에서 정부의 규제와 관료주의에 부닥치자 이에 정면 승부했다. 정부에 항의하는 한편 관료들과 끈질기게 접촉해 그들을 친구로 만든 후 규제 문제를 풀었다. 장애에 직면해도 굴하지 않고 가능한 모든 방법을 동원해 장애 요인을 하나하나 제거해나가는 그의 지혜와 추진력이 돋보인다.

여덟째, 자신감과 열정, 참을성과 설득력이야말로 미탈 회장을 세계 철강왕으로 만든 든든한 성공 요인이다. 이는 아르셀로 인수에서 빛을 발했다. 아르셀로 인수합병에 성공하자 언론들은 미탈 회장의 빠른 판단력과 실행력, 자신감과 열정, 그리고 참을성과 설득력이 성공의 견인차였다고 일제히 극찬했다.

아르셀로미탈스틸

—→ 세계 1위 철강 회사

—→ 본사 네덜란드 로테르담

—→ 설립 1976년

—→ 조강 능력 연간 1억 3,000만 톤 (2007년)

—→ 매출 1,050억 달러 (2007년)

—→ 순익 104억 달러 (2007년)

—→ 직원수 32만 명 (2008년 3월)

8

발리우드의 제왕으로 태어나다
샤루 칸

Shahrukh Khan

샤루 칸 SHAHRUKH KHAN

발리우드 최고 배우이자 '드림즈언리미티드' 영화 제작사 공동 대표

총 재산 6억 달러

생년월일 1965년 11월 2일

출신 인도 수도인 델리

종교 무슬림

학력 델리 대학 경제학과 졸업, 자미야밀리아이슬라미아 대학원 중퇴

수상경력 인도 최고 연기자상 7회 수상

인도에서 샤루 칸을 모르면 간첩이다. 인도 영화계 최고 스타로 국민적 영웅으로까지 불리는 샤루 칸Shahrukh Khan은 지난 15년간 '영화의 나라' 인도에서 경쟁자가 없는 독보적인 스타로 군림해왔다. 그는 인도는 물론 영국, 호주, 뉴질랜드 등 영연방 국가를 비롯해 심지어 미국 할리우드에서조차 인정받는 국보급 영화배우다.

샤루 칸은 불과 20년도 채 안 되는 연기생활 동안 인도 최고 연기상을 일곱 차례나 수상하는 등 연기력을 인정받고 있으며, 그가 출연하는 영화는 대부분 '대박'을 터뜨리며 그를 '흥행 제조기'로 만들었다. 그래서 그는 '신의 손'을 가진 마력의 배우로 일컬어진다. 2007년 인도 여자 하키 대표팀의 승리를 그린 〈차크데 인디아Chak De India〉와 야망 있는 젊은이들의 러브스토리 〈옴 샨티 옴Om Shanti Om〉이란 두 편의 영화로 인도 전역을 열광의 도가니로 만든 바 있다.

일각에서는 그를 세계적 톱스타인 톰 크루즈Tom Cruise에 비교하곤 한다. 국제적 인지도에선 샤루 칸이 톰 크루즈에 미치지 못하지만 영화팬 숫자로는 결코 뒤지지 않는다. 미국 할리우드 영화팬이 전 세계에 걸쳐 26억 명에 달하는 반면 인도 발리우드(뭄바이＋할리우드 합성어로 인도 영화계를 지칭) 영화팬은 36억 명에 이른다. 숫자로만 치면 샤루 칸을 세계 최고 영화배우라 불러도 무방하다.

다음 사례는 실제 샤루 칸의 위상을 실감나게 전해준다. 2006년 초 프랑스 파리에서의 일이다. 톰 크루즈가 〈미션 임파서블 3〉를 홍보하기 위해 헬리콥터를 타고 파리의 고급 호텔 앞에 도착했다. 예상했던 대로 많은 무리의 광적인 팬들이 호텔 앞에서 환호하고 있었다. 그러나 놀랍게도 그들이 외치는 이름은 톰 크루즈가 아닌 샤루 칸이었다. 공교롭게도 이날 샤루 칸은 자신의 영화 〈비르 자라〉 시사회에 참석하기 위해 파리에 와서 이 호텔에 묵고 있던 중이었다. 톰 크루즈는 자신의 팬을 압도하는 샤루 칸의 팬을 보고 매우 당황한 한편 충격을 받았다고 한다.

샤루 칸은 영화배우로뿐 아니라 광고 모델과 영화제작자로도 유명하다. 그는 인도 현대자동차를 비롯한 많은 광고 모델로도 적극 활동하고 있다. 그래서 우리에게도 낯설지 않은 그는 또한 '드림즈 언리미티드Dreamz Unlimited'란 영화사를 운영해 많은 히트작을 내고 있다. 그런 면에서 그는 슈퍼스타일뿐만 아니라 성공 비즈니스맨이기도 하다.

그의 재산은 2008년 5월 현재 6억 달러다. 2007년 한 해에만도 11억 루피(330억 원)가 넘는 돈을 벌었다. 이에 따라 2007년 소득세만도 2억 7,000만 루피(81억 원)를 웃돈다. 인도 영화 배우 가운데 소득세액 단연 1위다.

그의 뒤를 이어 소득세액 순위 2위 배우는 1억 5,000만 루피, 3위는 6,000만 루피에 불과했다. 샤루 칸이 발리우드 다른 경쟁자에 비해 얼마나 앞서 있는지 잘 보여준다. 특히 주목할 사실은 그가 힌두교도의 나라 인도에서 차별 받는 무슬림(이슬람) 출신이라는 점이다.[1] 게다가 대부분 발리우드 영화 배우들이 연기자 집안 출신인 것과는 달리 그는 영화와 관련한 아무런 연고도 없다. 그런 그가 인도 최고의 국민배우로 등극해 오랫동안 정상을 유지하고 있다. 샤루 칸, 그는 어떤 인물이고 어떻게 성공했을까?

가정은 성공의 시작

'발리우드의 제왕'인 샤루 칸은 1965년 11월 2일 수도인 델리에서 출생했다. 부모 모두 무슬림이었다. 인도 무슬림들은 보통 경제적으로 빈궁하다. 그러나 그의 부모는 고등교육을 받은 사람들로, 경제적으로도 유복한 편이었다. 아버지는 대학시절 영국 식민통치에 대항한 독립투쟁에 헌신했으나 대학 졸업 후에는 사업가로 변신했다. 어머니는 영국 옥스퍼드 대학을 졸업한 재원으로 사회사업가와 지방법원 판사 등으로 일했다.

그의 부모님은 마치 영화 〈러브스토리〉와 같은 사랑을 했다.

어느 날 어머니인 파티마 베굼이 교통사고를 당해 긴급히 병원으로 실려갔다. 피를 많이 흘려 생명이 위험했다. 안타깝게도 병원에는 어머니에게 맞는 혈액형이 없었다. 위기일발의 순간이었다. 그런 상황에서 병원을 우연히 찾은 한 젊은이가 자신의 혈액형이 동일하다며 수혈에 응했다. 이 인연으로 둘은 사랑에 빠져 마침내 결혼까

---

1) 인도 영화계에는 샤루 칸 외 아미르 칸, 살만 칸 등 무슬림 출신들이 큰 활약상을 보이고 있다.

지 했다.

얼굴도 모르는 여인에게 자발적으로 수혈을 해준 젊은이 타즈 칸은 키 185센티미터에 건장하면서도 외모마저 아주 준수한 청년이었다. 외모만으로 치면 아버지가 샤루 칸보다 낫다는 평가가 많다. 당시 아버지의 나이는 어머니와 11세나 차이가 났다. 결혼을 하기엔 나이차가 너무 컸다. 그럼에도 불구하고 어머니 집안에서는 결혼에 아무도 반대하지 않았다. 아버지가 어머니 생명의 은인이었기 때문이다.

어릴 적 샤루 칸은 정과 유머가 넘치는 가정에서 자랐다. 아버지는 온화하고 좀처럼 화를 내지 않는 성격으로 시간이 날 때면 자식들과 친구처럼 놀아주었다. 유머도 매우 풍부했다.

샤루 칸이 초등학교 시절 겪었던 일화가 있다. 그는 이웃집 여자아이를 종종 놀려주었다. 어느 날 그 아이 엄마가 화난 표정으로 그의 아버지에게 다가와 항의했다.

"아니, 애를 어떻게 키우시는 거예요? 그 집 애가 우리 아이를 자주 놀리고 괴롭힌다는데 무슨 애가 그렇게 못됐나요?"

이 말을 들은 아버지는 그 여인을 힐끗 쳐다보더니 조용히 답했다.

"아이가 아주머니를 닮아서 아주 예쁘죠? 그렇게 예쁜 아이라면 제가 만약 제 아들이라도 댁 아이를 괴롭힐 것 같은데요."

이 말에 그녀는 만면에 함빡 웃음을 머금고 조용히 돌아갔다.

샤루 칸은 어린 시절 곤궁함을 몰랐다. 그렇다고 그들이 경제적으로 항상 여유가 있었다는 말은 아니다. 아버지는 가구점, 운수업 등 여러 사업을 했으나 종종 실패했다. 동업자나 사업 파트너에게 사기당하는 경우가 많았다. 사업을 하기에 아버지의 심성은 너무 착하고 정직했다. 그러나 사업에 실패했다고 해서 아버지는 결코 우울해 하거나 비관하지 않았다. 그는 매우 낙천적인 인물이었다. 그런 아버지를 샤루 칸은 "이 세상에서 가장 행복한 실패자"라고 불렀다.

비록 경제적으로 항상 풍요롭지는 않았지만 그와 누이는 원하는 것이면 뭐든지 얻을 수 있었다. 부모님이 자녀의 사기를 꺾지 않기 위해 필요한 것이면 뭐든지 구해줬기 때문이다. 샤루 칸은 중학생 시절 부모님에게 자동차를 한 대 사 달라고 요청한 적이 있다. 이 말을 들은 부모님은 잠시 생각하더니 "좋아, 사주지. 마침 적금을 부어 모아놓은 돈이 있구나"라고 응답했다. 다음날 집 마당에는 멋진 새 자동차가 자태를 뽐내며 주차 돼 있었다.

한참 지난 뒤 안 일이지만 당시 그의 집은 아버지의 사업 실패로 큰 어려움을 겪고 있던 터였다. 경제적 어려움이 큰 상황인데도 불구하고 아이의 소망을 꺾지 않기 위해 부모님은 무리를 감수한 것이다. 이처럼 자신이 원하면 뭐든지 얻을 수 있게 해준 가정 환경은 훗날 그의 성공에 큰 기여를 했다. 부모님은 고정관념에 얽매이지 않고 하고 싶은 것을 마음껏 꿈꾸고 추구하는 사고와 생활방식을 키워주었기 때문이다.

믿는 것은 오직 하나뿐이다

편안하고 안정된 생활을 하던 그에게 시련이 다가왔다. 이 세상 누구보다 존경했고 친구처럼 좋아했던 아버지는 샤루 칸이 16세였던 1981년 암으로 돌아가셨다. 그러나 그는 울지 않았다. 울지 않는 것이 남자답고, 영웅다운 행동이라고 생각했기 때문이다. 그는 아버지 관을 나르는 운구자에 포함됐다. 10대였던 샤루 칸은 이제 어른이 됐다고 느꼈다. 다른 한편으로는 아버지가 병석에 누워 계시면서 당신의 죽음을 그에게 미리 준비하게 했음에도 불구하고 그는 속았다는 생각을 했다. 그토록 좋아하던 아버지가 자신을 남기고 혼자만 떠나가셨기 때문이다.

아버지가 돌아가신 후 집안 경제는 최악의 상태가 되었다. 아버지는 암으로 입원해 있던 8개월 동안 당시 한 번에 5,000루피(15만 원)하던 항암 주사를 수도 없이 맞았다. 집안의 모든 돈이 거덜났다. 아버지 사업도 부도 직전에 이르렀다.

이때 어머니의 진가가 발휘되었다. 아버지의 사업을 떠맡은 어머니는 밤낮을 가리지 않고 일에 몰두했다. 생계를 유지하려던 목적도 있었지만 남편을 잃은 슬픔을 달래려 했던 이유가 더 큰 듯했다.

부도 직전이던 사업은 어머니의 노력으로 되살아나고 결국 탄탄한 이익을 내는 회사로 바뀌었다. 영화배우 뺨치는 미모를 갖고 있던 그의 어머니는 아름다우면서도, 능력 있는 매우 강한 여인이었다. 그러나 그처럼 멋진 어머니도 아버지 사후 10년 만인 1991년 저세상으로 떠난다. 이때 샤루 칸은 아버지가 돌아가셨을 때와는 비교할 수 없는 충격을 받는다. 세상이 끝난 것 같았고, 미래에 대한 어떤 희망도 가질 수 없었다. 아버지가 돌아가셨을 때 울지 않았던 것과는 달리 이번에는 끝도 없이 울었다.

"어머니가 제 팔에 안겨서 돌아가실 때 너무도 고통스러웠습니다. 저는 그때까지 신에게 기도한 적이 한번도 없었습니다. 우리는 무슬림 집안이었지만 부모님은 결코 우리에게 신께 기도하라고 강요하신 적이 없었습니다. 저는 그때 처음으로 어머니를 살려달라고 간절히 기도했지요. 그럼에도 불구하고 어머니는 제가 생애 첫 기도를 드리는 순간 돌아가셨지요. 세상은 깜깜한 암흑 그 자체였습니다."

어머니가 돌아가신 해인 1991년은 샤루 칸이 영화배우로 성공하기 직전이었다. 그래서 그의 마음은 더욱 안타깝고 아팠다. 몇 년만 더 사셨더라도 어머니는 그가 인도 최고의 스타로 성공한 자랑스런 모습을 보실 수 있었기 때문이다.

어릴 적 샤루 칸은 매사에 적극적이었다. 장난 끼도 많았다. 당시 학교 선생님들은 그를 '악마의 미소를 가진 악동'으로 기억한다. 그러나 훗날 전설적인 영화배우가 될 것을 보여주는 일화는 흔치 않다. 그는 공부를 잘하고 축구를 좋아했다. 학과목 중에선 전자공학을 가장 좋아해서 올 A를 받았다.

반면 수학은 가장 못했다. 그는 숫자에 젬병이었다. 누가 전화번호를 말하면 여러 번 반복해서 물은 다음에야 겨우 메모지에 적을 수 있었다. 그는 요즘도 사무실과 집 전화번호를 잊어버리곤 한다.

축구를 좋아했던 그는 펠레나 마라도나 같은 세계적 축구선수가 되길 꿈꾸었다. 그 정도는 되지 않더라도 인도 국가대표 영웅인 아슬람 셰르칸과 같은 선수가 되길 희망했다. 인도 국기를 달고 월드컵에 나가 이름을 드높이는 선수가 되고 싶었다. 그는 축구 외에 하키, 크리켓에도 능했다.

하지만 어릴 적 꿈이 그대로 실현되는 일은 극히 드문 법이다. 운명의 신은 그를 축구보다 영화배우의 길로 인도한다. 축구선수의 길은 허리 부상과 관절염으로 포기해야 했기 때문이다. 스포츠 외 그에게는 남을 흉내내고, 춤을 추는 능력이 있었다.

그는 어릴 적부터 가족들 앞에서 춤 추는 것을 좋아했다. TV가 대중화되기 전인 당시 라디오 뉴스가 끝나면 가족들은 그 앞에 모여 앉곤 했다. 이때부터 인도 전통 음악시간이 시작되었기 때문이다. 그는 라디오 음악에 맞추어 춤 추며 가족들을 기쁘게 했다. 그가 어릴 적 즐겨 추던 춤은 트위스트와 탱고였고, 가장 좋아한 배우는 당시 인기 스타 뭄타즈Mumtaz였다.

그는 대학원 시절부터 연예계에 들어섰다. 다른 연예인에 비해 시작이 결코 빠르지 않았다.

고등학교에서 수 차례 우등상을 받을 정도로 공부를 잘했던 샤루 칸은 뉴델리 소재 명문인 델리 대학에 입학한다. 전공은 경제학을 선택했다. 그는 신문의 모든 기사를 이해하고 싶었는데 경제면이 가장 어려웠다고 한다. 그래서 경제면을 이해하고자 경제학을 선택했다.

그는 교육이란 신문을 읽고 이해할 정도면 충분하다고 생각했다. 경제학을 전공하면서 수요와 공급, 국민소득, 국제수지 등의 이론을 매우 즐겼고 학점도 잘 받았다.

경제학을 전공한 그는 언론과 필름 제작을 공부하기 위해 대학원에 진학한다. 뉴델리 소재 무슬림 명문 대학인 자미야밀리아이슬라미아 대학이었다. 평소 필름 제작에 관심이 많았기 때문에 이 분야에서 석사학위를 받고자 했다.

당시 시간 여유가 있던 그는 TV 연속극에 출연하기 시작한다. 그 첫번째가 〈파우지Fauji〉라는 인기 시리즈였다. 이를 시작으로 수 편의 텔레비전 시리즈물에 출연한다. 이것이 학교에서 문제가 됐다. 대학원 부원장은 그가 연속극을 찍느니, 어쩌니 하면서 돌아다니는 것을 못마땅해 했다. 결국 부원장은 그의 수업 출석일수가 모자라 기말시험을 치를 자격이 안 된다고 경고했다. 그 말을 듣는 순간 샤루 칸은 너무 황당했다. 수업시간에 담당교수가 출석일수는 크게 중요하지 않다고 강조한 바 있기 때문이다.

그는 고민했다. 공부를 더 할 것인가, 말 것인가? 그는 대학원을 그만 다니기로 결정했다. 대학의 부당함에 항의한다는 측면도 있었고, 본격적으로 현장에 나가야겠다고 마음먹었기 때문이다. 공부는 그 정도면 충분했다. 신문을 첫 장부터 마지막 장까지 모두 이해할 수 있었기 때문이다. 그리고 앞으로 대학에는 학생 신분이 아닌 필름제작자 혹은 연기강사로서 올 것이라고 다짐했다. 자퇴는 그를 연예인의 길로 본격 들어서게 만들었다.

누가 사랑을 아름답다 했는가

샤루 칸의 사랑이야기는 단순 연애담이 아니라 신분과 처지, 고통, 노력, 의지, 인생관 등을 보여준다. 그는 1984년 열린 한 파티에서 아내 가우리 치베르Gauri Chibber를 만났다. 당시 델리 대학 재학 시절로 그의 나이 19세였고, 가우리는 15세였다. 흔히 그렇듯 처음에는 친구로 시작했다. 둘은 시간날 때마다 만나서 배드민턴을 치거나, 수영을 하고, 식사를 같이 했다. 그들의 우정은 점점 사랑으로 변해갔다. 그러나 그들의 사랑에는 커다란 장벽이 가로놓여 있었다. 종교 차이였다. 샤루 칸은 무슬림이었다. 인도에선 전통적으로 같은 종교, 같은 계급끼리 결혼하는 것이 관례였기 때문이다.

가우리 집안은 인도 북서부 펀자브 지역 출신으로 힌두교도였다. 펀자브 출신들은 주로 비즈니스에 종사하던 계급으로 대부분 그들끼리 결혼했다. 샤루 칸은 힌두교가 아닐 뿐더러 인도에선 소외 계층인 무슬림 집안이었다. 가우리 집안에서 반대하는 것도 당연했다.

가우리의 삼촌은 샤루 칸이 가우리를 좋아한다는 말을 듣고 가슴에 칼을 품고 다녔다. 만약 샤루 칸이 가우리를 계속 만난다면 샤루 칸을 몰래 해칠 생각이었다. 그러나 그를 직접 만나 본 삼촌은 샤루 칸을 마음에 들어 했다. 자신감이 생긴 샤루 칸은 삼촌 외에 가우리의 친척들을 일일이 만나 설득해 우호적으로 만들었다. 이에 따라 친척들 모두 그를 좋아하게 되었다. 그의 친화력과 설득력은 가족들도 춤추게 만들었다.

하지만 가우리 부모님이 문제였다. 특히 가우리의 어머니는 샤루 칸과의 결혼을 극렬히 반대했다. 가우리 어머니는 만약 둘이 결혼한다면 자살하겠다고 선언까지 했다. 그녀의 아버지도 샤루 칸을 불러 이 결혼은 성사되기 불가능할 것이라며 포기하도록 강요했다.

당시만 해도 샤루 칸은 아직 스타덤에 오르기 전이었다. TV 프로그램에나 가끔 출연할 때였다. 그녀의 부모님은 그의 종교도, 출신도, 직업도 마음에 들지 않아 했다. 당시 그의 아버지도 돌아가셔서 계시지 않을 때였다. 샤루 칸으로선 어느 것 하나 내놓을 만한 것이 없었다.

오직 믿는 것은 가우리를 향한 사랑뿐이었다. 그러나 인도에서 결혼은 사랑만으론 충분하지 않다. 계급, 종교, 재산, 직업 등 제약 사항이 너무도 많다. 그럼에도 불구하고 둘 사이에 믿을 건 서로의 사랑밖에 없었다. 위기도 종종 찾아 왔다. 가우리는 부모님의 승낙을 결코 얻을 수 없을 거라며 헤어지자고 수 차례 애원했다. 언젠가는 샤루 칸에게 절교를 선언한 후 뭄바이로 도망치기도 했다. 그때마다 그는 가우리를 설득했다.

"지금 무척 힘든다는 거 잘 알아. 그러나 좀 더 참으면 상황이 나아질 거야. 지금은 너무도 힘들지만 10년 후에는 지금을 돌아보며 웃을 수 있을 거야. 우리는 반드시 결혼해서 행복하게 살 수 있어."

가우리에게 그렇게 말하긴 했지만 샤루 칸 자신도 과연 그녀와 결혼할 수 있을지 확신할 수 없었다. 결혼 생각만 하면 고통스러워

견디기 어려웠다. TV 출연을 그만둘까 생각도 했다. 그러나 연기는 어느새 삶의 의미였고 목표였다. 그렇다고 가우리를 포기할 수는 없었다.

세상에 태어나 부모님 빼고 그렇게 많은 정을 주고, 사랑을 느낀 사람이 없었다. 가우리는 연기 생활과 함께 삶에서 가장 중요한 일부였다. 무슨 일이 있어도 가우리와 사랑의 결실을 맺어야 했다. 그는 희망을 갖고 수 년간의 고통스런 생활을 견뎌냈다. 특히 그는 가우리 부모님께 다가가려 정성을 다했다.

이런 노력의 결과일까. 다행히도 시간이 흐르면서 가우리 부모님의 생각에도 변화가 생긴다. 오직 샤루 칸 하고만 결혼하겠다는 가우리의 고집에 부모님도 달리 어쩔 수가 없었다.

사실 자식 이기는 부모 없다고 하지 않던가. 아무리 인도가 자식은 부모의 뜻대로 결혼해야 하는 엄한 관습을 가진 사회이긴 하지만 인간의 근본 속성상 부모는 자식을 이길 수 없다. 가우리 부모님은 결국 둘의 결혼을 승낙한다. 마침내 둘의 사랑이 철옹성 같은 인도 결혼 관습과 전통을 깨고 승리한 것이다.

이 사례는 불가능할 것 같은 상황에서도 굴하지 않고 고정관념과 관습에 도전하는 샤루 칸의 의지와 집념을 잘 보여주고 있다. 둘은 1984년 만난 지 7년 만인 1991년 10월 25일 결혼식을 올린다.

비록 우여곡절 끝에 결혼까지 이르게 됐지만 결혼식은 상당히 침울한 분위기에서 거행됐다. 가우리 부모의 마음이 흔쾌히 열리지 않았기 때문이다. 결혼식도 뜰에서 하는 일반적인 결혼식 외에 힌두교식으로 한번 더 했다. 샤루 칸은 말과 코끼리를 타고 거리를 누볐으며, 가우리 부모님을 기쁘게 하기 위해 식장에 도착하기 1킬로미터 전부터 춤을 추며 행진했다. 길거리의 수많은 사람들이 이에 환호를 보냈다. 그럼에도 불구하고 가우리 부모님은 여전히 기쁜 표정을 짓지 않았다. 그들은 장래 인도 최고의 슈퍼스타가 될 사위를 아직은 알아보지 못한 것이다.

좌절은 한번으로 끝이다

결혼 후 그는 고향 델리에서 인도 영화의 성지 뭄바이로 떠난다. 뭄바이에 있는 영화사로부터 촬영제의가 들어왔기 때문이다. 델리에 있을 때 그는 〈파우지〉, 〈서커스Circus〉 등 TV 연속극 시리즈로 일정한 명성을 얻은 터였다. 그러자 발리우드의 본고장 뭄바이 영화 제작사들이 그에게 추파를 던진 것이다. 물론 그전에도 이런 제의가 들어왔지만 그는 결혼문제 등으로 거절했다. 그러나 이제는 결혼도 했고 어머니도 돌아가셔서 굳이 델리에 머물 이유가 없었다. 영화배우로 성공하겠다는 야심찬 꿈을 갖고 그는 1991년 말 뭄바이행 비행기에 오른다.

뭄바이에 도착하자마자 바로 촬영에 들어갔다. 그러나 이날 그는 참담한 실패를 경험한다. 뭄바이 영화 제작소 시설과 규모는 상상 이상이었다. 델리에서 TV 프로그램을 찍을 때는 달랑 카메라 한 대와 녹음기 한 대가 고작이었다. 불빛도 야외에서 이용 가능한 전등을 활용하는 수준이었다. 하지만 뭄바이에선 아주 달랐다. HMI라는 이름도 처음 들어보는 대형 불빛이 휘황찬란하게 빛나고 이곳저곳에서 큰소리로 음악이 흘러나왔으며, 현장에서 온라인 편집이 진행되고 있었다. 모든 것이 낯설었다. 연기가 서툴어 15번이나 다시 촬영했다. 기가 막혔다. 한두 번도 아니고 15번씩이나 재촬영을 하다니, 그는 실망이 이만저만이 아니었다.

"제가 생각해도 정말 기가 막혔습니다. 한 장면을 찍는데 15번이나 촬영하다니요. 지구상에 저만큼 무능한 배우는 없는 것 같았습니다. 저는 영화배우로서 능력이 없는가 보다, 라며 자괴했지요."

주변에서도 그가 영화에서 성공하기 힘들 것이라고 예상했다. 왜냐하면 TV 연기자에서 영화배우로 성공한 전례가 거의 없었기 때문이다. 몇몇 친구는 영화 대신 TV 연기자로 남아 성공을 도모하는 게 좋을 것이라고 충고했다. 그러나 그는 영화배우의 길을 포기하지 않는다. 경험 부족 때문이라고 스스로 위안을 한 그는 이후 연기 연습에 전력 투구한다. 거의 매일 방 안에 백열등을 여러 개 켜놓고 실제와 같이 연기 훈련을 했다. 그렇게 연습에 몰두한 결과 다음 영화촬영은 성공적으로 마친다. 그의 첫 영화 데뷔작 〈디와나Deewana〉는 1992년 중반 인도 전역에 상영되었던 빅히트작이다. 성공적인 발리우드 영화계 데뷔였다. 그해 말 그는 이 영화로 인해 최고 신인남자배우상을 수상한다.

신인상을 수상한 후 그는 첫 날 촬영 실패에 대해 다음과 같이 말했다.

"이 날의 실패는 제게 아주 귀중한 경험이 되었습니다. 당시 제가 제 자신을 믿지 않았다면 저는 결코 성장하지 못했을 겁니다. 누구든 새로운 상황에 처하면 당황하고 어려움을 겪지만 대신 새로운 것을 배우게 되지요. 이 같은 배움은 스스로가 행동하고 노력하는 것을 포기할 때까지 지속됩니다. 즉 우리가 노력하고 행동하기를 계속하는 한 배움은 이어집니다."

젊은 샤루 칸은 '실패를 통해 배운다'라는 진리를 잘 알고 있었다. 사실 우리는 성공에서는 그다지 많이 배우지 못한다. 자신이 이룬 방식이 최선이라 믿고 배우기를 게을리하기 때문이다. 실패 앞에서 중요한 것은 좌절하거나 포기하지 말아야 한다는 점이다. 그렇게 할 때 실패는 귀중한 교훈과 성공의 밑거름이 된다.

1992년 성공적으로 영화에 데뷔한 샤루 칸은 이후 성공가도를 질주한다. 이듬해인 1993년에는 〈바지가르Baazigar〉와 〈다르Darr〉에서 살인자와 매혹적인 연인으로 출연해 두 편의 영화 모두 빅히트를 기록한다. 〈바지가르〉에서의 열연으로 그는 최고 연기자상을 수상한다. 이어 인도 영화비평가협회로부터도 최고 주연상을 거머쥔다. 데뷔 1년 만에 그는 인도 최고의 배우로 등극한다. 이후 해마다 무수한 히트작을 양산하며 15년이 넘도록 인도 최고 영화배우란 아성을 확고히 지키고 있다. 인도 영화 역사상 전례가 드문 사건이다.

열정의 선구자, 깨달음의 개척자

그가 이처럼 슈퍼스타로서 장수할 수 있는 비결은 무엇일까? 시원시원한 그의 외모 덕분일까? 사실 그를 꽃미남 배우라고 평가하는 인도인은 그다지 많지 않다. 그 자신도 이를 인정한다. 실제로 그를 주연배우로 기용한 감독은 그의 외모가 다른 인도 남자 배우에 비해 뛰어난 것이 아니어서 고민했다고 한다. 그런데도 인도인들은 그에게 미쳐있다. 이에 대해 그는 이렇게 말한다.

"사람들은 제 외모가 좀 부족하다고 말합니다. 이런 말들을 들어도 저는 화나지 않습니다. 실제로 저도 그렇게 생각하기 때문입니다. 저는 아름다움이라는 것이 보는 사람의 눈에 달렸다고 확신합니다. 추한 사람도 예쁘다고 생각하면 아름답게 보이지요.

예를 들어 누구나 사랑을 하게 되면 상대방은 세상에서 가장 아름다운 사람이 됩니다. 배우와 관객과의 관계도 그런 것입니다. 제가 관객들을 사랑하면 할수록 관객들도 저를 열렬히 사랑할 것이라고 믿습니다. 관객과 배우가 일단 서로 사랑하는 사이가 되면 상대방이 잘 생겼든 못 생겼든 이는 아무 문제가 되지 않습니다. 상대방의 모든 것이 예뻐 보이지요.

그런 측면에서 내면의 아름다움이 중요한데 저는 관객들이 보고 싶어하는 제 내면의 아름다움을 스크린에서 보여주려고 최선의 노력을 합니다."

'전설적인 톱스타'인 샤루 칸은 영화배우가 될 만한 아무런 백그라운드가 없었다. 어릴 적부터 연예계에 뛰어든 것도 아니고, 친척들 가운데 발리우드 영화배우나 감독 출신이 있는 것도 아니다. 인도 배우들은 대개 원로 영화감독이나 원로 배우와 친척지간이다. 그들은 이런 든든한 백그라운드를 바탕으로 손쉽게 배우란 타이틀을 차지한다.

그러나 샤루 칸은 전혀 그렇지 않았다. 게다가 그는 무슬림 출신이라는 약점도 지니고 있었다. 그럼에도 불구하고 그는 타의 추종을 불허하는 슈퍼스타가 됐고, 15년 이상 그 인기를 이어가고 있다. 그 이유는 뛰어난 연기력과 춤 실력, 기존 규칙이나 관습에 얽매이지 않는 불굴의 도전 정신, 끊임없는 자기 혁신 등이 꼽힌다.

기네스북에 오를 정도의 수많은 광고 출연도 샤루 칸의 자기 혁신을 보여주는 좋은 사례다. 샤루 칸 이전에는 발리우드 배우의 광고 출연이 거의 금기시됐다. 배우의 명성에 흠이 된다는 것이다.

예를 들어 영화배우는 영화를 통해 사람들에게 알려지기 위해 전력 투구하는 한편 영화 외의 생활에선 검은색 선글라스를 쓰고 대중에게 알려지지 않도록 살아야 하는 것으로 인식됐다. 그러나 샤루칸의 생각은 달랐다. 좋은 광고에 가능한 많이 출연함으로써 일반 국민들과 더 친숙해질 수 있고, 자신의 이미지도 좋게 할 수 있다고 판단했다. 특히 대학에서 30초짜리 필름 촬영에 매료되었던 그는 '30초짜리 영화'인 광고의 효과를 누구보다 잘 이해했다. 이와 함께 그는 자신이 좋아하는 광고를 통해 돈 벌기를 원했다.

광고 출연을 통해 돈을 벌면 영화에 얽매인 속박에서 벗어날 수 있을 것으로 기대했다. 왜냐하면 당시 발리우드 영화배우들은 돈을 벌기 위해 자신이 좋아하지 않는 영화 촬영도 마다하지 않았기 때문이다. 그러나 스스로 원하지 않는 영화를 찍으면 좋은 작품이 만들어지지 않을 것임은 자명했다. 그것은 자신을 사랑하는 영화팬들을 기만하는 일일 뿐더러 영화배우로서 자신의 수명을 단축시키는 일이라고 생각했다.

그가 광고에 출연하겠다고 결심하자 주변에서는 '어리석은 짓'이라며 반대했다. 하지만 그는 주변의 반대에도 불구하고 광고 출연을 강행한다. 그가 출연한 광고만도 현대자동차 상트로(국내 이름 '아토스')를 비롯해(최근 현대차의 신형 소형차인 'i10' 광고에도 출연) 펩시콜라, 오메가, 스누들스Snoodles, 신톨Cinthol 비누, 클리닉올클리어 등 수십 가지에 달한다. 그 숫자와 종류를 따지면 기네스북에 오를 정도로 많다.

광고 출연으로 많은 돈을 번 그는 자신이 원하지 않는 영화는 찍지 않는다. 또 돈을 벌기 위해 광고 출연을 시작했지만 이제는 반드시 돈 때문에 광고를 찍지도 않는다. 예를 들어 펩시나 오메가 등이 그에게 주는 광고 모델료는 인도 내 다른 광고모델들보다도 적다. 상식적으로 있을 수 없는 일이다.

광고주가 모델료로 얼마를 주면 좋겠느냐고 제의했을 때 그는 보통 '최고액을 달라'고 하지 않고 '알아서 주시라'고 답변한다. 광고주의 처사를 이해하기 힘들지만 이에 대해 그는 아무런 불평도 하지 않는다. 돈 때문에 광고 촬영에 응한 것이 아니기 때문이다.

그는 수십 가지 상품 광고에 출연하고 있다. 과연 그는 이들 상품의 이름을 모두 기억이나 하고 있을까? 만약 그가 이름을 기억한다면 이들 상품에 대해 어떤 생각을 갖고 있을까?

"물론 저는 제가 광고 모델로 출연한 모든 제품명을 잘 알고 있지요. 그것은 예의입니다. 그들은 저를 믿고 광고 모델을 제의했고, 따라서 저 역시 그들을 믿고 이에 응했습니다. 저는 상품 광고 출연 제의에 응하기 전 가능한 이들 제품의 품질을 테스트하려고 노력합니다.

오메가와 펩시는 이미 잘 알려진 세계적인 회사이고, 클리닉은 인도 내 최고의 브랜드입니다. 제가 현대 상트로를 타고 다니지는 않지만 사람들이 자동차에 대해 물으면 저는 이 차를 운전해본 경험이 있기 때문에 좋은 차라며 적극 추천합니다.

저는 코카콜라 광고나 현대 상트로의 경쟁차인 마루티 광고를 할 수도 있습니다. 그러나 그렇게 하지 않지요. 현대자동차나 펩시콜라가 그렇게 하지 말라고 요청해서가 아니라 제 스스로의 결정입니다. 제가 출연한 광고에서 일단 현대차가 나왔으면 앞으로도 자동차는 현대뿐입니다. 마찬가지로 콜라도 펩시 하나여야 하고 시계도 오메가 하나뿐이어야 한다는 게 제 생각입니다."

'일단 현대차 광고 모델이 됐으면 자동차는 영원히 현대'라는 그의 주장은 매우 인상적이다. 어쨌든 그는 인도 영화배우 가운데 광고 모델로 출연한 선각자였다. 오늘날에는 발리우드의 많은 배우들이 그를 따라서 광고에 적극 출연하고 있다.

❖

샤루 칸의 자기 혁신은 광고 출연에 그치지 않는다. 국보급 영화배우인 그는 영화배우뿐만 아니라 영화제작자로서도 활동하고 있다. 그는 영화배우로서 한창 주가를 올리던 1999년 '드림즈언리미티드'라는 영화사를 설립했다. 이어 2004년에도 '레드칠리스엔터테인먼트Red Chillies Entertainment'라는 영화제작사를 하나 더 세운다. 단순히 연기만 하는 배우에 그치는 게 아니라 자신의 손으로 직접 영화를 만들겠다는 시도다. 어떤 이유에서 영화제작사를 만들었을까?

"영화사를 세운 것은 돈을 많이 벌어 보겠다든가 아니면 세계 최대의 영화제작사를 만들어보자는 그런 의도가 아니었습니다. 기존의 영화와는 다른 영화를 만들어보고 싶었습니다. 물론 다른 영화를 만든다고 해서 손해보는 영화제작을 뜻하지는 않습니다. 적어도 금전적으로 자립할 수 있을 정도는 돼야겠지요. 영화제작사를 만들면서 가장 염두에 둔 점은 저와 취향이나 철학이 다른 영화제작자에게 지나치게 의존하지 말자는 것이었습니다. 저는 이들에게 의존하지 않고 제가 좋아하는 영화를 만들고 싶었지요."

영화제작사를 설립해 샤루 칸이 손수 제작하고 주연한 최초 영화 두 편은 흥행에 실패했다. 그러나 좌절하지 않고 2003년에 만든 영화 〈찰테 찰테 Chalte Chalte〉는 큰 성공을 거두었다. 2007년 자신이 손수 주연하고 제작한 영화 〈옴 샨티 옴〉도 흥행에서 대박을 터뜨렸다. 이처럼 그는 그 동안 이룬 것에 안주하지 않고 고정관념을 허물며 새로운 목표에 도전하고 있다.

2009년 현재 43세에 불과한 샤루 칸은 탤런트와 배우, 광고모델, 영화제작자로서 큰 성공을 거두었다. 그 나이에 이 중 한 가지도 이루기 어렵다는 사실을 고려할 때 정말로 대단한 성공을 거둔 것이다.

그는 이러한 성공을 통해 많은 돈을 벌었다. 그가 보유한 재산은 2008년 5월 현재 6억 달러에 육박한다. 그야말로 무일푼으로 시작해 엄청난 거부가 되었다. 돈에 대한 그의 생각은 무엇일까?

"저는 '공돈을 바라면 안 된다'는 돈에 대한 철학을 갖고 있습니다. 이슬람 계율에 '네가 응당 받을 돈이 아니라면 받지 말라'는 말이 있습니다. 저는 이 말을 절대 신봉하고 있지요. 돈이란 스스로 노력해서 벌어야 한다고 믿습니다. 따라서 저는 주식이나 투기, 로또, 도박 등을 경계합니다. 물론 저의 이런 생각이 시대에 뒤떨어진 것임을 잘 압니다. 그러나 저는 그렇게 번 돈은 '좋은 돈'이 아니라고 생각합니다. '좋은 돈'이란 스스로 많은 노력과 수고, 투쟁을 해서 번 돈입니다. 저는 이런 돈을 원합니다."

그는 사업가로도 성공했다. 비즈니스에 대한 그의 철학을 들어보자.

"저는 비즈니스에 대해 네 가지 철학을 갖고 있습니다. 첫째는 열심히 노력해야 한다는 것이고, 둘째는 어떤 사업을 하든 적자를 내선 안 된다는 점입니다. 셋째는 사업을 하면 충분히 많은 돈을 벌어 스스로 인생을 선택할 수 있는 위치에 올라야 한다는 것이지요. 돈이 없으면 남에게 끌려가는 삶을 살게 됩니다. 자신이 선택하는 삶을 살기 위해선 상당한 정도의 돈을 벌어야 합니다. 넷째는 자신이 고용한 사람들을 행복하게 해줘야 합니다. 자신의 사업이 잘 되든 안 되든 사업가로서 이는 매우 중요한 일이지요.

많은 사람들은 제가 뛰어난 비즈니스맨이라고 합니다. 과찬이지요. 저는 비즈니스에선 단순 명료함과 정직함, 신속한 결정 등이 매우 중요하다고 생각합니다. 저는 언제나 여러분이 제게 기대하는 것 이상으로 좋은 실적을 낼 준비가 되어 있습니다. 그것이 영화든, 광고든, TV 연속극이든, 제작이든 말입니다. 비즈니스가 성공하기 위해선 새로운 것이 있어야 합니다. 과거의 방식으로는 안됩니다. 지금까지 살아온 제 인생이 그랬습니다. 다른 사람들이 하는 것과 좀 다른 것이어야 합니다. 이를 테면 모든 사람들이 인형 가게를 연다고 할 때 저라면 아무도 갖고 있지 않은 특별한 인형을 구비한 인형 가게를 열 것입니다."

샤루 칸은 남과 다른 특별한 가게를 열었고, 이것이 그의 주된 성공 요인이라 할 수 있다. 그는 조만간 또 다른 '특별한 가게'를 열 준비를 하고 있다. 영화감독 데뷔다. 탤런트에서 영화배우, 광고 모델, 영화제작자 등으로 변신해온 그가 이젠 영화감독에의 도전을 꿈꾸고 있다. 그는 아직 영화감독으로 공식 데뷔를 하지는 않았다. 그러나 현지 언론들은 그가 조만간 이 길로 나갈 것이라고 점치고 있다. 과거 그의 도전적 인생 행적을 볼 때 충분히 가능성 있는 시나리오다. 그의 도전 정신과 의욕이 시들지 않는다면 영화감독이라는 '특별한 가게' 역시 성공할 것이다. 그는 아직도 충분히 젊고 꿈과 야심이 충만하기 때문이다.

9

전설을 깨워 현실로 만들다
잠셋지 타타

잠셋지 타타 JAMSETJI NUSSERWANJI TATA

인도 최대 기업 타타그룹 창업주, '인도 산업 발전의 아버지'

생년월일 1839년 3월 3일~1904년 5월 19일

출신 인도 서부 구자라트 주 나브사리

가문 인도에선 이교도인 파르시(배화교도) 사제

학력 뭄바이 엘핀스톤 칼리지 졸업

창업 1868년 29세에 자본금 2만 1,000루피(52만 원)으로 무역회사 설립

철강 산업과 수력발전 등 인도 중공업 발전의 시조

INDIAN BILLIONAIRES

앤드류 카네기, JP 모건, 존 록펠러 John Rockfeller 를 모르는 사람은 별로 없다. 이들은 19세기 말에 활동했던 세계적인 성공 기업인들이다.

그러나 잠셋지 타타 Jamsetji Nusserwanji Tata 를 아는 사람은 흔치 않을 것이다. 잠셋지 타타도 카네기나 모건, 록펠러 등과 비슷한 시기에 태어나 빼어난 활약을 한 훌륭한 기업인이다. 그럼에도 그가 카네기처럼 세계적 지명도를 갖지 못한 이유는 아마도 그가 당시 영국 식민지였던 후진국 인도 출신 기업인이었기 때문일 것이다. 인도가 세계에 자랑할 만한 인물 가운데 독립 영웅 마하트마 간디 Mohandas Gandhi 와 정치인 자와할랄 네루 Jawaharlal Nehru, 시인 라빈드라나트 타고르 Rabindranath Tagore 가 있다면 경제계 영웅으로 잠셋지 타타가 있다.

잠셋지 타타는 '인도의 국민기업'으로 통하는 타타그룹의 창업주다. 타타그룹은 덩치와 비중으로 볼 때 인도 내에서 한국의 삼성을 능가하는 위상을 갖고 있다. 타타그룹은 자동차와 철강, 수력발전소,

화학, 소비재, IT, 중공업 등 7개 분야 98개의 기업군을 거느리고 있는 인도 최대 그룹이다. 그룹 총 가치는 850억 달러, 고용인원 28만 9,000여 명, 인도 국내총생산의 3.1퍼센트를 차지하는 명실상부 인도 간판 기업이다. 특히 주목할 점은 지난 100여 년 동안 인도 최고 기업으로 자리잡고 있다는 사실이다. 국내는 물론 세계 기업 역사를 보더라도 한 세기 동안 독보적 위치를 점유하는 기업은 흔치 않다는 점에서 인도에서 타타그룹의 위상이 얼마나 대단한지 짐작할 수 있다.

타타그룹은 외형이나 '문어발식' 기업 구조로 볼 때 영락없이 대한민국의 재벌기업을 닮았다. 그러나 타타그룹은 대한민국 재벌기업들과는 달리 국민들로부터 지탄 받지 않는다. 오히려 인도인들로부터 존경과 사랑을 한 몸에 받고 있다.

타타그룹을 이처럼 인도 국민기업으로 만들고 국민들의 사랑과 존경을 받도록 만든 사람은 창업주인 잠셋지 타타다. 그가 죽은 지 100여 년이 지난 지금까지도 잠셋지 타타 만한 통찰력과 비전, 국민들에 대한 애정을 가진 기업인을 찾기는 매우 어렵다. 잠셋지 타타는 어떤 인물일까? 또 그는 어떻게 거대 기업을 일구고, 국민들로부터 존경 받는 회사를 키웠을까?

실패는 그냥 실패가 아니다

잠셋지 타타는 1839년 인도 서부 구자라트 나브사리Navsari의 파르시Parsee(배화교도) 사제 가문에서 태어났다. 앤드류 카네기가 태어난 지 4년 후이고, 존 록펠러와는 태어난 해가 같다.

파르시 족은 본래 이란에서 살았으나 종교적 박해 등을 피해 뭄바이 등 인도 서해안으로 이주한 사람들이다. 토착 인도인들의 입장에서 보면 파르시인들은 외부인인데다 이교도인 셈이다. 그럼에도 불구하고 타타는 이국땅인 인도에서 엄청난 성공을 거둔다. 그래서 타타그룹은 인도와 아랍에 걸쳐 파르시 상인의 대표적 성공사례로도 꼽힌다.

어린 타타가 훗날 뛰어난 기업인이 될 것임을 시사해주는 바는 별로 없었다. 그의 집안이 파르시 사제 가문이어서 비즈니스와는 거리가 멀었기 때문이다. 주목할 만한 점이 있다면 공부를 잘 했다는 정도였다. 타타는 14세 때 고향인 구자라트를 떠나 대도시 뭄바이에 소재한 명문 사립학교 엘핀스톤 칼리지에 입학한다.

학교에 다니는 동안 줄곧 학업 성적이 뛰어나 졸업할 때 그동안 지불했던 수업료를 모두 돌려 받았다고 한다. 엘핀스톤 칼리지에서의 생활은 그에게 학문적 열정과 끊임없는 독서습관을 갖게 해주었다. 이런 지적 탐구 자세는 이후 그가 비즈니스 계에 뛰어들었을 때 미래에 대한 비전을 갖고 많은 선구자적인 조치를 취하는 데 큰 도움이 되었다.

기업인으로서 타타의 미래를 결정해준 계기는 그가 아닌 부친이 조성했다. 아버지는 그가 17세 때 전통적 종교 가문이란 집안 내력을 깨고 사업에 뛰어들었다. 부친은 조그만 무역회사를 차렸다. 싼 값에 상품을 사다가 이익을 붙여 판매하는 무역회사는 당시 인도인들이 흔히 하던 비즈니스였다. 그의 나이 20세 때 타타도 아버지의 사업에 합류해 시장과 상품, 교역 등 비즈니스를 배우기 시작한다.

아버지 회사에서 일하는 동안 그는 뼈아픈 경험을 한다. 아버지의 지시로 영국에 작은 인도계 은행을 설립했으나 부도가 난 것이다. 주요 실패 원인은 타이밍이 좋지 않아서였다. 인도에 금융위기가 발생해 그 여파가 런던에 있는 인도 은행에도 미친 것이다. 은행 부도로 그는 빚쟁이들한테 매우 시달렸다고 한다. 아버지 회사에서 일하면서 보고 겪은 실패 경험은 이후 그가 자신의 사업을 하는 데 큰 자산이 된다. '실패를 통해 배운다'라는 진리가 그에게도 정확히 적용된 것이다.

아버지 밑에서 9년간 사업 경험을 쌓은 타타는 마침내 1868년 29세의 나이에 자신의 회사를 설립한다. 역시 무역회사로, 자본금은 부친 회사에서 벌어 모은 2만 1,000루피(63만 원)가 전부였다. 유럽이나 일본, 중국 등에서 아편 등 여러 물건을 사다 인도에 판매하는 회사였다.

무역회사로 사업을 시작했지만 타타의 꿈은 무역회사가 아니었다. 사업차 영국을 종종 방문했던 그는 그곳에서 섬유 산업의 잠재력을 직접 목격한다. 영국에선 산업혁명 이후 섬유 산업이 폭발적으로 성장하고 있었다. 그는 인도가 섬유 산업을 개발하면 영국보다 훨씬 더 경쟁력을 가질 것이라고 생각했다.

결국 그는 이듬해인 1869년 섬유 산업에 뛰어든다. 잘 나가던 무역 사업을 접고 자신의 신념과 판단에 따라 방직업에 뛰어든 것이다. 이는 혁신을 추구하는 그의 기업가 정신을 잘 보여주는 사례다.

당시 인도 비즈니스맨들은 대부분 고리대금업 같은 금융업이나 상품 교역에 종사했다. 생산이나 제조활동에 참여하는 기업인은 거의 찾을 수 없었다. 그럼에도 불구하고 타타는 익숙한 무역 사업을 그만두고 불확실한 방직업에 도전한 것이다. 목표를 위해 위험감수를 마다 않는 그의 자세가 돋보인다.

그의 위험을 무릅쓴 기업가적 혁신은 여기서 그치지 않는다. 그는 방직공장을 뭄바이가 아닌 나그푸르Nagpur라는 외진 곳에 세우기로 결정한다. 당시 인도 서부에서 사업을 하려면 서부 최대 상업도시인 뭄바이에 공장을 설립하는 것이 기본 상식이었다.

그가 상식을 벗어난 결정을 한 데는 이유가 있었다. 첫째, 방직공장은 우선 면화 생산지와 가까워야 했고, 둘째, 수송을 위해 철도가 멀지 않아야 했으며, 셋째, 물이 풍부해야 했다. 그가 판단할 때 나그푸르는 이런 조건을 만족시켜주는 최적의 장소였다. 굳이 땅값 비싼 뭄바이를 고집할 이유가 없었다. 주변 많은 사람들은 그의 이런 결정에 우려를 금치 못했다. 자금을 융통해준 금융회사는 '나그푸르에 공장을 세운 것은 황무지를 파고 그 속에 황금을 묻어버리는 어리석은 짓'이라고 비판했다.

이런 비판에도 불구하고 흔들리지 않은 타타는 이후 보란 듯이 방직업에서 성공한다. 이는 혁신이란 고정관념을 벗어나 창의적이고 유연한 사고를 할 때 이룰 수 있다는 사실을 잘 보여준다.

그는 특히 기업 경영에 대한 개념조차 갖고 있지 않던 인도에 현대적 의미의 경영 시스템을 도입한 것으로도 유명하다. 그는 친족 등 외부 세력이 경영권을 좌우하던 관례를 버리고 CEO와 이사회에 힘이 집중되도록 했다. 또 경영진은 이사회에 기업 실적을 보고토록 하고, CEO인 자신도 실적에 따라 월급을 받도록 했다. 이는 시대를 앞선 대단히 혁신적인 조치다.

많은 인도 기업들은 요즘도 친족이 기업을 소유, 경영하면서 전근대적 패밀리 비즈니스 방식을 유지하고 있다. 그는 참다운 기업가 정신을 갖춘 혁신가요, 선각자다. 그의 사업은 이후 순탄한 행로를 계속해 타타는 인도 제일의 섬유사업자로 발돋움한다.

민족의 경제에 불을 밝히다

그러나 타타는 인도 최고 섬유재벌이란 타이틀에 안주하지 않는다. 그는 인도 산업 역사상 길이 남을 '위대한 과업'을 추진한다. 감히(?) 철강입국을 꿈꾸었다. 산업혁명이 일어난 적이 없어 산업 기반이 매우 취약한 인도에서 이는 사실 불가능한 꿈이었다. 대부분의 사람들이 코웃음을 쳤다. 수지 맞는 섬유업에서 돈이나 벌라고 충고했다.

그러나 타타에겐 산업의 미래를 내다보는 선견과 나라의 장래를 걱정하는 뜨거운 가슴이 있었다. 그는 철강이 중공업의 모태가 되고 이를 통해 경제발전의 토대를 닦아야 한다고 생각했다. 요즘도 이런 생각을 가진 기업인은 흔치 않다. 오늘날 중국이나 중남미 국가, 아프리카 등은 중공업으로 경제발전을 이룬 박정희 대통령 시대 정책을 벤치마킹하려 한다. 그러나 타타는 지금으로부터 100여 년 전 이미 '민족산업'의 중요성을 깨달았다.

그가 인도 철강산업을 발전시켜야 한다고 판단한 것은 미국 여행 중에서였다. 1870년대 말 사업차 미국 섬유산업의 메카 맨체스터 Manchester 를 방문한 그는 그곳에서 우연히 당대 최고의 학자 토머스 칼라일Thomas Caryle 의 강연을 듣게 된다. 칼라일은 "앞으로 철강을 좌우하는 나라가 세계를 좌우할 것"이라고 역설했다. 이 말에 깊이 감명 받은 타타는 세계적인 철강회사를 설립하겠다고 결심한다. 이에 따라 그는 1800년대 초부터 철강회사 설립에 본격 나선다.

그러나 장애요인이 이만저만 많은 게 아니었다. 우선 당시 인도를 지배하고 있던 영국이 문제였다. 영국 식민지 정부는 그가 철강회사를 설립하려 한다는 사실을 알고 계속 딴죽을 걸었다. 식민지 기업인이 철강과 같은 국가 기반사업에 뛰어든다는 것이 지배자인 영국에게 곱게 보였을 리 없기 때문이다.

이뿐만 아니다. 철강사업은 인도 역사상 전례 없던 일이어서 타타는 어디서부터, 어떻게 시작해야 할지 감을 못 잡았을 뿐만 아니라 기술력, 자금력, 규제 법률 등 모든 부분에서 쉽게 결정내리지 못하고 있었다. 특히 전문가라는 사람들은 그가 철강회사를 만든다고 하더라도 수익성이 전혀 없다며 반대했다. 당시 인도 철도의 최고 권위자였던 프레데릭 업코트 경卿은 "만약 타타가 철강회사 설립에 성공하면 내 손에 장을 지지겠다"라고 호언하며 반대했다.

그럼에도 철강회사를 설립하겠다는 그의 비전과 의지는 흔들리지 않았다. 비록 무수한 난관이 있더라도 철강산업 육성은 당대가 아닌 인도의 미래를 위하여 반드시 필요한 사업이라고 그는 확신했다.

그리하여 1900년 그는 마침내 인도를 지배하던 영국 식민지 정부로부터 철강회사를 설립해도 좋다는 허가를 얻는다. 가장 어려운 관문을 통과한 것이다. 이에 큰 힘을 얻은 그는 1901년 철강회사설립위원회를 만들고 이 분야 최고 전문가들을 채용한다. 이와 함께 영국과 미국 등 철강산업이 발달한 선진국을 열심히 찾아 다니며 조사하고 공부하여 철강회사 설립의 꿈을 완성시켜 간다. 그러나 안타깝게도 그는 1904년 독일 방문 중 지병으로 숨을 거둔다.

그의 꿈이 사라지는 듯했다. 하지만 그의 뒤에는 타타의 꿈을 현실로 만들 두 아들(도랍지 타타, 라탄지 타타)이 버티고 있었다. 타타는 죽기 직전 두 아들에게 다음과 같은 유언을 남겼다.

"애들아, 너희들이 내가 하던 일들을 더 멋지게 완성할 수 없다면 그대로 두어라. 부디 내가 추진하던 일들을 계속 진행해 더 훌륭하게 해내길 바란다. 그러나 만약 너희들이 더 뛰어나게 만들지 못할 것이라면 지금까지 이룬 것들만이라도 망치지 말도록 해라."

두 아들은 아버지가 추진하던 일들을 아버지의 유언대로 더 멋지게 해냈다. 그 결과 타타의 사후 3년 만인 1907년 마침내 벵골Bengal에 타타스틸이 설립된다. 그의 오랜 숙원이 실현된 것이다. 이후 타타스틸은 많은 사람들이 품었던 우려를 불식시키며 탄탄한 성장을 지속해 인도 철강산업의 중추가 된다. 실현 가능성이 없다고, 수익성이 없다고 모두가 반대하던 철강회사. 그러나 타타는 오직 민족사업에 대한 꿈과 미래에 대한 비전, 열정만으로 이 꿈을 실현시켰다. 눈앞의 이익만 좇는 사업가라면 감히 상상도 할 수 없는 일이었다.

수력발전회사 설립도 마찬가지다. 타타는 뭄바이 전력이 수요에 비해 턱 없이 부족하다는 사실을 알고 이를 해결하기 위해 수력발전소를 설립하기로 한다. 비가 많이 오는 몬순 기간 동안 내린 빗물을 댐에 저장해 수력발전으로 활용한다면 홍수도 막을 수 있고, 전기 부족 문제도 해결할 수 있다고 믿었다.

문제는 엄청난 돈과 인력이 드는 이 과업을 누가 실행할 수 있는가였다. 영국 식민지 정부가 인도의 기간 사업 발전을 위한 일에 적극 나설 것이라고 보지 않은 그는 자신이 직접 수력발전소를 짓기로 결심한다. 이 계획은 철강회사 설립에 비해 반대가 상대적으로 적긴했지만 수익성이 큰 문제였다. 그러나 그는 수력발전 역시 인도의 미래를 위한 민족산업이라고 생각하고 적극 나선다.

그 결과 그의 사후인 1910년에 타타수력발전회사, 1916년 안드라 계곡 수력발전회사, 1919년 타타전력회사 등이 잇따라 설립된다. 국가의 과업을 의지의 기업인이 직접 나서 추진했다. 그러나 대부분이 수익성이 없을 거라 생각했던 수력발전 사업에서도 알찬 수익이 발생했다. 타타는 민족 사업의 중요성을 생각했을 뿐만 아니라 이를 통해 수익도 올릴 수 있음을 예견한 뛰어난 사업가였다.

뭄바이 항구에 위치한 세계적인 타지마할호텔도 그의 꿈과 의지가 살아 숨쉬는 곳이다. 이 호텔은 당시 영국인 친구를 따라 뭄바이에 있는 유명 호텔인 아폴로호텔에 들어가려다 인도인이란 이유로 거부당한 후 세워졌다. 그는 제 나라에서 호텔도 제 마음대로 드나들지 못하는 모욕을 참지 못해 멋진 호텔을 짓기로 했다.

그러나 이 호텔을 지을 때도 주변에서 많은 반대가 있었다. 비싼 호텔을 감정만으로 세워선 안 된다느니, 호텔 경영을 한번도 해보지 않은 상태에서 호텔을 세워본들 적자만 발생할 것이란 주장이었다. 특히 그의 누이는 "기업인 타타가 진짜로 바타르카나(음식점)를 낼 생각이냐"라며 극구 반대했다.

하지만 주변의 반대에도 불구하고 1898년부터 건축을 시작한 이 호텔은 5년 여에 걸친 공사 끝에 그가 죽기 1년 전인 1903년 완공됐다. 당시 세계 최고 호텔이라는 찬사를 받았다. 자신의 입장을 거부한 아폴로호텔에 깨끗이 복수한 것이다. 타지마할호텔은 여전히 싱가포르의 라플즈호텔과 함께 아시아 최고 호텔로 일컬어지고 있다.

내가 벌었다고 해서 내 것은 아니다

타타는 생전 과학과 기술 인력의 중요성을 일찍 깨달은 사람이다. 뛰어난 인력만이 국가와 산업 발전을 가져올 수 있다고 믿었다. 최근에야 일반화된 인적 자본이란 개념이 정립되기 훨씬 이전부터 그는 인재의 중요성을 깨닫고 있었다.

이를 위해 그는 최고의 과학 고등교육기관을 설립키로 하여 생전 자신이 보유하고 있던 재산의 3분의 1을 헌납했다. 이런 노력은 그의 사후인 1911년 첫 결실을 맺는다. 벵갈루루에 인도의 간판 싱크탱크인 인도과학대학원IISc: Indian Institute of Science이 설립된다.

이와 관련해 일화가 있다. 그의 생전 측근들은 IISc가 설립되면 재산을 헌납하는 대신 그곳에 타타의 흔적을 남겨야 한다고 주장했다. 그러나 타타는 "IISc는 내가 인도에 기부하는 것"이라며 거절했다. 대신 그가 죽은 3월 3일이면 매년 졸업생을 비롯한 수천 명의 사람들이 IISc에 모여 추모 행사를 연다. 그는 인도과학대학원 외에도 20여 개의 초·중등학교를 세워 인도인 교육에 앞장섰다.

인도에서 '타타장학생'은 유명하다. 타타장학생은 학계는 물론이고 정계, 언론계, 비즈니스계, 과학계, 예술계 등 사회 전반에 퍼져 있다. 타타장학생의 유례는 1892년으로 거슬러 올라간다. 당시 타타가 'JN타타재단'을 설립해 인종이나 카스트, 신념 등에 관계없이 장학금을 지원해준 것이 효시다. 당시 카스트제도와 종교적 차별이 엄존한 상태에서 이는 매우 혁신적인 장학금 제도였다. 이 장학금은 매우 인기가 있어 1924년 인도 최고 고급 공무원 다섯 명 가운데 두 명은 타타장학생이었다고 한다.

또 타타는 직원들의 복리후생을 누구보다 앞서 실천했고, 이익금의 사회환원과 빈민구제사업 등에도 매우 적극적이었다. 그는 나그푸르 '엠프레스Empress' 방직공장에 원형 방추紡錘라는 신기술을 여타 선진국보다도 빨리 도입했으며, 직원들의 후생을 위해 공장 내에 인도 최초로 환풍기와 습도조절기, 의료소 등 복지시설을 설치했다. 직원들의 복지가 보장되어야 생산성이 오를 수 있다는 생각에서였다. 당시 '노동자는 수탈의 대상'으로만 여기던 풍토에서 타타의 이런 생각과 조치는 급진적이고 혁명적으로 여겨질 정도였다.

직원들의 복리후생과 기업의 사회적 책임을 중시한 그의 기업관은 사후 아들들에게 그대로 이어졌다. 타타그룹은 8시간 노동제(1912년)와 유급휴가제(1920년), 임신휴가(1928년), 성과급제(1934년), 퇴직금제(1937년) 등을 차례로 도입했다. 인도 역사상 최초였다.

이후 인도 정부는 8시간 근로제는 36년 후, 퇴직금제는 35년 뒤에나 입법화했다. 심지어 영국에서도 1911년에야 하루 12시간 노동제가 처음으로 도입됐다는 점을 고려할 때 타타의 복지후생제도가 얼마나 혁신적이고 선구적인 조치였는가를 짐작할 수 있다.

특히 1920~30년대 타타그룹의 지주회사인 '타타선스Tata Sons' 자산의 66퍼센트가 고인의 뜻에 따라 두 아들 명의의 공공재단인 도랍지타타트러스트와 라탄지타타트러스트에 기부됐다. 이들 재단은 한 해 1억 달러 이상을 기부하고 있다. 현재도 이들 두 개 공공재단이 타타선스 주식의 66퍼센트를 소유하고 있다. 다시 말해 모 회사 지분의 3분의 2를 자선단체들이 보유하고 있는 셈이다. 이러한 이유로 인도인들은 타타가 돈을 많이 벌면 벌수록 자신들에게 좋은 일이라 믿는다.

후진국이 대개 그렇듯이 인도도 정경유착이 매우 심하다고 알려져 있다. 정치인과 기업인 간 끈끈한 부패 고리로 연결되어 있어 정치 발전을 저해하고 있다. 그러나 정치인들은 적어도 타타그룹에는 손을 벌리지 못한다. 타타그룹의 윤리강령에는 정치인에게 돈이나 편의 제공을 철저히 금지하는 조항이 있다. 선진국 문턱에 도달했다고 자부하는 대한민국에서도 정경유착은 비일비재한 일임에 비추어 볼 때 타타그룹의 사례는 우리를 한없이 부끄럽게 한다.

한눈에 보는 억만장자의 성공전략

❖

잠셋지 타타는 인도는 물론 세계적으로도 유례를 찾기 힘든 위대한 기업가다. 따라서 보통 사람들이 그의 성공전략을 따라 하기는 사실 어려운 점이 있다. 게다가 우리와 함께 호흡하는 현대인이 아닌 100여 년 전 인물이란 점에서 실감도가 떨어지는 것도 사실이다. 그러나 전설 같은 그의 성공이야기는 오늘날 타타그룹이라는 실체에 의해 생생히 확인할 수 있다. 죽은 전설이 아닌 실제 눈으로, 귀로, 피부로 느낄 수 있는 현실이다. 따라서 타타의 성공이야기를 다시 한번 정리하고 음미하는 것은 매우 의미 있는 일이다.

첫째, 타타는 앞을 내다보는 밝은 혜안을 가졌다. 섬유산업이 발전할 것임을 예견하고, 철강산업이 미래 산업이 될 것임을 내다보았다. 인재가 중요하고 이를 위해 인재교육기관을 설립할 필요가 있음을 절감했다. 그러나 이런 예측 능력은 보통 사람들이 넘볼 수 없는 불가능한 영역은 아니다. 일반인도 인생을 살면서 경험과 직관에 의해 얼마든지 예측 가능한 일이다. 단지 차이가 있다면 그런 추세를 읽고 잠셋지는 실제로 자기 사업에 적용하였다는 점이다. 실행의 차이, 사소한 차이 같지만 이 것이 바로 성공하는 사람과 보통사람의 차이다.

둘째, 타타는 위험을 적극적으로 감수했다. 돌아보면 그의 전 인생은 위험과 모험의 삶이라고 할 수 있다. 기업가의 삶을 살기로 한 것부터 잘 나가던 무역사업을 접고 섬유사업을 시작한 것, 나그푸르 지역에 섬유공장 설립, 철강기업 설립, 수력발전회사 설립, 타지마할호텔 설립 등 거의 모든 일이 위험을 무릅쓰고 단행한 일들이다. 도전하지 않는 곳에는 성과도 없다고 했다. 위험을 무릅쓰고 도전하는 가운데 성공의 기회가 열리는 법이다. 타타의 삶은 도전하는 기업가 정신을 잘 보여주고 있다.

셋째, 넘치는 꿈과 비전이다. 역사적으로 성공한 기업가들이 많지만 타타만큼 풍부한 꿈과 비전을 갖고 실천한 사람도 드물다. 그는 단지 성공한 기업인이 된 것에 만족하지 않았다. 성공한 기업인으로서 그 자신의 부富를 인도와 인도 국민들을 위해 '멋지게' 사용했다. 직원들의 복리후생, 장학제도, 국가 기간산업, 교육기관 설립 등에서 감히 흉내내기 어려운 선각자적인 역할을 했다. 이런 일들은 만약 그가 돈만 많이 버는 '궁색한' 꿈을 갖는 데 그쳤다면 상상할 수 없는 일이다. 그는 그만큼 '성공한 기업인' 그 이상의 비전과 꿈을 갖고 있었던 것이다. 이런 꿈과 비전이 있었기에 그의 모험 가득한 기업인 정신이 살아 있었는지도 모른다.

넷째, 끝없는 지적 탐구욕이다. 타타는 바쁜 기업인 생활을 하면서도 책을 손에서 놓는 일이 없었다고 한다. 보통 오후 6시 경에 퇴근한 그는 저녁 약속을 하는 경우가 드물었다. 일찍 집에 들어가 신문을 읽고 독서에 몰두했다. 주말에도 마찬가지였다. 인터넷 시대인 오늘날에야 많이 변했지만 당시 그에겐 독서가 세상 돌아가는 추세와 이치를 읽는 최고의 도구였다. 그가 원대한 비전을 갖고 시대를 앞서는 많은 선각적 과업을 단행할 수 있었던 것도 바로 이런 독서의 힘이었다.

다섯째, 고정관념에 대한 도전이다. 그의 인생은 기업가 정신이 끝없이 살아 숨쉬는 삶이었던 동시에 편견과 고정관념에 대한 대결이었다. 그가 추진하고 이룩한 많은 성취들은 이 같은 고정관념에 대한 파괴에서 얻어졌다. 즉 남들이 기존의 생각과 고정관념 때문에 주저하는 분야에 과감히 진출함으로써 기회를 잡았다. 요즘 식으로 말하면 고정관념을 벗어난 사고로 '블루오션'을 창출한 것이다. 기존의 편견과 고정관념에서 벗어나는 신선한 사고, 창의적인 사고가 성공의 밑받침이 됐다.

성공에 대한 그의 한 마디를 들으면서 '위대한 기업가' 잠셋지 타타의 얘기를 마무리짓도록 하자.

"성공하려면 우선 정직하고 솔직한 비즈니스 원칙을 지녀라. 아무리 사소한 일이라도 함부로 생각하지 말고 주의 깊고 세밀하게 처리하라. 우호적 환경과 기회를 자신의 것으로 활용할 수 있는 능력을 키워라. 성공은 기회를 자기 것으로 만드는 능력이다."

타타그룹

— 릴라이언스와 기업 서열 1, 2위를 다투는 인도 최대 그룹

— 소재지 인도 경제 수도인 뭄바이

— 주요 기업 타타컨설턴시서비스TCS외 98개 기업군

— 주요 사업 자동차, 철강, 수력발전, 화학, 소비재, IT, 중공업 등

— 매출 479억 달러(2007년)

— 주식 시가총액 850억 달러(2008년 3월)

— 직원수 28만 9,000여 명(2008년 3월)

RATAN NAVAL TATA

혁명을 일구어내다
라탄 타타

현現 타타그룹 회장

JRD 타타의 뒤를 이어 1991년부터 회장직 유지

총 재산 250억 원

생년월일 1937년 12월 28일

출신 뭄바이

학력 미국 코넬 대학 건축학, 하버드 대학 MBA 학위

❖ ❖

2008년 1월 10일 인도 타타모터스Tata Motors는 전 세계의 이목을 집중시키는 큰 일을 발표했다. 뉴델리 자동차엑스포에서 300만 원짜리 초저가 자동차 '나노Nano'를 선보였던 것이다. 이름하여 '1락Lak 카'의 탄생. 1락은 10만을 나타내는 인도말로 '1락 카Car'란 10만 루피짜리 자동차를 의미한다. 초저가 자동차 '나노'는 우리나라에서 가장 싸게 팔리는 GM대우의 마티즈(700만 원)보다 채 절반 가격도 안 된다. 제조업이 뒤처져 있는 인도가 세계 최저가 자동차를 만들어낸 것이다.

초저가 자동차 혁명을 주도한 사람은 타타그룹의 회장인 라탄 나발 타타Ratan Naval Tata였다. 그는 그룹의 창업주인 잠셋지 타타의 증손자다. '불가능을 가능하게 만드는 인물'로 평가되는 그는 1991년 회장에 취임한 뒤 자동차와 철강, IT 등을 집중 육성해 인도 최대 재벌로서의 입지를 더욱 탄탄히 하고 있다. 타타컨설턴시서비스를 인도는 물론 세계 최대 IT 기업 가운데 하나로 키운 것도 그였고, 적자에 허덕이던 철강회사 타타스틸을 알짜배기 세계 철강업체로 부상시킨 사람도 그였다.

또한 그는 2004년 대우의 상용차 부문을 인수하는가 하면, 세계적 차茶 메이커 테틀리Tetley Tea와 영국 최대 철강 기업 코러스Corus를 인수하는 등 세계적 이목을 주목시키는 대형 인수합병을 실현시켰다. 2008년 5월에는 미국 포드자동차로부터 세계적 브랜드인 랜드로버와 재규어를 인수하는 등 타타그룹을 글로벌 기업으로 키우기 위해 혼신의 노력을 다하고 있다. 이에 따라 미국의 경제전문잡지 〈포춘〉은 그를 '세계에서 가장 영향력 있는 비즈니스맨 25인'에 선정하기도 했다.

오늘날 타타그룹의 얼굴로 통하는 라탄 타타 회장은 1937년 12월 뭄바이에서 태어났다. 그는 2009년 현재 72세다. 당초 그는 70세가 되는 2007년 은퇴하기로 되어 있었으나 이사회가 회사 정관을 75세로 수정했다. 이에 따라 그의 임기는 2012년까지 연장됐다.

라탄 타타는 부유한 집안에서 태어나긴 했지만 인생은 순탄치 않았다. 그의 나이 7세 때 부모가 이혼했다. 이에 따라 그와 두 살 어린 남동생 지미Jimmy는 할머니 밑에서 자랐다. 경제적으로는 풍요했지만 정신적으로는 결핍된 생활이었다.

고향 뭄바이에서 고등학교를 마친 그는 건축학을 전공하기 위해 미국 코넬 대학으로 유학을 떠난다. 인도 대재벌 집안 자제였지만 미국에서의 유학생활은 경제적으로 힘들었다. 접시닦기 등 안 해본 아르바이트가 없을 정도였다. 대재벌 가문 자제가 접시닦기를 하다니 믿기 어렵지만 이는 사실이다. 당시에는 인도 정부가 외환 송금을 규제해 그는 돈을 송금 받을 수 없었기 때문이다.

대학 졸업 후 그는 미국에서 건축가의 길을 가려고 했다. 그러나 1962년 할머니가 위독해 급히 귀국한 그는 철강도시 잠셋푸르에 위치한 타타스틸에 첫 발령을 받는다. 철강 생산 현장에서 그는 철강 노동자들과 함께 일한다. 철광석을 나르기도 하고 뜨거운 용광로를 관리하기도 했다. 일종의 경영수업이었지만 그는 블루컬러 노동자와 몸을 부대끼면서 그들의 삶을 직접적으로 이해하고자 했다.

결국 1971년 그는 경영인의 길로 들어선다. 타타그룹 자회사인 가전업체 넬코Nelco 대표이사를 맡게 된 것이다. 하지만 이 회사는 경기 침체와 실적 악화로 수 년 후 문을 닫는다. 1977년에는 또 다른 자회사 엠프레스밀스Empress Mills 라는 섬유업체 경영을 담당하나 이 역시 실적이 신통치 않아 1986년 폐쇄된다. 그러나 두 회사 모두 이미 상당한 적자를 보던 터였기에 그의 경영능력에 대한 비판은 크게 일지 않았다.

1991년 당시 타타그룹 회장이던 JRD 타타는 그룹의 새 회장으로 라탄 타타를 지명했다. 일각에서 의외의 선택이라는 반응이 나왔다. 한편에선 그가 창업주의 핏줄이기 때문에 지명됐다고도 분석했다.

그가 회장으로 지명된 1991년은 공교롭게도 인도 경제가 세계를 향해 문을 연 해였다. 글로벌 기업들이 인도 시장에 들어오고 수십 년간 규제와 보호막 속에 있던 인도 기업들은 갑자기 경쟁의 바다에 던져졌다. 인도 최대 그룹이었던 타타도 마찬가지였다. 타타로선 새로운 시대에 새로운 리더십이 필요했다. 그가 꿈꾸던 타타는 창의적이고도 혁신적인 기업으로 국내는 물론 해외 시장에서도 앞서갈 수 있는 글로벌 기업이었다.

그러나 회장에 지명된 후 수 년간 그는 이렇다 할 성과를 보여주지 못했다. 전임 회장인 JRD 타타를 모시던 가신들이 그룹 내에 즐비했던 것도 그가 눈에 띄는 변화를 이끌지 못한 또 다른 이유였다. 그들은 그가 추진하고자 했던 그룹 변화와 개혁에 번번이 반대했다. 하지만 대부분의 가신들이 은퇴하는 1990년대 중반 이후 그는 타타그룹을 경쟁력 있는 기업으로 현격하게 변모시킨다.

구체적으로 그가 마음속에 품고 있던 야심찬 꿈은 자동차를 핵심 산업으로 육성하는 것이었다. 잠셋지 타타와 JRD 타타가 인도 산업화를 이끌었다면 그는 자동차를 위시한 인도 제조업을 세계적 수준으로 끌어올린다는 계획을 세웠다. 이를 위해 시멘트, 의학, 섬유,

화장품 등 경쟁력이 떨어지는 부문은 과감히 내다 팔았다. 대신 자동차와 철강 등 핵심 사업 발전에 집중했다.

자동차를 핵심사업으로 추진한다는 라탄 타타 회장의 의지는 1998년 타타모터스(당시 Telco)를 승용차 시장에 뛰어들게 했다. 순수 토종 자동차를 만들어보자는 야무진 꿈이었다. 그간 자동차라곤 트럭과 같은 상용차만을 생산해온 타타모터스로선 위험을 무릅쓴 결정이었다.

인도는 1950년대부터 자동차 생산국가로 알려졌다. 당시 비를라 그룹의 '앰배서더'는 현재도 택시와 관용차로 생산되고 있다. 특히 1980년대에는 '마루티'라는 대중 승용차가 대규모로 생산됐다. 그러나 이들 자동차는 인도 자체 기술로 만들어진 토종 자동차는 아니었다. 둘 다 외국과의 합작으로 만들어진 차였다. 타타가 승용차를 만들려고 한다는 소문이 돌자 일본의 도요타와 독일의 폭스바겐 등이 합작 제의를 해왔다. 그러나 라탄 회장은 이를 거부했다. 그는 인도의 정신을 갖는 순수 국산차를 만들고자 했다.

그러나 주위에서 반대가 이만저만이 아니었다. 타타모터스가 승용차를 만들 만한 기술과 자금이 없다고 했다. 설사 토종 자동차를 생산하는 데 성공한다고 해도 품질에서 밀려 팔리지 않을 것이라며 반대했다. 그는 외로웠다. 밖에선 물론 회사 내부에서조차 부정적인 의견이 팽배했다. 그는 그때의 참담했던 심정을 이렇게 표현하곤 했다.

"정말 외로웠지요. 외로운 것을 넘어 고통스런 시간이었습니다. 모든 사람이 저의 결정을 어리석다고 비판했습니다. 그들은 제가 승용차 생산계획을 중도에 포기할 수밖에 없을 것이라고 생각했습니다. 회사 내에선 제가 승용차 생산 프로젝트에 일정한 거리를 두라고 충고까지 했습니다. 그래야 만약 실패하면 전적인 책임에서 비껴

갈 수 있을 것이라면서요. 그러나 저는 그들의 충고와는 정반대로 승용차 제작팀에 더욱 관여했고, 이들과 더욱 밀접하게 작업했습니다. 저의 이런 태도에 충고를 해주었던 사람들은 제게서 거리를 두기 시작했지요."

온갖 반대를 무릅쓰고 추진한 소형차사업은 결국 자체 기술로 만든 첫 소형 승용차인 '인디카Indica'를 1998년 출시했다. 인도 최초의 순수 국산 승용차의 탄생이었다. 일단 성공이었다. 그러나 문제는 품질이었다. 현대자동차나 인도 정부와 일본 스즈키 사 합작인 마루티와 같은 경쟁 차종에 비해 품질이 떨어졌다. 그에 따라 목표로 했던 판매량의 절반도 팔지 못한 채 1998년과 1999년 막대한 적자를 냈다.

라탄 회장은 포기하지 않았다. 대신 뼈를 깎는 구조조정에 들어갔다. 종업원 수를 3만 6,000명에서 2만 2,000명으로 무려 40퍼센트나 감원하고, 부품 하청업체도 절반 수준인 600여 개로 줄이는 등 조직 슬림화를 이뤄냈다. 엄격한 품질관리제도 실시했다. 대규모 감원과 같은 구조조정은 노동 관련 법률이 엄격한 인도에서는 실행하기 대단히 어려운 결정이다.

결국 그의 노력은 결실을 보게 된다. '인디카'와 2002년 새로 출시된 중형차 '인디고Indigo' 등이 인도 중소형차의 4분의 1을 점하며, 인도시장에서 마루티자동차와 현대자동차에 이어 3위로 도약한 것이다. 2위인 현대자동차와는 그 차이가 근소해 현대차의 2위 자리를 강력히 위협하고 있다.

세계 초저가 자동차인 '나노' 프로젝트도 라탄 회장의 아이디어와 추진력의 결실이다. 그가 나노 생산을 추진한 이유는 인도인들에 대한 애정 때문이었다. 인도는 빈국貧國이어서 가난한 사람들이 아주 많다. 그래서 값 비싼 자동차 대신 값싼 오토바이를 선호한다.

그는 복잡한 길거리에서 오토바이 한 대에 아빠, 엄마, 아이 둘 등 온 가족이 타고 가는 모습을 자주 목격했다. 위험천만한 모습이었다. 이를 본 라탄 타타 회장은 이들을 위해 세계에서 가장 값싼 차를 만들어보자고 결심한다. 이 역시 불가능하다며 모두가 반대했지만 결국 성공했다. 나노가 그 모습을 세상에 드러내자 남아프리카, 중남미, 중앙아시아, 동남아시아 등 많은 가난한 국가에서 주문이 쇄도했다. 애국심에서 시작한 나노 프로젝트가 세계 자동차시장에 혁명을 불러오고 있는 것이다.

타타그룹의 선조들이 그랬던 것처럼 그도 진정한 애국자다. 국가와 국민들을 사랑하는 마음이 남다르다. 그가 인도 최대 재벌의 회장이긴 하지만 그가 받는 보수와 그룹 지분은 상대적으로 적다. 그가 가진 지분은 타타그룹을 모두 합해 2,500만 달러에 불과하다. 타타 가족이 소유한 지분도 지주회사인 타타선스의 1퍼센트인 2억 9,500만 달러에 그친다. 소유주가 회사 주식의 다수를 보유하는 인도 대부분 기업과 매우 차별된다. 타타그룹은 그만큼 사회적 책임에 철저한 회사다.

그가 가진 자산 250억 원은 인도 억만장자에 비하면 '새 발의 피'에 불과하다. 인도 최대 재벌의 회장에다 돈도 가질 만큼 갖고 있으나 그의 생활은 매우 검소하다. 그는 소나타급 중형차인 혼다 어코드를 타고, 호화주택이 아닌 평범한 아파트에서 생활한다. 이 아파트는 그가 그룹 회장이 되기 이전부터 살아온 곳이다. 인도 최대 재벌이 된지 17년이나 지났음에도 그가 사는 공간은 그대로다. 돈 좀 벌었다 하면 하루가 멀다고 초호화판으로 확 바꿔버리는 한국 기업인들과는 대조적이다. 라탄 타타 회장의 집을 방문한 사람들은 잘 정돈된 독신자 아파트 같다는 말을 한다.

　실제로 그는 독신자다. 평생을 혼자 살아왔다. 어릴 적 부모의 이혼으로 고통을 겪었던 그는 평생 독신으로 살아온 것이다. 그 스스로도 외롭다고 공개적으로 토로한 적이 있다. 가족이 없기에 국가와 국민들을 향한 사랑이 더 지극한지도 모른다. 가족에 줄 사랑을 국민들에게 주고 있을 것이기 때문이다. 2009년 현재 72세인 그는 솔직하면서 수줍음을 잘 타는 것으로도 유명하다. 키가 180센티미터가 넘는 거구에다 거대 기업을 이끌고 있는 수장치고는 의외다. 그런 면에서 그는 대단히 인간적이다.

　그는 경영인으로서도 크게 성공했다. 기업의 덩치를 대폭 키운 것은 물론 경쟁력과 효율성을 높였고, 타타그룹이 글로벌 기업의 명성을 얻도록 하는 데 많은 기여를 했다. 그는 물론 자수성가한 기업인이 아니다. 그럼에도 불구하고 그는 위험을 무릅쓰는 강한 기업가정신과 순풍을 탈줄 아는 능력, 확고한 결단력, 미래를 내다볼 수 있는 예지력 등을 갖춘 것으로 평가된다.

가슴 뛰는 혁신을 시작하라

오늘날 '블루오션Blue Ocean'이 성공을 위한 중요한 전략의 하나로 각광 받고 있다. 블루오션이란 수많은 경쟁자들로 넘쳐나는 '레드오션Red Ocean'과 상반되는 개념으로, 경쟁자가 없는 무경쟁시장을 말한다. 개인과 기업이 더 많은 가치를 창출하기 위해서는 경쟁시장이 아니라, 경쟁이 없는 새로운 시장을 창출해야 한다는 내용이다.

즉 블루오션 전략은 산업혁명 이래로 기업들이 끊임없이 거듭해온 경쟁의 원리에서 벗어나 발상의 전환을 통해 고객이 모르던 전혀 새로운 시장을 창출해야 한다는 전략이다. 삼성과 LG가 최근 블루오션을 경영전략으로 도입하면서 우리나라에서도 크게 인기를 끌고 있다. 블루오션 전략은 기업은 물론 개인에게도 적용된다.

그렇다면 경쟁이 없는 블루오션을 창출하기 위해서는 어떻게 해야 하는가? 가장 중요한 일은 혁신이다. 기존 관념과 편견, 사고 방식에 얽매이지 않는 혁신을 통해 새로운 상품과 새로운 시장을 만들어내야 한다.

그런 점에서 3부의 인도 억만장자들은 좋은 사례다.

철강왕 락시미 미탈 회장의 성공전략은 바로 블루오션 전략이다. 미탈 회장은 부실 철강기업 인수합병을 통한 몸집 불리기 전략으로 성공을 거머줬었다. 그는 부실기업을 인수한 후 우량기업으로 탈바꿈시켜 계속 보유하는 전략을 구사했다. 이 같은 철강산업 인수합병 전략은 최근까지만 해도 비현실적인 것으로 여겨졌다. 왜냐하면 철강은 국가 기간산업으로 대부분이 국영이었기 때문이다. 따라서 비록 철강회사가 적자가 나고 비효율적으로 운영된다고 하더라도 이를 매각하는 국가는 없을 것이라고 판단했다.

하지만 미탈의 생각은 달랐다. 그는 세계 철강산업이 너무 파편화돼 있어 철강 원료와 수요 업계들에 대한 협상력이 약할 뿐 아니라 금융시장에서도 저평가받고 있어 통합화가 필요하다고 판단했다. 이런 독창적 생각을 바탕으로 미탈은 부실기업 인수에 적극적으로 나섰다. 철강기업 인수합병 전략은 이 분야에서 아무도 중시하지 않았던 미개척 분야였기 때문에 그는 경쟁자 없는 블루오션에서 마음껏 기업 사냥을 할 수 있었다. 발상의 전환이 성공을 위해 얼마나 중요한지 일깨워주는 사례다.

'발리우드의 제왕'인 샤루 칸의 성공도 '블루오션' 전략에서 찾을 수 있다. 샤루 칸의 성공요인은 끊임없는 자기 혁신에 있었다. 그는 TV 연기자에서 영화배우, 광고모델, 게임호스트, 영화제작자 등으로 계속해서 자신의 활동 영역을 넓혀 갔다. 단순히 활동영역만 넓힌 게 아니라 많은 사람들이 고정관념에 젖어 기피하는 영역에 과감히 도전한 것이다. 예를 들어 TV 연기자에서 영화배우로 성공한 전례가 거의 없음에도 불구하고 그는 이에 도전해 성공했다. 또 영화배우가 광고에 출연하지 않는 것이 관례인 인도에서 기네스북에 오를 만큼 많은 광고에 출연해 대히트를 쳤다. 이와 더불어 영화배우로선 전례가 드문 게임호스트와 영화제작자 등에도 도전하여 성공을 이뤄냈다. 모두 끊임없이 자신을 혁신하며 기존 관례와 고정관념에 도전해 블루오션을 창출한 결과라 할 수 있다. 창의적 생각과 혁신을 통한 블루오션 창출은 오늘날 성공하기 위한 1등 전략이다.

　인도의 전설적 기업인 잠셋지 타타의 성공에서도 다양한 블루오션 전략 사례를 찾아볼 수 있다. 아무도 가지 않는 길을 앞서 가며 무경쟁시장을 장악했기 때문이다. 19세기 말 당시 섬유산업이 발달하지 않은 인도에서 가장 먼저 섬유사업에 뛰어들었으며, 기간산업이란 개념조차 없던 식민지나라 인도에서 철강입국을 꿈꾸며 철강업과 수력발전 사업에 진출한다. 대부분의 사람들은 코웃음을 쳤다. 수지 맞는 섬유업에서 돈이나 벌라고 충고했다. 그러나 산업의 미래를 내다보는 선견이 있었던 타타는 철강업과 수력발전 사업에 도전해 경쟁자가 전혀 없는 시장을 창출했음은 물론 향후 인도 국가 산업 발전에도 크게 기여했다.

　타타가 남들이 넘보지 못하는 사업에 진출한 것은 그의 전 인생이 고정관념에 도전하는 삶이었기 때문이다. 그의 인생은 기업가정신이 끝없이 살아 숨 쉬는 삶이었던 동시에 편견과 고정관념에 대한 대결이었다. 그가 추진하고 이룩한 많은 성취들은 이 같은 고정관념에 대한 파괴에서 얻어졌다. 즉 남들이 고정관념 때문에 주저하는 분야에 과감히 진출함으로써 기회를 잡았다. 고정관념을 벗어난 창의적 사고로 '블루오션'을 창출한 것이다.

시대에 발맞추어
행동하라

=닐 미탈 *Sunil Mittal* ● 쿠샬 팔 싱 *Kushal Pal Singh* ● 디루바이 암바니 *Dhirubhai Ambani*
=짐 프렘지 *Azim Premji* ● 툴시 탄티 *Tulsi Tanti* ● 나라야나 무르티 *Narayana Murthy* ● 락시미
=탈 *Lakshmi Mittal* ● 샤루 칸 *Shahrukh Khan* ● 잠셋지 타타 *Jamsetji Tata* ● 우데이 코탁
=day Kotak ● 키쇼르 비야니 *Kishore Biyani* ● GD 비를라 *Ghanshyam Das Birla*

Uday Kotak

Kishore Biyani

Ghanshyam Das Birla

Kumar Mangalam Birla

10

신화는 오직 내가 만든다
우데이 코탁

Uday Kotak

우데이 코탁 UDAY KOTAK

코탁마힌드라뱅크 부회장 겸 최고경영자

총재산 **31억 달러**(2008년 3월)

출생년도 **1959년**

출생지 **인도 북서부 구자라트**

학력 **뭄바이 대학 상과 전공, MBA**(JBIMS)

미국에 JP 모건이 있었다면 인도에는 우데이 코탁Uday Kotak이 있다.

인도에서 가장 잘 나가는 은행을 꼽으라면 단연 코탁마힌드라뱅크Kotak Mahindra Bank를 들 수 있다. 이 은행의 CEO인 우데이 코탁 부회장은 인도 금융계의 떠오른 샛별이자 인도 금융의 신화로 불린다. 약 20년이란 짧은 기간 동안 맨손으로 인도 굴지의 종합 금융기관을 키워냈기 때문이다.

지금으로부터 20여 년 전인 1986년 우데이 부회장은 친척과 친구들로부터 300만 루피(9,000만 원)를 모아 금융 투자 사업을 시작했다. 그가 경영하는 코탁마힌드라뱅크의 시가총액이 2008년 3월 현재 55억 달러니 자그마치 6만 6,666배나 증가했다. 이 숫자는 무엇을 의미하는가. 예를 들어 1986년 100만 원을 우데이 부회장에게 투자했다면 이 돈이 현재 666억 원으로 불어나 있다는 것을 뜻한다. 단돈 100만 원이 666억 원으로 불어나다니 믿겨지지 않는다. 하지만 당시 새파란 젊은이 코탁 부회장에게 투자한 사람들은 모두 이렇게 엄청나게 횡재했다.

우데이 코탁은 JP 모건이나 골드만 삭스 같은 뛰어난 금융인을 꿈꾸었고, 마침내 이를 현실화할 수 있는 발판을 마련했다. 사실 현재 그가 이룬 것만 해도 엄청나다. 미국이나 유럽을 제외한 세계 여타 지역에서 당대에 금융으로 코탁 만큼 성공한 금융인을 찾기는 쉽지 않다.

코탁마힌드라뱅크의 지분 56퍼센트를 소유하고 있는 그의 재산은 31억 달러다. 인도 민영 은행 가운데 시장가치 측면에서 4위인 코탁마힌드라뱅크는 미국의 JP 모건이나 골드만삭스, 메릴린치 등과 같은 일종의 투자 은행이다. 채권할인에서부터 리스(임대), 자동차 할부금융, 투자은행, 금융 중개, 펀드 매니지먼트, 생명보험, 온라인 중개, 사모펀드에 이르기까지 다양한 금융 서비스를 취급한다.

계열사로는 코탁증권, 코탁투자은행, 코탁생명보험, 코탁마힌드라캐피탈 등이 있다. 코탁 부회장은 맨손으로 시작해 엄청난 부富를 성취했을 뿐만 아니라 골드만삭스 등이 그랬던 것처럼 오랫동안 이름을 날릴 대형 금융그룹을 구축했다. 인도에는 국영 혹은 민영 은행들이 수도 없이 많이 존재한다. 그는 이렇게 수많은 경쟁업체를 제치고 어떻게 금융업으로 큰 성공을 이루었을까?

기회를 포착하는 남다른 능력

우데이 코탁은 1959년 인도 북서부 구자라트 주의 바불나트Babulnath 라는 작은 마을에서 태어났다. 중상층이라 할 만한 비교적 부유한 집안이었다. 전통적으로 면화 거래를 하던 상인 계급 출신이다. 그의 기억에 따르면 어릴 적 60명이 넘는 사람들이 한 집안에 대가족으로 모여 살았다. 부엌은 하나밖에 없었고, 식사 때엔 그 많은 사람들이 함께 모여 밥을 먹었다. 이런 공동체 생활이 가족간 우애를 깊게 했고 친밀감을 높였다. 그러나 코탁은 이후 사업을 할 땐 회사 경영에서 친족은 일절 배제한다. 친척간에는 사심이 깊이 개재돼 합리적이고 신속한 결정을 내리기가 불가능하다고 판단했기 때문이다.

그는 어릴 때 힌두교 학교에 다녔다. 경제적 여유가 있어 명문 사립학교에도 갈 수 있었으나 집 근처에 힌두교의 대가大家가 설립한 유명한 학교가 있었기 때문이다.

학창 시절 그에겐 두 가지 뛰어난 재능이 있었다. 하나는 인도의 국기國技인 크리켓이었고, 다른 하나는 숫자 감각이었다. 숫자 감각이 뛰어났다고 해서 수학을 잘 했다는 의미는 아니다. 사실 수학은 별로였다. 그는 숫자간의 특별한 관계를 인식하는 데 남다른 재능이 있었다. 어떤 숫자의 합습을 보면 그것이 의미하는 바를 같은 반의 어느 누구보다 더 빨리 알아차렸다. 그는 이런 재능을 "숫자가 나에게 말을 했다"라고 표현했다. 중등학교에서 비교적 공부를 잘 했던 그는 인도 서부 지역 명문 뭄바이 대학에 입학한다. 상과商科를 전공한 대학에선 3학년 때부터 그의 진짜 실력이 나타나기 시작한다.

3학년과 4학년 연이어 전교 수석을 차지한 것이다.

관습대로라면 대학 졸업 후 그는 패밀리 비즈니스에 나서야 했다. 인도 상인계급 자제들은 졸업 후 가족 비즈니스에서 경영수업을 받는 것이 관례이기 때문이다. 그러나 그는 면화 거래를 하는 패밀리 비즈니스에 관심이 없었다. 전교 수석으로 대학을 졸업한 그는 MBA를 받기 위해 대학원에 입학하기로 결정한다.

MBA를 받은 후 근사한 직장에 취직하는 것이 젊은 그에겐 더 멋져 보였다. 하지만 대학원에 진학해선 공부보다 크리켓에 미쳤다. 대학 대표선수로 크리켓 전국 리그에 종종 출전하기도 했다. 크리켓에 뛰어난 재능을 보인 그는 장차 국가대표 선수가 되는 꿈을 꾸기도 했다. 그러나 삶을 좌우할 큰 사고가 발생해 그의 인생 행로를 바꾸어 놓는다.

1979년 가을이었다. 전국 크리켓 리그에 출전해 경기를 갖는 도중 상대방 선수와 머리를 부딪치는 사고를 당한다. 의식불명이 된 그는 앰뷸런스에 실려 병원으로 이송된다. 의사는 뇌출혈이라며 희망이 없다고 말했다. 그러나 가족들의 강력한 요청으로 뇌수술을 받는다. 희망이 없다던 의사의 말과는 달리 청년 코탁은 회생했다. 만약 의사의 말만 믿고 수술하지 않았다면 오늘날 코탁마힌드라뱅크는 없었을 것이다.

수술 후 그는 회복을 위해 한 학기를 휴학했다. 이제 크리켓도 더 이상할 수 없게 되고, 휴학을 해 할 일도 없던 그는 친척들이 공동 운영하는 패밀리 비즈니스 사무실을 자주 찾게 된다. 그는 여기서 그동안 이론으로만 공부한 비즈니스 실무에 대해 많이 배운다. 하지만 한창 젊은 코탁에게 패밀리 비즈니스는 행복한 경험이 아니었다.

"회사의 의사 결정 시스템에 문제가 많았습니다. 모든 결정 사항에 대해 14명의 친척들과 상의해야 했지요. 따라서 중요한 의사 결정이 사사로운 감정에 의해 지연되거나 변질되곤 했습니다. 여기서 제가 배운 가장 중요한 교훈은 앞으로 사업을 하면 결코 친척들과 같이 해선 안 된다는 점이었습니다. 현재 코탁뱅크에는 2만여 명의 직원이 있지만 이 가운데 나와 관계된 사람은 단 한 명도 없습니다."

2만여 명의 직원 가운데 CEO와 관련된 친인척이 단 한 명도 없다는 사실은 매우 놀랍다. 최근 글로벌 경영에 상당히 가까워졌다는 우리나라에서도 이런 사례는 극히 찾기 어렵다. 하물며 패밀리 비즈니스가 일반화된 인도에서 철저하게 글로벌 스탠더드 경영을 실천하고 있는 코탁마힌드라뱅크의 사례는 매우 신선하다. 이런 경영 방식은 단기간 내 성공할 수 있었던 중요한 요인임에 틀림없다.

대학원을 졸업한 후 그는 친족이 경영하는 면화사업 대신 인도 유력 대기업인 힌두스탄레버에 입사하기로 결정한다. 힌두스탄레버에는 입사가 확정된 상태였다. 이 사실을 알고 아버지는 노발대발했다. 전통적으로 인도 상인 계층은 남의 회사 고용인이 되기보다 자기 사업 하는 것을 중시했기 때문이다.

그도 고집을 굽히지 않았다. 결국 가족들이 나서 중재했다. 그가 숫자에 매우 밝다는 사실을 익히 알고 있던 가족들은 사업을 할 수 있도록 그에게 조그만 사무실을 하나 마련해주었다. 가족이나 남의 회사에 얽매이지 않고 사업을 하게 된 코탁은 뛸 듯이 기뻤다. 남달리 숫자에 밝은 재능을 가진 그에겐 주변에 사업 기회가 널려 있었기 때문이다.

젊은 사업가 코탁이 간파한 사업 기회는 다음과 같았다. 당시 인도 은행들은 6퍼센트의 예금이자를 지급했다. 반면 기업이 돈을 빌리고자 하면 16.5퍼센트나 되는 높은 대출금리를 요구했다. 즉 예대금리차(대출금리에서 예금금리를 뺀 것)가 매우 컸다. 코탁은 만약 자신이 이처럼 높은 예대금리차를 줄이는 방법을 찾는다면 확실히 돈을 벌 수 있을 것이라고 생각했다.

그러던 와중에 그는 타타그룹 계열 전자회사인 넬코Nelco의 금융 담당자를 우연히 만나게 된다. 그 직원은 넬코가 긴급 기업 운영자금이 필요하다고 말했다. 이 말을 들은 코탁은 기회가 왔다고 판단했다. 그는 친척과 친구들에게 넬코에 투자할 자금을 빌려달라고 요청했다. 이들이 돈을 빌려주면 은행이자(6퍼센트)보다 더 높은 이자를 지급할 것이라고 약속했다. 반면 넬코에는 돈을 빌려주되 대출이자를 은행(16.5퍼센트)보다 더 낮게 책정하겠다고 제안했다.

넬코 측은 이 제안에 만족해 했고, 친척들과 친구들도 흔쾌히 돈을 빌려주겠다고 했다. 그도 그럴 것이 타타그룹은 인도 최대 기업으로 돈을 떼일 위험이 거의 제로였기 때문이다. 이 같은 투자 방식은 잘 작동됐고, 그는 이 사업 방식을 채권에도 적용해 적지 않은 수익을 올렸다. 그의 뛰어난 숫자 감각을 보여주는 동시에 다가온 기회를 포착하는 능력이 남다름을 확인할 수 있다.

코탁은 1980년대 초반 인도에 외국계 은행이 들어오자 또 다른 사업 기회를 발견한다. 외국계 은행들은 자금이 많았으나 인도 정부의 규제로 인해 돈을 투자할 곳을 찾지 못하고 있었다. 그는 유럽계 스탠더드차터드뱅크Standard Chartered Bank의 자금을 인도 국내 기업들에 알선해주고 기업들과 은행 양측으로부터 수수료를 받았다. 전혀 복잡하지 않고 쉽게 돈을 벌 수 있는 아주 간단한 사업이었다.

그는 "자금 알선 사업은 매우 쉬웠습니다. 그저 은행으로 하여금 자금 청구서에 도장을 찍게만 하면 되는 일이었죠"라고 회상한다. 비록 간단한 일이긴 했지만 제법 돈이 들어왔다. 외국 은행 자금 알선 사업으로만 연간 50만 루피(1,500만 원) 정도의 순익을 냈다. 1980년대 초 당시로서는 제법 큰 돈이었고, 특히 대학을 갓 졸업한 젊은이가 버는 돈치고는 거금이었다(당시 한국 대졸자들이 받던 대기업 월평균 초임도 20만 원 정도에 불과했음). 사업이 잘 됨에 따라 그는 사무실과 직원을 급속히 늘려갔다.

그가 극적으로 성공의 전기를 마련한 해는 1985년이었다. 1985년은 여러모로 그에게 의미 있는 해였다. 우선 평생 반려자인 아내 팔라비Pallavi를 만났다. 첫 눈에 반한 사랑이었다. 대부분 중매결혼을 하던 당시 인도인들의 특성에 비추어 그의 연애결혼은 매우 이례적인 사례였다.

다음은 전문 금융사업에 본격적으로 뛰어들었다는 점이다. 특히 유수재벌 상속자와 동업을 시작했다는 점에서 큰 의미가 있다. 인도의 유력 자동차회사인 마힌드라&마힌드라의 아난드 마힌드라Anand Mahindra가 바로 그의 동업자였다. 코탁이 전문 금융회사를 출범시키겠다고 하자 마힌드라는 자신도 이 회사에 기꺼이 투자하겠다고 제안했다. 코탁은 당시를 이렇게 회상한다.

"당시 마힌드라는 미국에서 MBA를 마치고 귀국한 상태였지요. 그는 조만간 인도에서 금융서비스 혁명이 일어날 것이라고 확신했습니다. 마힌드라는 그 자리에서 이제 갓 출범한 금융회사에 50만 루피(1,500만 원)를 투자하겠다고 약속했지요. 당시로선 적지 않은 돈이었어요. 이에 따라 그의 부친이 회장을 맡고, 저는 부회장, 그는 이사 직을 맡기로 합의했습니다.

마힌드라의 투자액을 합한 총 자본금은 300만 루피(9,000만 원)였습니다. 저는 나머지 자본금을 마련하기 위해 백방으로 뛰어다녔지요. 우리는 회사 이름을 '코탁마힌드라'라고 짓기로 했습니다. 골드만삭스나 JP모건 등이 그랬던 것처럼 은행 이름에 우리의 이름을 넣어 우리 사후에도 명성을 날리는 글로벌 금융그룹의 토대를 닦자고 약속했습니다. '코탁마힌드라'란 이름은 큰 의미가 있었지요. 사실 '코탁'이란 제 이름이야 아무런 의미도 없지만, '마힌드라'는 달랐습니다. 유명한 대기업 이름을 갖다 붙임으로써 회사 명성에 바로 큰 신뢰성을 부여했지요."

신생 금융회사 코탁마힌드라는 순탄한 항로를 시작했다. 신뢰가 으뜸인 금융사업에서 대기업과 합작함으로써 고객들로부터 일단 큰 믿음을 확보했다. 실질적으로 회사를 경영한 사람은 코탁이었지만 명목상 회장 직위를 유지했던 마힌드라 부친의 역할도 컸다. 그의 명성을 믿고 거래를 하는 고객들이 많았기 때문이다. 여기에 코탁의 뛰어난 숫자 감각과 순발력, 경영능력이 더해지면서 기업 실적이 눈에 띄게 늘어났다.

India No.1을 넘어 World Best로

코탁의 과감하면서도 순발력 있는 경영 능력을 보여주는 사례를 살펴보자. 1990년 인도인들의 자동차에 대한 수요가 증가하자 세계 최대은행 시티뱅크가 인도에서 자동차 할부금융서비스를 시작했다. 당시 차를 한 대 구입하려면 문제가 많았다. 자동차 구입 신청 후 최소 6개월을 기다려야 했다. 아니면 자동차를 빨리 받기 위해 적지 않은 뒷돈을 내야 했다.

코탁도 시티뱅크Citibank에 맞서 자동차 할부 금융시장에 뛰어들었다. 하지만 누가 봐도 그의 회사 '코탁마힌드라'는 명성이나 자금력, 마케팅, 로비력 등에서 시티뱅크의 상대가 되지 않았다. 고민하던 그는 기발한 아이디어를 생각해낸다. 코탁마힌드라가 새 자동차를 미리 구입해놓는 것이었다. 그래서 자동차를 사려는 고객이 코탁마힌드라에서 대출을 받으면 그 자리에서 자동차를 대량으로 출고해주는 방식이었다.

6개월 이상 기다릴 필요 없이 즉석에서 자동차를 바로 구입할 수 있다는 사실을 안 고객들이 코탁마힌드라로 밀려왔다. 비단 자금여력이 없는 사람뿐만 아니라 부자들도 자동차를 바로 구입하기 위해 코탁마힌드라에서 대출을 받았다. 게다가 대출이자도 경쟁 은행에 비해 저렴해 고객 입장에서는 일거 양득이었다. 코탁마힌드라는 성공 궤도를 질주했다.

1991년 12월 드디어 코탁마힌드라는 뭄바이 증권시장에 상장한다. 코탁마힌드라를 설립한 지 불과 6년 만이었다. 자동차 할부 금융을 시작한 지는 2년 만에 코탁마힌드라는 알짜 수익을 내는 투자은행으로 급부상했다. 직원들이 늘면서 사무실도 너댓 평 짜리에서 28평(1,000평방피트)짜리로 옮긴다. 코탁은 마침내 자신이 꿈꾸어 온 글로벌 금융서비스 회사를 향한 궤도로 본격 질주하게 된 것이다.

1993년 그는 글로벌 기업과 합작 기회를 갖는다. 델리에서 열린 유로머니컨퍼런스에서였다. 코탁은 이 자리에서 야심찬 금융서비스 전략을 발표했다. 이 발표를 본 골드만삭스 관계자가 그에게 접근했다. 당시 골드만삭스 인도 지사에서 수석 파트너로 일하고 있던 행크 폴슨이었다. 둘은 친해져 가까운 친구 사이가 된다. 이후 양자간 합작에 관한 논의가 진전돼 2년 후인 1995년 코탁마힌드라와 골드만삭스는 은행과 증권 부문 합작 계약서에 서명한다.

이어 코탁마힌드라는 미국 포드자동차 금융부문과 합작 사업을 시작한다. 마힌드라&마힌드라 자동차가 포드와 합작관계를 맺어 자연스럽게 이루어진 공동 벤처였다. 글로벌 기업을 꿈꾸는 코탁에게 이들 글로벌 기업들과의 공동사업은 남다른 의미를 지니고 있다.

"골드만삭스나 포드와의 공동 사업은 제게 매우 중요했습니다. 왜냐하면 저는 그때까지 글로벌 금융사업을 어떻게 해야 할지 전혀 몰랐거든요. 저는 골드만삭스로부터 글로벌 금융사업을 어떻게 진행하는 것인지 많이 배웠습니다. 아울러 저는 이들 글로벌 기업들과의 사업을 통해 인도식 기업 운영방법이 매우 낡은 것이고, 글로벌 스탠더드를 시급히 채택해야 한다는 사실을 깨달았습니다."

글로벌 금융 기업을 꿈꾸던 그에게 골드만삭스나 포드자동차와의 공동 사업은 대단한 행운이었다. 이를 통해 그는 장차 혼자서도 글로벌 기업을 운영할 만한 능력을 키웠기 때문이다. 사실 우리 인생에서 목표와 꿈이 확고하다면 기회는 종종 찾아온다. 관심과 열의가 있기 때문에 그 기회가 기회로 보이는 것이다. 그렇지 않고 목표나 꿈이 없는 사람에게 어찌 기회가 기회로 보일 것인가?

잘 나가던 1997년 그에게도 위기가 닥친다. 인도 전역에서 금융기관들이 수도 없이 생기면서 경영을 압박했다. 직원들이 신생 금융회사로 빠져나가고 주가가 흔들렸다. 직원들은 동요했다. 그는 직원들의 동요를 진정켜야 했다. 임원들을 소집해 금융산업 현황과 향후 전망을 설명하며 동요하지 말 것을 당부했다.

"분명히 말씀 드리지만 앞으로 1년 내에 현재 금융기관의 99퍼센트가 부도날 것이라고 확신합니다. 금융기관 수가 너무 많고 이들의 재무구조가 매우 취약하기 때문입니다. 그러니 우리 직원들이 회사를 나가 다른 금융기관으로 옮기거나 새 금융회사를 설립하지 말도록 설득해주세요. 만약 이직하는 사람이 있다면 그들은 머지 않아 반드시 후회하게 될 것입니다. 아울러 시장 상황이 좋지 않으니 우리 회사 대출을 50퍼센트 이상 축소시켜 주세요. 대출은 수익성이 아닌 안전성에 중점을 둬 실시해주세요."

그의 예상은 적중했다. 아시아 외환위기 등 국내외 불안 요인으로 인해 시장에 풀린 돈이 급격히 줄어들면서 대부분 금융기관이 부도를 냈다. 다행히 안전성에 기반하여 대출을 실시한 코탁마힌드라는 위기에서 비켜났다. 그는 위기를 비켜갈 수 있었던 이유를 다음과 같이 설명했다.

"우리가 그때 위기에서 안전할 수 있었던 이유는 수익성이 얼마나 높은가가 아닌 안전성에 근거해 신중하게 대출을 실시했기 때문입니다. 위기 당시 우리도 10억 루피(300억 원)의 부실 대출을 안고 있었지요. 그러나 우리 회사는 이미 그 정도의 부실대출은 충분히 감당할 만큼 성장해 있어 위기로 발전하지 않았습니다."

즉 그는 외부 금융환경이 좋지 않다는 사실을 인지하고 '보수적'으로 경영을 한 것이다. 이는 적극적으로 위험을 감수하는 그의 평소 경영 관행에 비추어 의외이긴 하지만 그만큼 상황인식이 정확했다는 말이다.

위기가 지나자 그는 보수적 경영에서 팽창적이고 공격적인 경영 형태로 바로 돌아왔다. 뮤추얼펀드, 생명보험, 투자은행, 증권 등으로 급격히 금융 사업 영역을 확장해나갔다. 위기를 겪은 한 해 뒤인 1998년, 외부 금융상황이 개선됐다고 판단한 그는 코탁뮤추얼펀드를 출범시킨다. 뮤추얼펀드가 향후 금융시장의 신 조류가 될 것임을 직감했기 때문이다. 실제로 인도에선 2000년 이후 뮤추얼펀드 붐이 강하게 인다. 기업가로서 위기와 기회를 읽는 감각이 정확하고 예리하다. 기회를 앞서 포착한 코탁뮤추얼펀드도 순풍에 돛을 단 듯 순항했다.

금융인으로 정평이 난 코탁 부회장이 이 당시 의외의 사업에 진출한 사실은 잘 알려져 있지 않다. 바로 언론 사업이다. '비즈니스스탠더드BS'라는 인도의 유력 경제신문을 인수한 것이다. 그의 언론사업 진출은 아주 조용히 진행됐기 때문에 아무도 이를 눈치채지 못했다. 사람들이 눈치채지 못한 것은 그가 당초 이 신문을 매수할 의사가 없었기 때문이기도 하다.

전말은 이렇다. 비즈니스스탠더드가 만성적인 적자를 내자 소유주인 ABP 그룹은 이를 매각하려 했다. 그래서 릴라이언스, 타타, 와디아 등 인도 유명 대기업에 찾아가 매수하도록 부탁했다. 그러나 이들의 반응은 싸늘했다. 어느 누구도 만성 적자가 나는 신문사를 인수하려 들지 않았다. 이 신문의 적자 규모는 매달 1,500만 루피(4억 5,000만 원)에 달했다. 조만간 부도날 것이란 소문도 끊이지 않았다. ABP 그룹 대표는 사적인 자리에서 코탁 부회장에게 탄식하듯 하소연했다.

"큰일났어. 이 신문사를 아무도 사려하지 않으니 말이야. 그렇다고 적자가 눈덩이처럼 불어나는 회사를 계속 보유할 수도 없고… 그냥 신문사 문을 닫아야겠어."

이 말을 들은 코탁 부회장은 자신이 매수해야겠다는 생각을 했다. 왜냐하면 신문의 질이 아주 좋았기 때문이다. 문제는 당시 경기 침체로 광고가 줄어들어 수익이 악화되었기 때문이다. 따라서 문제는 단시일 내 해결될 사항은 아니지만 일정 기간 버틸 수 있는 풍부한 자금력이 있으면 신문사를 인수하는 데 큰 걸림돌이 없을 것 같았다. 자금면에서 코탁마힌드라는 탄탄했기 때문이다. 특히 골드만삭스와 합작 사업을 하던 때라 자금은 넉넉했다. 소유주가 헐값에 매각하려 했기에 인수금액도 미미했다. 해볼 만한 모험이었다. 그는 1,000만 루피(3억 원)라는 싼값에 인도 정상의 경제지를 인수했다.

그는 비즈니스스탠더드를 인수한 후 신문사 직원들과 긴밀한 협조 하에 조직과 재정 구조를 정비했다. 코탁 부회장은 신문사 기자들의 반감을 사지 않기 위해 회장을 비롯한 경영진을 신문사 사람들로 임명했다. 이 같은 코탁의 노력에 신문사 언론인들도 경영혁신에

긴밀히 협조했다. 그 결과 비즈니스스탠더드는 흑자로 돌아서고, 신문도 질적으로 한층 강화되었다. 코탁이 비단 금융부문뿐만 아니라 언론사업 경영에도 뛰어난 능력을 보여준 것이다.

목표는 글로벌 금융그룹이다

불과 20년이란 짧은 기간에 인도 굴지의 종합 금융기관을 일군 코탁 부회장. 이제 인도를 넘어 골드만삭스나 JP 모건과 같은 글로벌 금융기관을 꿈꾸는 그는 2006년 3월 이를 향한 의미 있는 걸음을 내디뎠다. 골드만삭스가 갖고 있던 코탁마힌드라 증권 지분 25퍼센트를 사들인 것이다. 금액으로는 7,400만 달러에 달했다. 이어 2006년 10월에는 포드자동차 금융 부문인 포드크레딧이 보유했던 코탁마힌드라프라임 지분 40퍼센트를 2,700만 달러에 매입했다. 인도 토종 금융기업으로서의 입지를 강화하기 위해서였다. 이들 금융기업으로부터 글로벌 경영기법도 충분히 배워 합작관계를 청산해도 별 문제가 없었다. 인도 토종 기업으로서 본격적인 글로벌 금융그룹으로의 도약에 나선 것이다.

그는 인도 금융시장이 미개척 황금시장이라고 판단한다. 앞으로 성장 가능성이 무궁무진하다고 본다. 이에 따라 코탁마힌드라는 머지 않은 장래에 그가 꿈꾸는 골드만삭스나 JP 모건을 능가하는 글로벌 금융기관이 될 가능성이 높다고 판단한다. 그는 왜 인도 금융시장의 잠재력을 높게 평가하는 것일까?

"잘 아시다시피 인도 경제는 연평균 8~9퍼센트대의 높은 성장을 하고 있고, 인도 국민들의 저축률은 22퍼센트로 꽤 높은 편입니다.

게다가 금gold을 좋아하는 인도인들이 보유하고 있는 금 가치는 2,000억 달러가 넘습니다. 어마어마한 규모죠.

반면 인도인들의 부채비율과 은행 이용률은 아주 낮습니다. 예를 들어 인도인 가계 부채는 국내총생산의 4퍼센트에 불과하고, 세 가구 가운데 한 가구 만이 은행 계좌를 갖고 있습니다. 금융 측면에서 앞으로 발전할 가능성이 엄청난 것이죠. 세계 어디를 보더라도 이보다 더 좋은 기회가 있는 나라는 없습니다.

2006년 10월 증시에 기업공개를 한 중국공상은행ICBC을 예로 들어보죠. 이 은행의 시가총액은 2006년 말 현재 2,100억 달러가 넘습니다. 규모는 미국 시티뱅크와 뱅크오브아메리카BOA에 이어 세계 3위입니다. 이에 비해 인도 은행들의 가치는 현재 매우 낮습니다. SBI, ICICI, 코탁 등 주요 인도 은행들의 시가총액을 모두 합한 액수가 겨우 700억 달러에 불과합니다. 인도 은행들의 자산 퀄리티나 순익이 중국 은행들에 비해 큰 차이가 없는 데도 말입니다. 앞으로 금융기관을 이용하는 인도인들의 숫자가 급증하고 실적이 오르면 인도 은행들의 가치는 하늘 높은 줄 모르고 치솟을 것입니다."

과연 인도 금융시장은 그의 예상대로 조만간 호황기를 맞을 것인가? 코탁마힌드라는 JP 모건 등을 능가하는 글로벌 금융기관이 될 수 있을까? 중국과 더불어 지구상 최대 엘도라도(황금의 땅)로 평가받는 인도. 인도 경제가 현재와 같은 높은 성장을 지속한다면 이는 실현 가능성이 높다. 특히 2009년 현재 49세에 불과한 코탁 부회장으로서 예기치 않은 큰 경영 실수를 범하지 않는다면 더욱 현실성이 크다. 그런 면에서 향후 인도 경제와 금융의 고속 성장, 그리고 '글로벌 금융기관'이 실제로 실현될 지 여부를 지켜보는 것도 흥미 있는 일이다. 이들은 서로 밀접하게 연관되어 있기 때문이다.

본능보다 프로세스를 중시하다

코탁 부회장의 성공요인은 누구보다 남달랐다. 우선 그의 뛰어난 숫자 감각과 기회를 포착하는 능력을 들 수 있다. 남다른 숫자 감각은 그가 금융사업에 뛰어든 직접적인 동기였다. 이를 통해 그는 예금과 대출 금리 차이가 큰 상황에서 '예금이자는 많게, 대출이자는 적게'라는 전략으로 틈새시장을 공략해 성공한다.

그는 또 외국계 금융기관이 인도 내에서 투자할 곳을 찾지 못하자 필요한 곳에 적절한 자금 중개를 하고, 자동차를 구입할 때 오랫동안 기다려야 하는 점에 착안해 새 자동차를 미리 구입해 대출 고객에게 바로 차를 제공하는 방식으로 할부 금융사업에서 큰 돈을 번다. 사업 감각이 남다름을 알 수 있다. 그러나 이런 기회는 일반 사람들이 따라 하기 어려운 불가능한 일이 아니다. 누구나 관심을 갖고 주의깊게 시장 상황을 살폈다면 파악할 수 있다.

코탁 부회장은 이런 기회를 미리 포착하고 남보다 앞서 사업으로 연결시킴으로써 성공할 수 있었다. 또한 그는 시장의 불안 요인을 사전에 감지해 보수적으로 기업을 운영하는 등 정확한 상황 파악과 위기 대처 능력을 보여주었다.

아울러 그는 마힌드라&마힌드라 같은 인도 저명 기업과 합작함으로써 높은 인지도와 신뢰성을 확보하였으며 외국 기업들과 공동 벤처를 운영함으로써 글로벌 경영 방법을 터득한다. 회사 내에 친인척 기용을 일절 배제하는 등 글로벌 경영 방식 채택은 그의 회사가 글로벌 기업과의 싸움에서도 이길 수 있는 경쟁력을 갖게 했다.

어릴 적부터 숫자에 유별나게 강한 면모를 보인 코탁 부회장. 주변의 많은 사람들은 그가 성공한 이유를 뛰어난 숫자감각에서 찾는다. 일면 타당성이 있다. 그러나 그 자신은 성공 이유가 다른 데 있다고 주장한다.

"숫자에 밝았던 것이 중요한 성공 요인이라고는 생각하지 않습니다. 저보다 뛰어난 숫자감각을 가진 사람들은 많습니다. 회사 내에만 해도 숫자에 뛰어난 재주꾼들이 아주 많지요.

만약 제가 그 동안 이룬 것이 있다면 그것은 다음 세 가지 요인 때문이라고 생각합니다. 첫째는 형식이 아닌 실제 내용에 집중했다는 점이고, 둘째는 기업을 운영하면서 '이익을 얼마나 낼 것인가'보다는 가치 시스템에 더 중점을 두었기 때문입니다.

셋째는 무언가 새로운 것을 창조하기 위해선 프로세스가 매우 중요하다는 사실을 믿고 실천했기 때문입니다. 일반적으로 인도 사람들은 자신들이 창조적이라고 믿기 때문에 프로세스보다는 본능과 직관에 의존하는 사례가 많습니다. 그러나 어떤 새로운 프로젝트를 실행하거나 금융기관을 세운다고 할 때 프로세스를 대체할 만한 것은 없습니다. 형식이 아닌 실질을 중시하고 가치와 프로세스의 중시, 이런 요인들이 제가 이룬 성공의 바탕이 되었으며 지금까지 사업을 하며 체득한 교훈입니다."

한눈에 보는 억만장자의 성공전략

❖

코탁 부회장은 일전에 성공하기 위해 자신이 믿는 7가지 기도mantra에 대해 강연한 바 있다. 이를 간략히 소개한다.

첫째, 불가능에 도전하라. 그러나 불가능을 가능토록 만들기 위해선 큰 것은 물론 세부사항에도 집중해야 한다. 작은 것을 소홀히 하면 불가능은 불가능으로 남을 뿐이다.

둘째, 지난 역사에서 배우되 낡은 인습에 얽매이지 말라. 역사는 우리에게 많은 교훈을 주고, 올바른 결정을 내리도록 도와준다. 그러나 이에 너무 집착하면 역사의 수렁에 빠져버리고 만다.

셋째, 사업에 필요한 자금을 가능한 빨리 모아라. 자금 없이 사업을 할 수는 없다. 사업을 하면서 자금이 필요해지기 이전에 돈을 모아놓아야 한다.

넷째, 금융 투자를 하려거든 회사를 만들어라. 개인의 능력은 한계가 있을 수밖에 없다. 타인의 능력과 힘을 모을 수 있도록 투자회사를 만들어라.

다섯째, '모두 이루겠다The AND principle'는 원칙을 가져라. 사람들은 두 가지를 함께 이룰 수 있음에도 한 가지만 선택하는 경향이 많다. 예를 들어 '품질이냐 규모냐' 가운데 한 가지를 선택한다. 왜 그래야 하는가? 품질과 규모, 두 가지 모두 성취하겠다는 목표와 의지를 가져야 한다.

여섯째, 충만한 자신감을 가져라. 자신감과 무모함은 종이 한 장의 차이다. 성공도 종이 한 장의 차이에서 발생한다.

일곱째, 인생은 마라톤이다. 장기적으로 크게 보고 도전하라. 본인의 성공도 단기간 내에 이룬 '단거리 질주'처럼 보이지만 20여 년이라는 장기간에 걸쳐 이루어졌다.

코탁마힌드라뱅크

— 인도 4위 금융그룹

— 설립 1986년

— 사업분야 은행, 증권, 생명보험, 투자은행, 사모펀드 등

— 매출 19억 2,000만 달러(2007년)

— 영업이익 4억 4,300만 달러(2007년)

— 시가총액 55억 달러(2008년 3월)

— 직원수 2만여 명(2008년 3월)

11

대박신화의 비밀을 깨우치다

키쇼르 비야니

Kishore Biyani

Pantaloon
Retail (India) Limited
a future group° venture

키쇼르 비아니 KISHORE BIYANI

판타룬(퓨처)그룹 회장 겸 CEO

총재산 6억 9,000만 달러(2008년 3월)

총재산 1961년 8월 생

출신 인도 경제 수도 뭄바이

학력 뭄바이 소재 HR 상과대학 졸업

2006년 1월 26일. 이 날은 인도의 떠오르는 신생 재벌 퓨처그룹
Future Group의 키쇼르 비야니Kishore Biyani 회장에게 두고두고 잊을
수 없는 날이다. 이 날은 그룹 산하 슈퍼마켓 체인인 빅바자르('바자
르'란 인도어로 '마켓'을 의미)가 겨울 대 바겐세일을 하는 날이었다. 정
기적으로 하는 세일이라기보다는 전년 가을 인도 대명절인 디왈리
Diwali 축제 세일 때 성원해준 고객들을 위해 감사의 의미에서 벌이는
특별 할인 행사였다.

보통 1월은 가족과 함께 즐기는 시즌이어서 한가하다. 이 날을 세
일 날짜로 잡은 것도 바로 이 때문이었다. 너무 복잡하지 않은 공간
에서 한가롭고 여유있게 즐기다 가라는 의미에서 선택한 날짜였다.
인도 전역 주요 도시에 퍼져 있는 빅바자르 문은 오전 9시에 일제히
열기로 돼 있었다.

그런데 문을 열기 훨씬 전인 아침 7시부터 전국 주요 도시에서 비
야니 회장에게로 전화가 빗발쳤다. 뭄바이를 비롯해 벵갈루루, 구르

가온, 콜커타 등 전국 매장 곳곳에 이른 새벽부터 수많은 인파가 몰려 비상 상황이 펼쳐졌다는 것이다.

줄을 선 인파들로 인해 도로가 막히고, 조급한 고객들은 매장 철제 문을 부수고, 일부는 매장 직원들에게 빨리 문을 열지 않는다며 욕설을 퍼부었다. 매장 인근 주택가 주민들은 모여든 인파로 인해 집을 드나들 수 없다며 경찰에 신고하는 사태로까지 번졌다. 결국 전국 빅바자르 매장 곳곳에 경찰이 출동했다.

오전 10시쯤 뭄바이 남부 매장에 직접 나가본 비야니 회장은 실제 인파를 보고 자기 눈을 의심했다. 보통 하루 총 3,000∼4,000명의 고객이 드나드는 매장 안에 1만 명이 넘는 사람들로 가득 차 있고, 또 밖에는 수만 명의 고객이 줄을 서서 자기 차례를 기다리고 있었다.

단순히 세일 성공에 기뻐할 일이 아니었다. 잘못하면 큰 불상사가 발생할 수도 있었다. 결국 경찰은 사고 방지를 위해 매장을 조기에 닫는다고 방송했다. 군중들은 격렬하게 반발했다. 새벽부터 기다렸는데 이러한 조치는 말이 안 된다는 반응이었다.

성난 군중들로 인해 문을 닫으려는 경찰의 노력은 실패했다. 상황이 악화돼 폭력 조짐을 보이자 경찰은 경영진과 협의한 후 입장을 번복했다. 문을 조기에 닫지 않고 오히려 세일기간을 며칠 더 연장한다고 발표했다. 그러자 고객들의 분노는 풀어졌고, 사태는 진정됐다.

그럼에도 불구하고 매장에 들어 가지 못한 일부 고객은 직원에게 뇌물을 주면서까지 매장 안으로 들어가려 시도했다. 매장 안에서는 비싼 TV, DVD 플레이어, 휴대폰 단말기 등이 마치 값싼 야채가 팔리듯 불티나게 팔렸다. 이날 저녁 방송과 다음날 전국 주요 신문은 일제히 이 사태를 다음과 같이 전했다.

'할인판매 대혼란 – 빅바자르 세일 폭발적 성공'

인도 소매 혁명의 영웅

'빅바자르'의 모기업인 퓨처그룹은 2008년 5월 현재 인도 전국 61여 개 도시에 1,000여 개의 매장을 갖고 있다. 매장 규모가 1,000만 평방피트가 넘고 고용인원이 3만 5,000여 명에 이른다. 2010년에는 전국 매장 규모를 현재의 세 배인 3,000만 평방피트로 늘리고, 매장도 3,000여 개를 새로 오픈할 계획이다.

퓨처그룹의 주력 기업은 판타룬리테일Pantaloon Retail로 소매가 핵심분야다. 그러나 최근에는 사모펀드PE, 소비자금융, 보험 등 금융부문으로도 사업영역을 급속히 확장하고 있다. 2006년 회계연도(2006년 7월~2007년 6월) 매출은 8억 9,000만 달러로 인도 소매 체인 분야 최대를 기록했다. 퓨처그룹의 창업주인 키쇼르 비야니 회장은 브랜드 소매 체인시장의 불모지인 인도에 '소매 혁명'을 일으키며 인도 유통의 영웅으로 부상했다.

비야니 회장은 2009년 현재 47세에 불과하다. 그의 이름은 몇 년 전만 해도 인도인들에게 매우 생소했다. 지난 2001년 빅바자르를 창업하고부터 그의 이름이 사람들에게 오르내리기 시작했다. 인도 사람치고 이제 그의 이름을 모르면 간첩일 정도가 됐다.

그는 최근 경제붐을 타고 대성공을 거두며 '인도 유통의 황제' 자리에 올랐다. 그가 보유한 재산은 2008년 3월 현재 6억 9,000만 달러. 그는 2007년 명망 있는 미국의 소매업자연맹ANRF에 의해 '올해 최고의 글로벌 소매업자'로 선정되었다. 그는 또한 〈하버드비즈니스리뷰〉에 성공사례로도 소개되었다.

합리적인 삶으로 성공에 눈뜨다

비야니 회장은 1961년 뭄바이 교외 작은 마을에서 태어났다. 아버지는 의류나 가구 판매점 등을 운영했다. 가족이 먹고 살기에 크게 부족하지 않는 생활이었다. 어렸을 적 그의 삶도 특별한 점은 없었다. 굳이 중학교와 고등학교 시절 그의 특징을 든다면 사업에 관심이 많았고, 합리성에 매료된 아이였다는 점이다.

그는 남들이 자신에게 무슨 일을 하라고 할 때 늘 '왜 그것을 해야 하는지' 이유를 들어야 움직였다. 그는 어떤 책에선가 '인간은 합리적 동물'이라는 구절을 읽었고, 이는 학창시절 그를 매료시킨 단어였다.

고등학교를 마친 후 그는 뭄바이에 소재한 평범한 대학에 들어갔다. 대학에서 현재의 자신을 있게 한 어떤 특별한 것을 배운 것은 없다고 회고했다. 공부 대신 친구들과 주로 캠퍼스 밖으로 놀러 다녔다. 대학보다 실제 사회를 배우는 것이 그로선 훨씬 흥미로웠다.

당시 가장 자주 갔던 곳은 뭄바이 바닷가에 자리한 고급호텔 오베로이호텔이었다. 이 호텔에는 당시 대단히 성공한 사업가인 디루바이 암바니를 보기 위해서 자주 갔다. 릴라이언스란 인도 최대 기업을 일군 당사자인 암바니 회장이 그 호텔 헬스클럽 회원이었기 때문이다.

그는 암바니 회장의 성공담에 매혹돼 멀리서 암바니 회장을 보는 것만으로도 큰 희열을 느꼈다. 암바니 회장은 대학시절 그의 우상이고 꿈이었다.

물론 당시에도 암바니 회장 못지않게 큰 재벌 기업을 이끌고 있는 인도 기업인들은 여러 명 있었다. 그러나 이들은 대개 부친이나 선조로부터 사업을 물려받은 사람들이었다. 이에 반해 암바니 회장은 무無에서 출발해 거대 기업의 총수에 오른 기업가였다. 그때부터 청년 비야니는 암바니 회장과 같은 자수성가형 성공 기업인을 꿈꾼다. 경영에 대한 책에 심취하기 시작한 것도 이때부터다.

'20세기 인도 최고의 기업인'인 암바니 회장과 같은 인물이 되겠다고 결정한 청년 비야니는 대학 졸업 후 취업 대신 잠시 부친 사업을 돕는다. 그러다 약관의 나이인 26세 때(1987년) 친구 아버지와 함께 남성복 의류업체 '판타룬'을 창업한다. 인도 최초의 남성 정장 바지 브랜드를 생산하는 업체였다. 현재 판타룬리테일의 모체가 된 기업이다. 직원은 비야니를 포함해 10명뿐이었다. '앞선 자의 이익'이라고 했던가? 인도 최초의 남성 정장 바지 브랜드라는 평판에 힘입어 그는 성공을 거둔다.

그 결과 판타룬은 설립 5년 후인 1992년 기업공개를 단행한다. 그러나 기업 운영은 쉽지 않았다. 제품의 질은 좋았지만 경쟁사들이 뛰어들어 가격 경쟁이 치열했고, 배송 비용이 많이 들어 사업에 어려움을 겪는다. 10여 년간 사업을 했지만 매출도 10억 루피(300억 원)를 넘지 못했다.

고민하던 비야니 회장은 1997년 자체 매장을 설립하기로 결정한다. 자체 매장 설립 계획에 주변 사람들은 대부분 반대했다. 소매 판매 경험이 없는 제조업체가 직접 판매에 나선다는 것은 너무 위험하다는 지적이었다. 그러나 비야니 사장의 생각은 달랐다. 지금까지 해왔던 제조업으로는 승산이 없다고 판단했다. 즉 게임의 방식을 바꾸기로 결정한 것이다. 그는 많은 반대에도 불구하고 직매장 설립을 밀어붙였다. 직매장 설립 지역으로는 동부 대도시인 콜커타를 선택했다. 이에 대해서도 반대 의견이 많았다. 이왕 직매장을 설립하기로 했으면 인도 최대 경제도시인 뭄바이나 수도인 뉴델리를 택할 것이지 왜 대도시 중에서도 못사는 편에 속하는 콜커타를 선택했느냐는 것이다.

이에 대해서도 비야니 사장은 달리 생각했다. 콜커타는 일반의 생각과는 달리 돈이 많고 충성심 있는 소비자가 많다고 그는 판단했다. 콜커타 주민들은 매우 감성적인 사람들이고 그래서 감성적으로 접근하면 브랜드 판매가 먹힐 것이란 얘기다. 따라서 그는 콜커타를 잡으면 다른 지역은 어렵지 않게 진출할 수 있을 것이라고 생각했다. 콜커타에 설립한 직매장은 대성공이었다. 당초 예상했던 연간 목표 매출 7,000만 루피를 훨씬 초과해 판매액 1억 루피(30억 원)를 달성했다.

콜커타 매장의 성공은 비야니 회장에게 중요한 교훈을 주었다. 인도 소매시장이 아직 저개발 상태라는 사실이었다. 이때부터 그는 남성 바지 소매시장 공략에 매우 공격적으로 나서게 된다. 적극적인 소매 시장 진출과 함께 매출이 급속히 성장하기 시작했다. 1998년 매출 10억 루피를 넘더니 2001년에는 20억 루피로 불과 3년 만에 두 배가 되었다.

그러나 이때만 해도 비야니 회장은 인도 비즈니스계에서 크게 주목받지 못했다. 주목받지 못했을 뿐만 아니라 인정받지도 못했다. 개성이 강하고 말이 어눌한 그는 말도 함부로 했다. 또 공식 행사장에선 좌불안석, 몹시 불안해 했다. 그런 그를 공식행사 주최자가 초대할리 만무했다. 비록 조그만 성공을 일궜다고 하지만 인도 비즈니스 업계에서 그는 주변인에 불과했다.

그는 잘 나가는 다른 인도 사업가들과 달리 명문학교를 나온 것도 아니었고, 외국에서 공부한 경험도 없었다. 그는 '뭄바이 상인bania

출신'이라고 철저히 무시당했고, 사람들은 그에게 사업 자금을 빌려주려 하지 않았다. 이에 따라 그는 '가망 없는 인물'로 치부되었다.

그런 그가 2001년 큰 일을 낸다. 판타룬 직매장 성공에 자극받은 비야니 사장은 인도에는 없는 하이퍼마켓인 '빅바자르Big Bazaar' 설립을 결정한 것이다. 재래시장 혹은 구멍가게 밖에 없는 인도에 유통혁명을 불러일으킨다는 계획이었다. 빅바자르는 의복에서 가전, 가구, 가정용품 등 식품을 제외한 거의 모든 가정용품을 파는 슈퍼마켓 체인이다. 남성 정장 바지 브랜드 전문 판매사업자에서 본격적인 유통업자로의 대변신을 모색하는 순간이었다.

앞에서 살펴보았듯이 빅바자르는 대성공을 거두었다. 비야니 회장은 빅바자르를 설립한 이듬해인 2002년 서구식 식품 슈퍼마켓 체인인 '푸드바자르Food Bazaar'를 설립해 역시 대성공을 거둔다. 그러나 이에 만족하지 않은 비야니 회장은 2006년에는 퓨처캐피탈Future Capital 이라는 회사를 세워 사모펀드와 부동산펀드, 소비자금융 등 유통업을 넘어 금융부문으로 적극 진출하고 있다.

비야니 사장의 금융업 진출은 완전히 새로운 영역에의 도전이지만 그간 해온 사업과 연관성이 없는 것은 아니다. 이는 "소매 판매와 자본이 결합되어야 한다"라는 비야니 사장의 평소 지론에서 비롯된 것이다. 소비자들에게 금융 지원을 해 그들이 소비할 능력을 갖게 해줘야 한다는 주장이다.

따라서 그의 금융업 타깃 고객은 자신의 상점에서 물건을 사는 소비자들이다. 자신의 쇼핑몰에서 물건을 사는 고객들이 자신의 금융회사에서 돈을 빌리게 하고, 또 이 돈으로 소비자들이 자신의 상점에서 물건을 구매토록 유도하는 선순환 구조를 기대하고 있다. 이런 사업 방식은 영국의 슈퍼체인 테스코Tesco 나 미국의 백화점 시어스

Sears를 벤치마킹한 것이다.

'빅바자르'와 '푸드바자르'의 대성공으로 비야니 회장은 인도 비즈니스계의 주변인에서 '인도유통영웅', '소매판매제왕'으로 떠올랐다. 이제 아무도 그를 '뭄바이 상인 출신'이라고 무시하거나 비아냥거리지 않는다. 언론들은 그를 대서특별하기 바쁘고, 각종 공식행사에선 그를 초대하지 못해 안달이 났다. 돈 많은 인도 거부들이 나서 사업 자금을 빌려 주겠다고 서로 아우성이다. 불과 몇 년 만에 그에 대한 인식이 180도 바뀐 것이다.

비야니 회장은 어떻게 비교적 짧은 시간에 기업가로서 '대박'의 꿈을 실현했을까? 그의 성공 전략과 비결은 무엇일까?

시장조사를 놓치지 말라

비야니 회장의 대표적인 성공전략은 '혼란Chaos 마케팅'이다. 다음은 〈월스트리트저널〉이 이에 대해 보도한 글이다.

비야니 회장(45)이 뭄바이의 한 빅바자르 매장을 예고 없이 방문했다. 당황한 매니저가 비야니 회장을 매장 안으로 안내했다. 매장은 난장판이었다. 비좁은 통로 옆에 상품들이 정돈되지 않은 상태로 수북이 쌓여 있다. 진열대에서 흘러 넘친 밀과 콩 등이 여기저기 널부러져 있고, 신선한 야채로 채워져 있어야 할 채소 코너엔 거무티티하게 썩은 양파가 드문드문 눈에 띄었다. 쇼핑 카트는 통로 한구석에 처박혀 있고, 안내 방송은 너무 시끄러워 매장 내에서 대화가 불가능할 정도였다. 쇼핑 매장을 이런 식으로 유지하면 대개는 경영 자로부터 불호령이 떨어지기 마련이다. 그러나 비야니 회장의 반응은 달랐다. 그는 매장 매니저를 흡족한 미소로 바라보며 칭찬했다. "지시한 대로 잘하고 있구먼."

인도 최대의 토종 소매 유통 기업인 판타룬리테일은 이런 독특한 매장 운영 방식으로 인도 소매 유통 시장을 완전히 장악했다. 비야니 회장은 이를 '혼란 마케팅'으로 부르고 있다.

비야니 회장이 매장을 처음 열 때부터 이런 마케팅 전략을 채택한 것은 아니다. 2001년 빅바자르를 오픈할 때는 선반 위에 물건을 가지런히 진열했고 손님들이 지나다니는 통로도 널찍하게 설계했다. 달콤한 음악도 잔잔하게 흘러나오게 했다. 미국 할인점인 월마트 Walmart를 인도에 그대로 옮겨 놓은 듯했다.

매장 문을 열자마자 손님들이 밀려들었다. 성공이 바로 코 앞까지 다가왔다. 그러나 거기까지였다. 손님들은 매장 구경만 할 뿐 물건을 사지 않았다. 에어컨이 나오는 시원한 통로를 사람들은 산책하듯 그냥 지나갔다. 그나마 날이 갈수록 사람들의 발길도 뜸해졌다.

뭔가 잘못된 것이 분명했다. 많은 사람들이 매장을 찾았는데도 왜 물건을 사지 않고 그냥 돌아갔을까? 그는 정신을 가다듬고 인도 소비자 분석을 새로 했다. 〈월스트리트저널〉은 이에 대한 기사도 정리했다.

처음에 비야니 회장은 인도 국민 대다수가 저소득층이라는 점을 간과했다. 대대적인 시장조사를 한 결과 11억 명의 인도 소비자는 크게 세 부류로 나눠졌다. 첫 번째 계층은 좋은 직업을 가진 고학력자들로 외국 주요 대기업들이 공격 대상으로 삼는 소비자들이다. 여기에 속하는 인도인은 대략 전체의 14퍼센트인 것으로 추정됐다. 두 번째는 운전수, 가정부, 요리사, 보모 등으로 인도 전체 소비자의 55퍼센트로 집계됐다. 대략 5억 5,000만 명에 달하는 거대 그룹이다. 세 번째는 최저 생활수준에 허덕이는 빈민층이었다.

비야니 회장은 두 번째 계층을 마케팅 타깃으로 잡았다. 그리고 이 계층에 속하는 사람들은 괜히 기가 죽는 으리으리한 매장보다 재래시장 분위기의 속편한 가게를 더 선호한다는 사실을 알아냈다.

비야니 사장은 곧바로 매장을 다시 설계했다. 널따란 매장 통로를 반으로 좁히고 가지런한 물건을 뒤죽박죽 흩어 놓았다. 싱싱한 상품 위에 일부러 살짝 상한 물건을 얹어 놓았다. 물건 고르는 재미를 높여주기 위한 조치였다.

야채도 깨끗하게 닦아서 진열하는 대신 밭에서 갓 뽑아 온 것처럼 지저분한 상태로 놓아뒀다. 때가 좀 묻어 있어야 손님들에게 신선하다는 인상을 줄 수 있기 때문이다. 매장 바닥도 재래시장이나 기차역 바닥같이 회색의 화강암 타일로 다시 깔았다. 친근감을 높이기 위한 장치다. 높은 선반 대신 큰 상자에 물건을 담아 소비자들이 내려다보며 쉽게 고를 수 있도록 했다. 깨끗한 매장을 지저분하게 바꾸는 데 점포 당 5만 달러가 들었다. 예상은 적중했다. 비좁은 가게엔 손님이 끊이지 않았다. 매출은 빠르게 늘었다.

비야니 회장의 '혼란 마케팅'은 인도 시장과 소비자에 대한 철저한 연구의 산물이다. 인도 시장의 특성이 어떠하고, 소비자가 좋아하는 것이 무엇인지 면밀하게 분석한 후 이를 공략하기 위해 내놓은 전략이다.

빅바자르나 푸드바자르의 '혼란 마케팅'은 매장 분위기를 인도 재래시장처럼 만드는 데 주력했다. 왜냐하면 인도인들은 넓고 깨끗하며 쾌적한 서구식 매장에선 오히려 불편함을 느낀다고 판단했기 때문이다. 물건들을 통로에 지저분하게 늘어놓은 것도, 매장 바닥을 회색 화강암 타일로 깐 것도, 높은 선반 대신 큰 박스에 물건을 담아 사람들이 내려다보며 고를 수 있게 만든 것도 모두 인도 재래시장 분위기를 조성하기 위한 의도였다.

또 서구식 슈퍼마켓과 달리 매장 안에 많은 직원을 두고, 여러 인도 지방 사투리로 안내 방송을 하게 한 것도 마찬가지 이유다. 인도 재래시장에서 소비자들은 직원들에게 끝없이 질문을 해댄다. 또한 인도에는 지방어밖에 모르는 고객이 많기 때문이다.

이에 대해 비야니 회장은 "우리는 사람들이 꿈을 꿀 때 사용하는 언어로 광고한다. 나 역시 영어로 꿈꾸는 사람이 아니다"며 영어 만이 아닌 인도 지방어로 광고하는 이유를 설명했다.

그러나 그의 판매 전략이 '혼란 마케팅'이라 해서 경영도 인도 재래시장처럼 구식으로 하는 것은 아니다. 퓨처그룹의 자금과 인력관리 등은 어느 세계 유수기업 못지않게 효율적이다. 현재 독일 테크놀로지 대기업인 SAP AG로부터 기술지원 및 자문을 받고 있고, 5만여 개 품목의 재고관리를 위해 도요타의 '저스트 인타임' 방식을 채택하고 있다.

빅바자르가 성공한 또 다른 이유는 광고에 투자를 많이 한다는 사실이다. 비야니 회장은 그동안의 사업 경험을 통해 사람들은 일단 들어서 알아야 구매충동을 가진다는 사실을 뼈저리게 실감했다. 그는 "남보다 많이 팔기 위해선 남보다 큰 목소리로 외쳐야 한다"라고 강조한다. 그래서 당연히 광고비로 지출되는 돈도 타 기업에 비해 많은 편이다.

비야니 회장의 성공엔 배우고자 하는 강한 열정도 큰 뒷받침이 되었다. 그의 경영, 그리고 시장과 소비자에 대한 탐구 열정은 유명하다. 그가 가장 흠모하는 외국 기업인은 세계 최대 할인점인 월마트의 창업주 샘 월튼Sam Walton이다. 그가 집필한 책인《샘 월튼Made in America》은 너무 많이 읽어 닳고 닳았다. 그는 월튼이 항상 규칙을 새로 쓰는 사람이라고 생각했다. 월튼은 살아있는 동안 기존에 존재하던 형태를 결코 따르지 않았다. 비야니 회장이 사업을 시작한 후 새로운 영역에의 도전을 그치지 않는 점도 바로 월튼의 영향이다.

경영, 경영이 최우선이다

비야니 회장은 시간이 아까워 좋아하는 골프도 치지 않는다. 즐기던 테니스도 쳐본 지 오래다. 대신 주기적으로 명상과 요가를 한다. 시간이 나면 경영서를 한 줄이라도 더 본다.

그가 샘 월튼을 좋아하고 경영서를 즐겨 읽는다고 해서 서구식 경영방식에 경도되지는 않는다. 서구식 경영을 배우는 이유는 이를 자신이 잘 알고 있는 인도 사회와 문화 등과 결합하기 위해서다.

그는 인도를 대표하는 소매제왕이지만 자동차는 소나타급 중형차인 혼다 어코드를 몬다. 최고급 세단이 아니다. 그 이유를 묻자 비야니 회장은 다음과 같이 답했다.

"최고급 호텔에 가면 키가 크고 건장한 체격에 위엄 있게 차려 입은 경비원을 보게 되지요. 나도 그렇지만, 일반인은 호텔에 들어서기도 전에 이 같은 경비원에 주눅들기 마련이지요. 벤츠 등 고급차를 타는 것도 비슷합니다. 사람들이 부러워하긴 하지만 쉽게 접근하기 어려워합니다."

비야니 회장은 2007년 《인도에서도 그런 일이 벌어졌다It Happened in India》라는 책도 발간했다. 동료와 함께 펴낸 자서전 성격의 책이다. 그는 이 책에서 기업과 기업인에 대한 자신의 생각을 밝히고 있다.

"기업가는 세 종류가 있습니다. 바로 창조자, 현상유지자, 파괴자입니다. 제 아버지는 인도의 대다수 기업인이 그런 것처럼 현상유지자입니다. 저는 자신을 창조자인 동시에 파괴자라고 생각합니다. 현상유지란 제 사전에 없습니다. 끊임없는 변화와 성장이 모든 기업의 중심이 되어야 합니다. 만약 기업이 변화하고 발전하지 않는다면 그것은 기업이 아닙니다."

그는 기업가라면 어떻게 행동해야 한다고 생각할까?

"기업가는 목표를 크게 정하고, 스스로의 능력을 믿으며, 비록 목표가 이루어질 가능성이 높지 않더라도 커다란 위험을 감수하며 전진하는 사람입니다. 기업가는 결단력과 리더십을 갖추고 동료로 하여금 자신의 꿈을 믿도록 이끌어야 합니다."

그의 사업 대상은 대중이다. 또한 그는 엘리트주의를 싫어한다.

"저는 만년필이나 시계 등에 수백, 수천만 원이나 지불하는 사람들을 결코 이해할 수 없습니다. 이들을 대상으로 사업을 한다는 생각을 가져본 적도 없습니다. 저는 대중들과의 접촉이 끊어질 때를 두려워할 뿐입니다. 저는 이에 대해서 편집적인 두려움을 갖고 있습니다. 제 사업은 수많은 소비자를 관찰하고 그들의 감정을 이해하며, 그들이 무엇을 필요로 하는지 파악하고 이에 순응하는 것입니다."

뭄바이에 소재한 비야니 회장의 사무실에 들어서면 벽에 걸려있는 12개의 사진 액자가 방문객을 맞는다. 그의 정신적 지주들이다.

샘 월튼, 테레사 수녀, 인도 최고의 시인 타고르,《성공하는 사람들의 7가지 습관The 7 Habits of Highly Effective People》의 저자 스티븐 코비Stephen Covey, 인도의 대표 IT 기업 인포시스 창업주인 나라야나 무르티, 인도 전 대통령 압둘 칼람Abdul Kalam 등이다.

그런데 특이하게도 마지막 액자에는 사진이 없다. 대신 거울이 들어 있다. 그는 그 거울 속의 자신을 자주 들여다본다. 앞으로 크게 성공해 12번째 액자의 주인공이 되고 싶어한다.

과연 비야니 회장의 성공 행진은 앞으로도 계속될 것인가? 인도 '소매제왕'을 넘어 디루바이 암바니 같은 인도 최고 기업인이 되려는 그의 꿈은 실현될 수 있을까? 소비자에 매우 충실한 그의 자세가 변하지 않는다면 자신의 사무실 액자의 12번째 주인공이 되는 것도 불가능한 꿈만은 아니다.

한눈에 보는 억만장자의 성공전략

❖

비야니 회장의 성공요인을 정리해보자.

첫째, 그는 성공한 다른 기업인들과 마찬가지로 어릴 적부터 큰 꿈을 꾸었다. '20세기 인도 최고의 기업인' 디루바이 암바니와 같은 자수성가한 인물이 되겠다고 다짐했다. 이 같은 큰 꿈은 그의 인생의 나침반이 되고 성공적 삶을 개척하게 하는 큰 동력이 되었다.

둘째, 그는 누구보다 앞서 인도 정장 남성복 바지 브랜드 생산 사업에 진출했다. 26세란 젊은 나이에 남성복 의류업체 '판타룬'을 창업했다. 유망한 사업에 남들보다 먼저 진출하면 '앞선 자의 이익'을 얻는 것은 당연하다. 인도 최초의 정장 남성 바지 브랜드라는 평판에 힘입어 그는 중견 기업인으로 발돋움했다.

셋째, 그의 가장 중요한 성공 요인은 인도 시장에 대한 철저한 분석이었다. 그는 인도 시장의 특성이 어떠하고, 소비자가 좋아하는 것이 무엇인지 면밀하게 분석한 후 이를 공략하기 위해 '혼란 마케팅' 전략을 채택했다.

넷째, 세계유수 기업 못지않은 효율적 경영 체제를 도입했다. 그는 비록 '혼란 마케팅'을 채택했지만 경영도 인도 재래시장처럼 구식으로 하지는 않았다. 도요타의 품질관리방식인 '저스트 인타임' 등 선진 경영기법을 활용해 효율성과 생산성을 극대화했다.

다섯째, 광고에 투자를 많이 했다. 비야니 회장은 사업 경험을 통해 사람들은 일단 들어서 알아야 구매 충동을 갖는다는 사실을 절감했다. 이에 따라 그는 "남보다 많이 팔기 위해선 남보다 큰 목소리로 외쳐야 한다"라며 광고비 지출을 많이 하고 특히 신경을 썼다.

여섯째, 배움을 향한 강한 열정이 있었다. 비야니 회장의 경영에 대한, 그리고 시장과 소비자에 대한 탐구 열정은 대단했다. 그는 경영 공부를 하기 위해 좋아하는 골프도, 테니스도 치지 않는다. 그럴 시간이 있으면 경영에 관한 책을 한 줄이라도 더 읽기 위해서였다.

일곱째, 고객 우선 경영 방침이다. 그는 고객들이 자신의 회사에 친근한 감정을 갖도록 하기 위해 벤츠 등 최고급 승용차를 타지 않고, 매장 경비원들도 평범한 복장을 입게 하는 등 각별한 신경을 썼다.

여덟째, 일반 대중을 타깃으로 한 전략을 폈다. 그는 타깃 고객으로 엘리트 대신 일반 대중을 선택했다. 그는 수많은 소비자를 관찰하고 그들의 감정을 이해하며 그들이 무엇을 필요로 하는지 파악하려 노력하고 이에 순응하는 경영을 했다.

아홉째, 필요할 때 '게임의 룰'을 과감히 변경할 줄 알았다. 지금까지 해온 제조업으로는 승산이 없다고 판단하자 1997년 전격적으로 유통업에 진출했다. 비록 많은 반대가 있었지만 그는 유통 직매장 설립을 밀어붙여 성공을 거두었다. 그는 또 인도에는 없는 하이퍼마켓 '빅바자르'를 설립해 인도에 유통혁명을 일으켰다.

열째, 유통업에 금융을 결합시키는 전략을 펼쳤다. 자신의 쇼핑몰에서 물건을 사는 고객들이 자신의 금융회사에서 돈을 빌리게 하고, 또 이 돈으로 소비자들이 자신의 상점에서 물건을 구매토록 유도하는 혁신적인 사업이었다. 이를 통해 퓨처그룹은 유통과 금융이 선순환 구조를 이루며 건실하게 성장했다.

판타룬(퓨처)그룹

—▶ 인도 최대 소매 체인

—▶ 소재지 인도 경제 수도인 뭄바이

—▶ 주요 기업 판타룬리테일, 빅바자르, 푸드바자르, 퍼니처바자르(가
구체인), 센트럴(쇼핑몰), E-존(가전), 블루스카이(패션 액세서리), 디
팟북스(서점), 푸드바자르닷컴(인터넷 쇼핑몰), 퓨처캐피탈홀딩스(금
융) 등

—▶ 주요 사업 의류, 식품, 가전, 인터넷 쇼핑몰 등을 포함하는 유통사
업과 사모펀드, 소비자 금융, 보험 등을 포함하는 금융업

—▶ 매장수 전국 61개 도시에 1,000여 개(2008년 3월)

—▶ 매출 8억 9,000만 달러(2007년)

—▶ 시가총액 15억 달러(2008년 3월)

—▶ 직원수 3만 5,000여 명(2008년 3월)

12

하나의 성공이 100배를 꿈꾸다
GD 비를라

Ghanshyam Das Birla

GD 비를라 GHANSHYAM DAS BIRLA

인도 재계 4위 아디트야비를라그룹 창업주

간디의 재정적 후원자이자 절친한 친구, 16세 때 첫 사업 시작

생존기간 1894년 ~ 1983년

출신 인도 북서쪽 라자스탄 주 필라니

학력 고등학교 중퇴

가문 인도 최고의 상인으로 불리는 마르와리 출신

인도에 가면 길에서 아주 클래식한 승용차를 만난다. 지역에 따라 흰색, 노랑색, 검은색 등 다양한 색깔을 가진 이 차는 과거 1940~50년대 서구에서 유행했던 모습을 하고 있다. 마치 영국 경찰 모자를 연상시킨다. 형태가 매우 고전적이어서 귀족풍이지만 시대에 뒤떨어진 느낌도 갖게 하는 자동차다. 유명한 '앰배서더Ambassador'란 승용차다.

　1957년 영국의 '모리스옥스퍼드Morris Oxford' 자동차를 모델로 하여 만든 이 차는 당시만 하더라도 인도인들 사이에 선풍적인 인기를 끌었다. 이후 수십 년간 앰배서더는 국민차 대접을 받았다. 인도 회사가 만든 최초의 승용차여서 이 차에 대한 인도인들의 자부심도 대단했다.

　그러나 1980년대 초 인도 정부와 일본 스즈키 사가 합작한 마루티Maruti 자동차가 시장에 출시된 후부터 앰배서더의 인기는 시들기 시작했다. 최근에는 주로 택시와 관용차 정도로만 이용된다. 관용차인 흰색의 앰배서더는 요즘도 권력과 권위의 상징으로 통한다. 높은 직위의 공무원이나 고위급 군인들이 이 차를 타고 다니기 때문이다.

인도 최초 자동차인 앰배서더를 만든 회사는 힌두스탄모터스 Hindu-stan Motors다. 힌두스탄모터스는 인도 최대 기업그룹 가운데 하나인 비를라Birla그룹의 자회사다. 보다 정확하게는 CK 비를라그룹의 주력 기업이다.

현재 비를라 가문이 운영하는 기업은 일곱 개 그룹으로 나뉘어져 있다. 지난 1983년 창업주나 다름없는 GD 비를라Ghanshyam Das Birla 회장이 죽은 후 인도를 호령하던 비를라 제국은 아디트야비를라, BK 비를라, CK 비를라, MP 비를라, KK 비를라 등 일곱 개 그룹으로 갈라졌다.

현재 일곱 개 비를라 그룹 가운데 가장 규모가 크고 비를라 가문의 대표성이 있는 기업은 아디트야비를라그룹이다. 비를라 제국의 맹주였던 GD 비를라의 손길과 입김이 직접 배어 있다. 그는 자신이 일군 사업을 손자인 AV 비를라Aditya Vikram Birla에게 물려주었고, 현재는 증손자인 KM 비를라Kumar Mangalam Birla가 경영을 책임지고 있다. 2009년 현재 41세에 불과한 KM 비를라의 재산은 70억 달러로 인도 7위 갑부다.

아디트야비를라그룹은 인도가 자랑하는 다국적 기업이다. 현재 태국, 필리핀, 인도네시아, 중국, 이집트, 미국, 캐나다, 호주 등 25개 국가에 진출해 있다. 매출의 50퍼센트 이상을 해외 사업에서 올리고 있을 정도로 명실상부한 다국적 기업이다. 2007년 그룹 매출액은 240억 달러, 시장가치는 320억 달러로 인도 4위다.

세계 최대 알루미늄 압연업체인 힌달코Hindalco를 주력 기업으로 하는 이 그룹은 합성 섬유부문인 VSFViscose Staple Fiber가 세계 1위, 절연체insulator 부문 세계 3위, 카본블랙 부문 세계 4위, 시멘트 부문 세계 11위의 생산 업체다.

사회적 책임에 철저한 기업으로 꼽히는 아디트야비를라그룹은 2007년 인도에서 '가장 훌륭한 고용주'로 선정되었으며, 〈월스트리트 저널〉 선정 '아시아 20대 기업'에 포함되기도 했다.

만약 지난 1980년대 비를라 가문이 갈라지지 않았다면 비를라그룹은 인도 최대인 릴라이언스나 타타그룹을 능가하는 기업이 되었을지도 모른다. 현재 비를라 7개 그룹에서 생산하는 품목은 자동차를 비롯해 직물, 화학, 섬유, 알루미늄, 구리, 시멘트, 비료, 통신, 금융, IT, 설탕, 유통 등 거의 전 산업을 포괄할 정도다.

거대한 비를라 제국을 건설한 GD 비를라는 릴라이언스그룹의 디루바이 암바니와 더불어 20세기 인도 기업인의 전설이다. 그는 누구이고 자신의 일생동안 어떻게 이렇게 거대한 기업을 일구었을까?

한번의 선택이 평생을 좌우한다

인도 수도인 뉴델리의 중심가인 코넛플레이스에서 동쪽으로 약 1킬로미터 정도 가면 '인도 독립의 아버지'인 마하트마 간디 기념관을 만날 수 있다. 하얀 대리석으로 깔끔하고도 아름답게 건축된 2층 건물이다.

이곳에는 간디의 숨결이 생생히 살아 숨 쉬고 있다. 간디가 생전 즐겨보던 6만여 권의 책과 6,000여 점의 사진이 정성스레 전시돼 있다. 간디 슴리티 Gandhi Smriti 라 불리는 이곳은 1948년 1월 30일 간디가 암살당한 곳이다. 암살되기 전 144일간 머물던 장소이기도 하다.

이곳은 원래 간디와 절친한 기업인 소유의 저택이었다. 인도 정부는 간디를 기리기 위해 이 건물을 그 기업인으로부터 기증받아 1975년 기념관으로 개관했다. 그 기업인은 간디의 독립운동에 적극적인 재정적 후원자였으며 둘도 없이 친한 사이였던 GD 비를라이다. 바로 비를라 제국을 건설한 장본인이다.

우리나라가 일본 제국주의의 손아귀에 들어간 해인 1910년 16세에 불과한 소년이었던 GD 비를라는 자신의 사업에 뛰어든다. 당시 유망하던 섬유작물 황마黃麻 중개업이었다. 자본금은 10만 루피(300만 원). 당시로서는 제법 큰 돈이었다. 아버지가 사업을 했던 관계로 초기 자금을 어렵지 않게 마련할 수 있었다.

이 회사 가치는 4년 만인 1914년 200만 루피(6,000만 원)로 급증했다. 또 1차 세계대전이 끝난 1918년에는 800만 루피, 1939년에는 4,850만 루피로 급속도로 늘어났다. 결국 그가 세상을 떠나는 1983년에는 총자산 250억 루피(7,500억 원)에 총 매출 300억 루피(9,000억 원)에 달하는 거대 그룹이 되었다. 당시 직원수만 12만 5,000만 명에 달했다. 비를라 제국이란 이름이 무색하지 않다.

GD 비를라는 1894년 인도 북서쪽 사막지역인 라자스탄Rajasthan 주 필라니Pilani 라는 마을에서 태어났다. 아버지 라자 발데오다스 비를라와 어머니 요게시와리 사이의 네 아들 중 셋째였다. 그의 집안은 인도 최고의 상인으로 불리는 마르와리Marwari 가문이었다. 마르와리 상인은 라자스탄 주 작은 마을인 마르와르Marwar 지방 출신의 상인들을 말한다. 이들은 대머리에게 머리빗을 팔 정도로 장사 수완이 뛰어난 것으로 정평이 나 있다. 대표적인 마르와리 상인은 세계 최대 철강 회사인 아르셀로미탈스틸의 락시미 미탈 회장과 비를라 가문을 비롯해 고엔카Goenka, 진달Jindal, 루이아Ruia, 아가르왈Agarwal 등 인도의 대표적 재벌 오너들이 모두 마르와리 상인 출신이다.

그의 부친 발데오다스도 18세의 어린 나이에 자기 사업에 뛰어든 비즈니스맨이었다. 그의 아버지는 뭄바이에서 면화 투기 사업을 해 2층짜리 집을 마련할 정도로 수완이 있었다. 그래서 아버지를 비를라그룹의 공식 창업주로 부르기도 한다. 그러나 실질적인 창업주는 GD 비를라다. 왜냐하면 그가 거대한 비를라 제국을 건설했기 때문이다.

아버지는 GD 비를라가 자신의 사업을 이어받기를 원했다. 그러나 1910년 16세에 불과했던 그는 자신의 사업을 개척하기 위해 인도 동부 항구도시인 콜커타로 떠난다. 당시 콜커타는 인도의 수도로 전 세계에서 많은 사업가들이 모이는 곳이었다.

그는 첫 사업으로 아편과 은銀 투기에 관계했다. 그러나 그가 처음으로 시작한 이 사업은 실패로 끝났다. 거래하던 은행이 부도를 낸 것이다. 투기의 위험을 깨달은 그는 이듬해인 1911년 황마 중개업자로 변신한다. 회사 이름은 'GM 비를라컴퍼니'. G는 자신의 이름에서, M은 형의 이름에서 따왔다.

그가 시도한 첫번째 사업이 실패한 것을 본 주변 사람들은 황마 사업 대신 아버지가 하던 면화 투기 사업을 하라고 다시 권했다. 그러나 그는 이번에도 거부했다. 향후 황마 사업이 돈이 될 것으로 확신했기 때문이다. 그의 이런 판단은 나중에 정확한 것으로 판명된다. 제1차 세계대전이 발생해 황마에 대한 수요가 폭증했기 때문이다. 황마는 부상자의 붕대 등으로 사용됐다. 그의 사업은 제품이 없어 못 팔 만큼 잘 됐다. 1919년 그의 회사는 인도 황마회사 중 두 번째로 큰 수출 회사로 급부상한다.

사업에 있어 가장 중요한 것은 어떤 사업 아이템을 선택해 어디서 파느냐다. 그는 황마라는 품목과 콜커타라는 사업 지역을 잘 선택했고, 이것이 그의 초기 사업 성공에 중요한 요인이 된 것으로 평가된다. 그러나 그의 황마 사업 성공 요인은 이들에만 국한되지 않는다. 기존 관례와 금기禁忌에의 도전 정신도 빼놓을 수 없는 성공 요인이다.

그는 황마 사업이 번창하기 위해서는 영국 런던 사무소 설치가 긴요하다고 판단했다. 당시 영국 등에서는 수입산 황마가 비싼 값에 팔리고 있었기 때문이다. 인도에서 생산된 값싼 황마를 직접 갖다 팔면 장사가 잘 될 것이라고 생각했다. 당시 영국의 식민 지배를 받던 인도에게 최고의 해외 판매 지사는 런던이었다. 그러나 그때는 인도 사람이 외국에, 그것도 사업을 위해 바다를 건넌다는 것은 전례 없는 일이었다. 인도 사람들은 바다를 건너 외국에 간다는 것은 힌두교상 오염되는 일이라고 생각해 금기로 여겼다. 따라서 해외 사무소 설치에 대한 반대도 극심했다.

그러나 그는 많은 반대에도 불구하고 해외 지사 설치를 강행한다. 마침내 1917년 런던에 사무소를 열었다. 이는 당시 인도인이 소유한 황마 회사 가운데 최초였다. 인도 회사로는 영국 내에서 거의 독점 판매였다. 기존 관습과 금기를 뛰어넘는 혁신적인 조치로 인해 회사는 승승장구한다.

런던 사무소 설치로 그는 이제 황마 거래에 관한 모든 부문을 관장할 수 있게 됐다. 황마 원료 구입에서부터 포장, 공장에의 공급, 완성품 구입, 수출에 이르기까지 포괄했다. 오직 하나 빠진 부문이 있다면 황마 원료를 갖고 삼베로 만드는 제조 단계였다. 이 과정만 완성하면 그는 단순 무역 거래상에서 명실상부한 사업가로 발돋움하게 된다.

GD 비를라는 제조 부문의 가능성을 직감했다. 그래서 제조업에 대해 아는 것이 하나도 없었지만 여기저기서 돈을 마련해 황마 공장을 세운다. 이름하여 비를라 황마 공장Birla Jute Mill이다. 이는 당시로서는 상당한 모험이었다. 왜냐하면 인도인이 황마 공장을 경영한 사례가 없었기 때문이다. 인도 황마 산업은 영국인이 장악하고 있을 때였다.

의지는 꺾을 수 없다

그러나 시련이 도사리고 있었다. 황마 사업을 독점하고 있던 영국인들은 그가 황마 공장을 세우자 이를 강하게 견제하고 방해했다. 가장 강력한 견제세력은 은행이었다. 공장 운영자금을 빌려야 했으나 영국계 은행들은 사실상 거부했다. 그가 인도인이라 해서 터무니없이 높은 이자를 요구했기 때문이다. 당시 식민지 백성인 인도인으로서 사업을 한다는 것이 얼마나 어려운 것이었는지 실감할 수 있다.

게다가 황마 공장 운영을 위해 주변 땅을 사야 했으나 영국인 토지 주인들은 토지 매매를 거부했다. 엎친 데 덮친 격으로 인도 루피화의 가치가 폭락해 영국에서 들여오는 기계들의 가격이 폭등했다. 안팎으로 시련이 이만저만 한 게 아니었다.

당시 상황에 대해 그의 아들 BK 비를라는 다음과 같이 회상했다.

"아버지께서는 대단히 당황하셨습니다. 자신의 야심찬 계획이 이처럼 큰 장벽에 부닥치리라고는 미처 생각하지 못하신 모양입니다. 저희 가족들도 무척 당황했지요. 그래서 모든 친척들이 아버지에게 조언해주기 위해 나섰습니다. 황마 공장을 처분하라는 의견이 많았습니다. 물론 제 의견도 그랬고요."

고민하던 그는 큰 뜻을 품고 세운 황마 공장을 팔기로 결정했다. 어려운 결정이었다. 매수자도 정해졌다. 여러 개의 황마 공장을 운영하는 영국인 사업가였다. 매각 협상은 순조롭게 진행됐다. 매각서에 사인하는 절차만 남겨둔 상태였다. 그러나 최종 사인을 위해 매수자의 사무실에 들어서자마자 그는 영국인 매수자로부터 모욕을 당했다.

매수자는 그에게 "어이, 이 친구야. 인도인이 무슨 황마 공장을 한다는 거야. 전통적으로 내려오는 자네 집안 사업이나 할 것이지 감히 영국인들과 경쟁하려 하다니. 이런 멍청한 인도 촌놈이 있나"라며 함부로 말을 했다. 이 말을 들은 젊은 GD 비를라는 피가 머리 끝까지 솟구쳐 올랐다. 그는 큰소리로 응수했다.

"황마 공장은 내 것이요. 사업 자금도 내 돈이요. 그런데 당신이 왜 내게 사업을 하라 마라 하오. 당신에게 공장을 팔 생각이 없어졌소. 당신 말을 들으니 나는 앞으로 이 공장을 계속 운영해야 할 것 같소. 더 이상 당신의 무례한 언사 듣고 싶지 않소."

결국 황마 공장 매각 협상은 깨지고 말았다. 영국인 사업자가 그를 모욕했다는 말을 전해들은 친척들은 분노했다. 친척들은 공장 운영자금을 빌려줄 테니 공장을 팔지 말라고 권했다. 이에 따라 그는 공장을 계속 운영하기로 결정한다. 영국인 사업가의 모욕이 그로 하여금 장차 제조업에 매진케 하는 계기가 된 것이다.

그가 삼베 제조업을 계속하자 영국계 사업가들의 방해와 비방이 절정에 달했다. 그동안 독점적 이득을 향유하던 자신들의 사업영역에 식민지 백성 인도인이 끼어들었기 때문이다. 그들은 황마 재배업자들에게 압력을 행사해 그에게 황마를 공급하지 못하게 했다. 그들은 또 그가 자신의 공장 부근 땅을 정당하게 구매했음에도 이에 대한 소유권을 갖지 못하도록 방해했다. 이는 법정까지 가게 됐고, 결국 그의 승소로 끝났다. 이러자 영국인 사업가들은 그를 '해적', '침입자', '악한' 등으로 비난하며 계속해서 훼방을 놓았다.

영국인들의 집요한 방해에도 불구하고 비를라 황마 공장은 나날이 번창했다. 삼베 제조 사업이 유망할 것이라는 그의 전망이 들어맞았고, 다른 인도인들이 감히 꿈꾸지 못한 분야에 앞서 진출함으로써 선점先占의 이득을 톡톡히 누렸다.

처음으로 진출한 제조업의 성공은 그에게 큰 자신감을 주었다. 보다 큰 사업에 대한 야망에도 불을 붙였다. 그래서 다음 단계로 그는 면직물 사업에 진출한다. 당시 영국인들은 인도산 면화를 싼값에 사다가 영국 공장에서 면직물을 만들어 인도에 들여와 비싸게 팔았다. 따라서 자신이 면화 공장을 세워 면직물을 제조하면 잘 팔릴 것이라고 판단했다.

그에게 면직물 사업은 익숙했다. 부친이 면화 투기 사업에 관계하고 있었기 때문이다. 게다가 그는 몇 년 전 작은 면화 공장을 인수해 면화 사업에 이미 발을 담그고 있었다. 그는 이 공장을 대규모로 확장한 후 '비를라 면화 공장Birla Cotton Mill'이라고 이름 붙였다.

그는 면직물 사업의 성공을 위해 밤낮을 가리지 않고 일했다. 하루 12시간 이상을 면화 공장에서 보냈다. 기계가 어떻게 작동하는지 배우고, 손수 작업도 해보았으며, 기계에 이상이 없는지 점검도 하루에 수 차례씩 했다. 물론 경영과 관련된 원료 구입과 상품 판매, 재무 회계 등에도 철저했다. 면직물 사업도 크게 성공했다.

1차 대전이 끝나자 이번에는 또 다른 기회가 찾아왔다. 전쟁이 끝나자 황마와 면화의 호황도 끝이 났다. 그러자 경영이 어려워 도산하는 황마, 면화 기업들이 속출했다. 그는 기회를 놓칠 새라 이들 기업을 헐값에 사들였다. 기업 규모가 더욱 커졌다. 하지만 그가 싼값에 사들인 공장 중에는 부실 기업도 적지 않았다. 이를 통해 그는 뼈아픈 교훈을 깨닫는다.

첫째, 기업이나 공장을 인수하기보다는 스스로 공장을 세웠다. 오늘날 '21세기 철강왕'으로 통하는 인도 기업인 락시미 미탈은 인수합병을 통해 세계 최대 철강회사를 일궜다. 그러나 미탈과 같은 마르와리 상인 출신인 GD 비를라의 전략은 달랐다. 그는 기업 인수로 피해를 본 후부터 남의 기업을 사들이는 대신 필요할 때마다 자신의 기업을 세웠다. 이런 경영철학은 손자인 아디트야 비를라에 그대로 전수되었다. 아디트야는 비를라그룹을 경영하면서 100여 개나 되는 공장을 건설한 것으로 유명하다.

둘째, 필요할 때 신속한 결정을 내리고 결정이 내려지면 가차없이 추진했다. 예를 들어 공장 기계를 구매하기로 일단 결정하면 바로 구매에 나섰다. 측근들이 기계 가격이 더 떨어질 때까지 기다려보자고 권해 이를 따랐다가 낭패를 본 적이 한두 번이 아니었다. 그래서 의사 결정은 신속히 하되 일단 어떤 결정이 내려지면 바로 이행했다. 이른바 '적시適時경영'이요 타이밍을 중시하는 전략이다.

셋째, 사원 채용에 있어 무엇보다 신용을 가장 중시했다. 즉 학력이나 능력보다 우선 믿을 수 있는 사람을 뽑겠다는 것이다. 이는 같은 지역, 같은 가문 출신인 마르와리 상인 위주로 채용하는 결과로 나타났다. 설령 능력이 좀 부족하더라도 이들을 뽑아 훈련시켜 활용했다. 친인척 위주로 뽑으니 회사 내에 정년이란 개념도 없었다. 공식 학력을 중시하지 않았던 그로선 자연스런 인력 채용 방식이었다.

이런 비를라그룹의 폐쇄적 인력 채용방식은 이후 수십 년간 계속된다. 그러다 인도 경제의 개방으로 경쟁이 격화되는 1990년대에 와서야 변화를 겪는다.

직접 실생활에서 겪어 체득한 이 세 가지 교훈은 GD 비를라의 일생을 관통하는 경영철학이 되었다. 이는 후손들에게 전수되어 비를라그룹의 문화와 경영철학이 되었음은 물론이다.

경제와 정치를 한 손에

비즈니스에서 성과를 거두자 그는 정치에 뛰어든다. 진작부터 그는 정치에 뜻이 있었다. 그러나 권력에 대한 야망 때문이 아니었다. 인도의 독립을 위한 열정 때문이었다. 그는 젊을 때부터 인도 독립에 큰 관심을 가졌다. 영국의 식민통치를 바꾸려는 뜨거운 열정과 혁명적 변화의 가슴을 지니고 있었다.

20대 초반 그는 영국의 지배에 대항하기 위해 스스로 무기사용법을 배웠다. 독립활동을 했다는 이유로 경찰로부터 수배당하기도 했다. 그러나 그가 특정 무장단체와 연결되지 않았다는 걸 파악한 경찰은 수배를 해제한다. 이 사건 이후에도 그는 인도가 독립하기 위해선 무장투쟁이 중요하다고 생각했다. 그러나 비폭력 투쟁을 내건 간디를 만나고 난 이후 그의 무장투쟁에 대한 생각은 바뀐다.

그가 정치에 첫 발을 들여놓은 곳은 마르와리상인협회였다. 마르와리 가문 출신인 그는 일찍부터 협회 회원이었다. 그러나 아직 젊고 사업에 몰두하던 그는 협회 활동에 관심을 둘 여유가 없었다. 하지만 사업이 번창하고 영향력이 증대하면서 협회 내에서 그의 입지도 급속도로 커졌다. 특히 영어실력이 출중해 모든 마르와리 상인들은 그를 자랑으로 여겼다. 당시만 해도 마르와리 상인치고 영어를 능통하게 말할 수 있는 사람은 극히 드물었기 때문이다. 그의 영어 실력은 영국인과 1대 1로 토론해도 지지않을 만큼 출중했다.

그는 불과 16세에 사업을 시작했다. 사업에 뛰어들기 전 학업 기간이 짧았다. 그의 공식 학력은 고등학교 중퇴가 전부다. 시쳇말로 '가방끈이 짧았다.' 시골 고향에서 초등학교 등을 다니긴 했지만 교육환경은 열악하기 짝이 없었다. 학교에는 책 한 권 없고, 교실도 없어 야외에서 수업을 받곤 했다. 이런 식의 교육 실효성에 의문을 품은 그는 스스로 영어책 읽기에 빠져든다. 시간날 때마다 영어책을 읽고 또 읽었다. 집에서도, 학교에서도, 사무실에서도 그는 늘 영어책과 씨름 했다. 그 결과 영국인 브로커나 상인들과 직접 영어로 협상하는 데 전혀 지장이 없었다.

협회 내 인기와 영향력을 배경으로 그는 1921년 협회장 선거에 출마해 당선됐다. 나이와 경륜에서 앞선 쟁쟁한 경쟁자들을 물리친 승리였다. 그의 나이 불과 26세였다. 그러나 이후 협회 내에서 권력 암투가 벌어지자 그는 새로운 조직을 설립한다. 인도상공회의소다. 특정 지역이나 특정 상인집단의 이익이 아닌, 인도 전체 사업가들의 이익을 대변하는 인도 최초의 상공인 단체다. 물론 그가 회장을 맡았다. 그의 지도 하에 상공회의소는 전국 단위의 각종 기업인 행사를 적극 주관했다. 간디가 불복종운동으로 인해 체포되었을 때는 인도 상공인을 대표해 영국 정부에 강력히 항의하기도 했다.

이후 그는 인도상공회의소를 확대 발전시켜 인도상공회의소연맹 FCCI을 설립한다. 인도 기업인들을 대표하는 명실상부한 조직이다. FCCI는 영국의 부당한 경제 지배에 항의하는 강력한 결사체가 된다. 20~30대라는 젊은 나이에 이런 전국적 조직을 만들고 관리하는 조직력과 지도력이 놀랍다.

이 같은 활동으로 전국적 인물이 된 그는 1928년 연방국회의원에 당선된다. 경제뿐만 아니라 정치적으로도 전국적인 영향력을 가진 '젊은 거물'로 등장했다. 이런 배경을 바탕으로 그는 영국 식민통치에 대항해 인도인과 인도 기업인들의 이익을 적극 대변한다. 특히 통화와 환율 등 금융통이었던 그는 국회 내에서 인도의 무역적자를 심화시키는 영국 정부의 인위적 환율조작에 대해 신랄히 비판했다.

그의 영향력과 위상이 높아지면서 간디와의 관계도 보다 공고해졌다. 그는 1916년 간디가 당시 수도였던 콜커타를 방문했을 때다. 한 마르와리 상인이 그에게 간디를 소개해주었다. 이후 간디가 죽는 1948년까지 32년간 그들은 각별한 친분관계를 유지했다.

그는 간디에게 경제 관련 정책 자문을 해주었고, 대가 없는 경제적 후원을 아끼지 않았다. 기업인 출신인 그와 무소유를 주장하는 간디는 여러 면에서 의견을 달리했지만 그는 간디를 전폭 지지했다. 경제적 후원과 관련해서 간디가 요청하면 거부한 적이 없었다.

또한 간디가 추진하던 하리잔운동Harijan Movement에도 적극 동참했다. 하리잔이란 간디가 카스트 최하층민인 불가촉 천민을 일컫던 말로 하리잔운동은 간디의 불가촉천민 지위향상 운동을 지칭한다. 상인 가문 출신으로 돈 많고 권력 있는 기득권층인 그가 천민들의 지위향상 노력에 동참했다는 사실은 그가 얼마나 혁신적이었는지를 잘 보여준다. 이에 따라 평소 간디는 그를 매우 신뢰하고 칭찬을 아끼지 않았다. 1926년 4월 간디가 그에게 보낸 편지에도 그런 간디의 마음이 잘 나타나 있다.

'지난 힌두-이슬람 폭동에서 당신이 보여준 평화적이고도 용감한 태도는 정말 존경할 만하오. 그것은 보통사람이 감히 흉내내기 힘든 영웅과 같은 행동이었소.'

정치는 정치요, 경영은 경영이다

정치에 발을 들여놓았으나 그의 정치적 활동은 한없이 오래 가지 않았다. 그는 본래 기업인이었기 때문이다. 그가 기업을 떠나있는 동안 비를라그룹은 형을 비롯한 가족들이 맡았다. 그러나 그가 정계에 몸담은 약 10년 동안 새로 추진된 사업은 거의 없었다. 〈힌두스탄타임스〉 인수가 유일했다. 1929년 미국에서 발생한 대공황으로 기업환경도 갈수록 악화됐다. 그는 본업인 비즈니스로 돌아가야 한다고 생각했다. 고민 끝에 1930년 그는 의원직을 사임한다. 어려운 결단이었다.

GD 비를라가 경영에 복귀하자마자 제당 업체 설립이 추진되었다. 시장조사 결과 제당사업은 장래성이 있었다. 영국인들은 값싼 인도 사탕수수를 영국으로 가져가 제당한 후 인도에 들여와 비싸게 팔았다. 당시 인도에는 이미 여러 개의 제당회사가 있었다. 두 개의 대형 영국계 회사를 비롯해 인도계 중소형 회사도 여럿 존재했다. 그럼에도 불구하고 그는 사업성이 충분하다고 판단했다. 결국 그는 제당 공장을 한 개만 세우는 것이 아니라 다섯 개를 동시에 설립키로 했다. 회사의 모든 자본을 다섯 개 공장 건설에 집중 투자했다. 이는 어떻게 보면 무모한 결정이었다. 향후 사업이 잘 될지 어떨지 불확실한 상태에서 설탕산업에 '올인all in' 투자를 한 것이다.

그런데 이 같은 도박은 크게 성공한다. 이 회사는 기존 두 개의 대형 영국계 업체 다음인 업계 3위로 부상했다. 뿐만 아니라 수익성도 높았다. 이를 본 다른 인도 기업들도 너도나도 제당 사업에 진출하기 시작했다.

그가 당시 시장을 장악하고 있던 영국계 대형 제당 업체를 공략하는 데 사용한 마케팅 전략도 주목할 만하다. 간디가 주창한 스와데시운동Swadeshi Movement을 적극 활용한 것이다. 이는 인도판 '물산장려운동'으로, 영국산 대신 인도 국산품을 애용하자는 일종의 독립운동이다. '인도의 국산품 애용! 인도인은 인도인이 만든 설탕을 사용합시다' 란 슬로건으로 그는 인도인들의 마음을 파고 들었다.

제당 사업의 성공을 통해 그는 새로운 경영 교훈을 배운다. 첫째, 새로운 사업에는 경쟁자보다 앞서 진출해야 한다. 둘째, 투자를 하려면 대규모로 해야 한다. 셋째, 주어진 외부 환경적 요인을 최대한 활용한다. 이때부터 그는 새로운 사업을 시작할 때마다 이 원칙들을 철저히 준수했다. 투자를 대규모로 하기 위해선 시간이 걸린다. 그러나 일단 대규모 투자가 이루어지면 시장 지배자가 될 수 있다. 즉 이런 '시장 지배자 전략'을 사용할 수 있을 정도로 사업 규모가 커진 것이다. 이런 전략은 이후 1960년대 시멘트와 알루미늄 사업에 진출할 때도 적용해 큰 성과를 냈다. 손자인 아디트야 비를라는 이 전략을 전수 받아 비를라그룹의 경영철학으로 삼았다. 아디트야비를라그룹이 합성섬유 VSFViscose Staple Fiber, 절연체insulator, 카본블랙 생산에서 세계적인 위치를 고수하고 있는 이유도 바로 그런 전략 덕분이다.

한창 잘 나가던 1939~69년까지 30년간 인도를 대표하는 두 기업인 타타와 비를라는 눈부시게 성장했다. 그러나 성장률면에서 타타는 비를라의 상대가 되지 않는다. 이 기간 동안 타타의 자산은 6억 2,420만 루피에서 50억 5,360만 루피로, 비를라는 4,850만 루피에서 45억 6,400만 루피로 증가했다. 타타는 709퍼센트 성장한 반면 비를라는 9,310퍼센트 급성장했다. 거의 1만 퍼센트 가까운 경이로운 성장이다. 또 20세기 후반 성공 기업들과도 비교해도 마찬가지다. 1980년대 성공신화인 바자즈오토Bajaj Auto는 1,852퍼센트, 전설적 성공 기업 릴라이언스는 1,100퍼센트 성장했다. 비를라의 성장은 타의 추종을 불허한다. 가히 세계 기업사에 남을만한 초고속 성장이었다.

이 같은 비를라그룹의 초고속 성장에 대해 일부에선 곱지 않은 시선을 보내기도 한다. 독립 후 정권과 유착해 발전했다느니 인도 정부의 허가제 경제License Raj 체제 하에서 특혜를 입었다느니 하는 비판이 바로 그것이다. 그러나 허가제 경제 체제가 제안된 것은 1950년대다. 이는 1960년대 들어 입법화됐고, 1970년대부터 본격적으로 가동됐다. 따라서 비를라그룹의 고속 성장 원인을 인도 정부와의 유착 하에서 특혜를 받았기 때문이라고 주장하는 것은 무리다.

오히려 GD 비를라는 독립 이후 집권한 네루 총리 체제에서 각종 견제와 제재에 시달렸다. 네루 행정부는 최고위 행정부 요원을 지명해 비를라그룹의 설립에서부터 제2차 세계대전 말까지 모든 사업 행위를 조사토록 했다. 일종의 세무조사인 셈이다. 이 조사는 장기간에 걸쳐 진행됐다. 이런 장기간 세무조사가 기업활동에 큰 장애가 됐음은 물론이다. 아래는 잇따른 정부의 사업 규제에 좌절한 그가 1953년 네루 행정부에 보낸 서한의 내용 중 일부다.

'우리는 최근 영국 제조업체와 독일 철강업체로부터 합작사업을 하자는 제안을 받았습니다. 60대인 저는 이제 단순히 돈을 벌기 위해 새 사업을 벌이는 데에는 관심이 없습니다. 저의 유일한 관심은 이 나라의 산업 발전입니다. 합작 사업을 해도 되는지에 대해 정부에 여러 차례 문의를 했으나 아직까지 회신을 받지 못했습니다. 과연 이 사업들을 추진해도 되는지 알고 싶습니다.'

이런 간절한 서신을 정부에 보냈지만 정부는 이번에도 응답이 없었다. 대신 네루 정부는 당시 비를라그룹이 야심차게 추진하던 항공 사업을 같은 해 국유화시켜버렸다. 기가 막힐 일이었다. 또한 네루의 딸인 인디라 간디 총리 정부는 1970년대 그의 UCB 은행도 국유화시켰다. 영국 식민지로부터 독립한 나라에서 오히려 그는 자주 좌절해야 했다. 이처럼 규제와 통제가 강한 상황에선 혁신적인 기업활동이 불가능했다. 그래서 1970년대 이후 그의 손자인 아디트야 비를라는 인도 시장이 아닌, 해외 시장 개척에 적극 나서게 된다. 그 결과 아디트야비를라그룹은 인도 최초 및 최대의 다국적 기업으로 변모한다.

GD 비를라와 네루 총리의 악연(?)은 오래 전부터 시작되었다. 둘은 1924년 처음 만났다. 한창 잘 나가던 기업가였던 그는 당시 사업을 일시 중단하고 정치에 뛰어들었고, 명문가 출신인 네루는 영국에서 유학하고 갓 돌아왔을 때였다. 그러나 그에게 있어 네루는 친근한 기억으로 남아 있지 않다.

"네루를 처음 보았을 때 탁월한 인물이란 걸 한 눈에 알 수 있었습니다. 그러나 동시에 나는 결코 그의 마음속으로 깊이 들어갈 수 없을 것이라고 느꼈습니다. 그는 모든 것을 끌어들이는 심오한 바다 같았지요. 깊이가 너무 깊어 감히 발을 담그기가 두려웠지요."

너무 깨끗하고 고고한 인품을 가진 네루는 돈을 만지는 비즈니스맨들을 근본적으로 싫어했다. 당시만 해도 네루 같은 인도 귀족층에게 돈은 천박한 것으로 여겨졌다. 더구나 네루는 모든 사람이 평등하게 사는 이상주의적 사회주의를 추구했다.

이에 비해 돈을 버는 것이 직업인 GD 비를라는 이 같은 네루의 이상주의를 싫어하고 자본주의를 지향했다. 서로 궁합이 맞지 않았던 것이다. 이렇게 궁합이 맞지 않았던 그들은 평생 냉랭한 관계로 지낸다. 그러나 힘을 가진 사람은 네루였다. 그는 평생 네루와 그의 딸 인디라 간디 정부 하에서 여러 불이익을 감수해야 했다.

한편 GD 비를라는 기업의 사회적 책임에 철저했다. 교육의 중요성을 일찍 인식한 그는 자신의 고향 필라니Pilani에 미국 MIT를 본 따 만든 저명한 공과대학인 비를라기술과학대학Birla Institute of Technology and Science을 세웠다. 이는 인도 최고의 명문 인도공과대학IIT에 버금가는 공과대학으로 평가받고 있다. 그는 이외에도 수십 개의 학교를 설립하는 등 교육사업에 있어 '교육의 명가名家'로 불리는 타타 가문에 못지않은 열정을 쏟아 부었다. 또한 인도 최고 병원 중 하나로 꼽히는 뭄바이병원을 비롯해 많은 병원을 설립했다. 최고의 시설과 진료를 자랑하는 이 병원에선 병상의 80퍼센트가 무료다. 절실한 힌두교 신자였던 그는 힌두교 사원인 비를라사원을 전국 방방곡곡에 세우기도 했다.

그가 기업의 사회적 책임을 다하려 노력한 것은 간디에게 영향 받은 바 크다. 간디는 평소 기업인들의 재산은 그들 것이 아니라 사회를 위해 쓰라고 그들에게 일시적으로 맡겨진 것이라고 주장했다. 이는 유명한 간디의 '신탁信託이론'이다.

이에 따라 그는 간디의 독립운동을 경제적으로 후원하고 자선과 공공복지 활동에도 적극 나서게 된다. 자신은 물론 가족들에게도 근검절약을 생활화하도록 했으며, 비리 스캔들이 생기지 않도록 최대한 노력했다. 그는 돈을 벌면 이를 소비하는 데 쓰지 않고 재투자하는 데 지출했으며 돈에 대한 간디의 철학을 누구보다 앞서 몸소 실천한 기업인이었다.

나는 CEO다

1977년은 그에게 의미 있는 해였다. 그해 비를라그룹은 매출에서 사상 처음으로 타타그룹을 앞섰다. 비록 한 해에 그치긴 했지만 그는 자신이 일군 기업이 인도 최대 기업으로 부상하는 순간을 목격한 것이다. 이후 심장마비로 쓰러진 그는 런던에서 치료를 받다가 1983년 6월 88세의 나이로 세상을 떠난다. 20세기 인도 산업계를 풍미했던 인도의 큰 별이 진 것이다.

그는 죽기 직전 한 인터뷰에서 '인생에서 이루고자 했던 업적이 무엇이었느냐'라는 질문에 이렇게 대답했다.

"제가 평생을 통해 이루려고 했던 목표는 대단한 사업가가 되는 것이 아니었습니다. 단지 좋은 사람이 되고자 했지요. 이제 여러분들, GD 비를라에 대해선 잊어주십시오….."

자신의 존재를 잊어달라고 강조했던 그는 그러나 사후 인도 기업사에서 잊을 수 없는 전설이 되었다.

❖

GD 비를라는 매우 부지런한 사람이었다. 거의 매일 새벽 4시에 일어났다. 그리고 약 두 시간 동안 산책을 했다. 산책 시간이 길긴 하지만 이를 통해 건강을 챙김은 물론 사업을 구상하고, 생각을 정리했다. 산책에서 돌아와선 신문과 잡지를 반드시 읽었다. 비록 정규 교육을 제대로 받지 못한 그였지만 지식에 대한 탐구열정만큼은 대단했다. 그는 신문과 잡지, 책 등을 통해 부족한 지식을 보충하고 새로운 지식을 습득했다. 그의 곁에는 언제나 책이 놓여 있었다.

그는 또 매우 근면성실하고 꼼꼼한 사람이었다. 젊은 시절 그는 다음 10가지 인생 수칙을 정해 철저히 실천했다.

1. 실수를 통해 교훈을 배울 수 있다면 축복, 그러지 못하면 저주가 될 것이다.
2. 근면함은 인생 최고의 덕목이다. 열심히 일하는 것은 아무에게도 피해를 주지 않는다.
3. 기회는 결코 다시 오지 않는다. 시간은 사람을 기다리지 않는다.
4. 필요와 불필요를 분별할 줄 아는 사람이 현명한 사람이다.
5. 내일 하겠다고 계획한 것은 오늘 실행하라. 오늘 하겠다고 계획한 것은 지금 당장 실행하라.
6. 건강하고, 부유하고, 현명한 사람이 되려면 일찍 자고 일찍 일어나라.

7. 알고 있다고 자만하지 말라. 모든 것을 알고 있다고 생각하는 순간 아무것도 모르는 바보가 된다.

8. 좋은 일을 할 수 있는 기회를 절대로 놓치지 말라. 진정한 기쁨은 소유할 때가 아니라 남에게 베풀 때 얻게 된다.

9. 인생이란 우유로 이루어진 바다와 같다. 노력하면 노력할수록 우유에서 더 많은 버터를 얻을 수 있다.

10. 지나간 과거는 잊고 미래에 전력을 쏟아라.

사람들은 이 수칙들이 그의 성공열쇠였다고 한 목소리로 말한다. 예를 들어 그는 오늘 할 일을 내일로 미루는 법이 없었으며, 해야 할 결정은 신속하게 내렸다. 아무리 큰 액수의 돈이 걸려 있는 문제라도 결정을 결코 질질 끌지 않았다. 또한 일단 결정이 내려지면 머뭇거리지 않고 바로 추진했다. 그는 타고난 낙관주의자였다. 모두가 힘들다, 어렵다고 하는데도 그는 가능하다고 믿었고 이런 강한 긍정적 믿음은 성공의 견인차가 되었다.

아디트야비를라그룹

—▶ 릴라이언스, 타타, ADA에 이은 인도 4위 그룹

—▶ 소재지 인도 경제 수도 뭄바이

—▶ 주요 기업 세계 최대 알루미늄 압연기업인 힌달코, 세계 1위 합성 섬유기업인 VSF, 세계 3위 절연체기업, 세계 4위 카본블랙기업, 세계 11위 시멘트기업 소유

—▶ 매출 250억 달러(2007년)

—▶ 주식 시가총액 320억 달러(2008년 3월)

KUMAR MANGALAM BIRLA

태양 제국을 건설하다

KM 비를라

아디트야비를라그룹 회장

총 재산 **70억 달러**(2008년 3월)

생년월일 **1967년 6월 14일**

출신 **사우디아라비아 제다**

학력 **런던비즈니스스쿨**(LBS) MBA 학위

가족관계 **GD 비를라의 증손자, AV 비를라의 아들**

1995년 아디트야비를라그룹은 큰 위기에 직면한다. 그룹 회장인 AV Aditya Vikram 비를라가 전립선암으로 갑자기 사망했기 때문이다. 향년 51세였다. 이에 따라 당시 28세였던 KM Kumar Mangalam 비를라가 그룹 회장에 오른다.

아버지 AV 비를라는 증조 할아버지 GD 비를라를 잇는 뛰어난 기업인이었다. 인도 정부의 각종 규제로 기업활동이 어려워지자 해외로 눈을 돌려 사업 확장에 크게 기여했다. 인도 최초이자 최대 다국적 기업을 건설한 장본인이었다.

젊은 KM 비를라가 경영권을 승계하자 주변에서 크게 우려했다. 그의 성격이 수줍음을 많이 타는데다 기업 경영 경험도 일천했기 때문이다. 아버지를 이어 거대 그룹을 제대로 이끌어갈 수 있을지 회의적인 시각이 많았다.

그러나 그는 곧 이런 우려가 기우였음을 증명한다. 비록 20대 젊은 나이에 거대 그룹 총수에 올랐지만 탁월한 경영능력을 보여주었기 때문이다. 그는 그룹 문화와 리더십, 경영 전략에 대대적인 변화와 혁신의 바람을 몰고 왔다. 친족 중심의 전근대적인 경영에서 글로벌 기업으로 탈바꿈시키는 '비를라 르네상스'를 주도했다.

그룹 규모와 가치 측면에서도 괄목할 만한 성장을 이뤘다. 부친이 사망한 1995년 15억 달러였던 매출은 2007년 250억 달러로 대폭 확대됐다. 자그마치 16배 이상 규모가 커졌다. 기업가치(시가총액)도 320억 달러로 인도 기업 순위 4위를 차지하는 인도 대표 그룹으로 뛰어올랐다. 그의 재산도 70억 달러로 인도 억만장자 순위 7위에 올라섰다. 이건희 전 삼성그룹 회장보다 약 두 배 많은 재산이다.

KM 비를라는 1967년 6월 14일생으로 2009년 현재 41세다. 공인회계사이기도 한 그는 1992년 영국 명문 런던비즈니스스쿨에서 MBA를 받았다.

젊은 나이에 거대 그룹 경영을 승계한 그였지만 그는 두렵지 않았다고 한다. 1992년 MBA를 마친 후 그룹에서 경영수업을 받고 있던 터였기 때문이다. 여기에 어릴 적부터 배운 가정 교육도 큰 보탬이 됐다. 부모님은 그가 항상 독립적으로 사고하고 스스로 결정하도록 가르쳤다. 어린 그에게 가족은 무엇을 하라고 강요하지 않았다. 그는 언제나 스스로 결정했고, 이미 이에 익숙해 있던 터였다.

할아버지 BK 비를라의 격려도 큰 힘이 됐다. 당시 70세가 넘은 나이로 BK 비를라 그룹을 이끌던 할아버지는 아들 AV 비를라가 죽자 손자에게 다음과 같이 말했다.

"너에게 맡겨진 책임이 막중하다. 앞으로 네가 어떻게 이를 처리해 나갈 지 모든 사람이 주시하고 있다. 나는 네가 하는 사업에 이러쿵 저러쿵 관여치 않을 것이다. 모든 것은 네가 알아서 하도록 해라. 그러나 기업 운영과 관련해 네가 감당하기 너무 벅찬 것이 있으면 언제라도 내게 요청해라. 기꺼이 너를 도와줄 것이다."

그는 할아버지를 위시한 친척들의 도움 없이도 그룹을 잘 이끌어 갔다. 경영을 승계한 후 그가 가장 먼저 추진한 일은 그룹 통합과 그룹 브랜드 강화였다. 그는 1996년 그 동안 개별 회사명으로 운영되던 기업들을 통합해 '아디트야비를라그룹'으로 명명했다. 고故 아버지를 기리기 위해 그룹명에 아버지 이름을 붙인 것이다.

이와 함께 그룹 로고로 '떠오르는 태양'을 채택했다. '아디트야'

는 힌디어로 '태양'을 뜻한다. 새로운 로고를 채택한 이유는 새 시대의 도래를 알리기 위해서였다. 아울러 이제 새로운 변화가 시작됨을 전하기 위해서기도 했다. 일종의 '브랜드 내 브랜드 전략'이다. 인도인들 가운데 비를라그룹을 모르는 사람은 없다. 그러나 그는 아디트야비를라그룹을 브랜드화하기 위해 새로운 로고를 만들었다. 이에 따라 인도인들은 요즘 비를라그룹하면 자연스럽게 '떠오르는 태양'인 아디트야비를라그룹을 떠올린다.

이어 그는 충격적인 조치를 발표한다. 창업 이후 정년이 없던 그룹에 정년제를 도입한 것이다. 정년을 60세로 정한 후 60세가 넘은 350명의 부사장급 이상 임원을 단번에 해임키로 결정했다. 100년 그룹 역사상 전례없는 일이었다.

비를라그룹은 친족인 마르와리 출신 위주로 인력을 채용했다. 일단 채용하면 정년이 없었다. 죽을 때까지 근무하는 명실상부한 종신고용제도였다. 이는 자식에게도 어김없이 적용됐다. 자식들의 비를라그룹 취업이 보장됐고 정년까지 해고 걱정 없이 일할 수 있었다.

젊은 신임 회장 KM 비를라가 보기에 이는 큰 문제였다. 직원의 자녀들 중 똑똑한 사람들은 세계적인 다국적 기업 등 보다 좋은 곳에 취직했다. 반면 갈 데 없는 자식들만 자신의 회사에 입사했다. 이러니 새로운 인재가 들어올 여지가 없었고, 기업 경쟁력이 생길 리만무했다.

과거처럼 폐쇄적인 경제체제라면 큰 문제가 없을 수도 있다. 그러나 1990년대 초 개방한 인도 경제는 치열한 경쟁의 바다에 뛰어든 상태였다. 비효율, 비능률을 초래하는 시대착오적인 시스템을 바꾸지 않을 수 없었다. 처음에는 반대가 극심했지만 이제는 다들 이해한다. 이 조치를 통해 구시대 가신그룹을 정리하고 능력 있는 새 인물들을 외부에서 수혈했다.

기업 인수합병에도 적극 나섰다. 인수합병은 비를라그룹의 사업 전략이 아니었다. GD 비를라 이래 비를라그룹의 신규 사업 진출은 기업 인수가 아닌, 새 공장이나 새 회사 설립을 통해 이루어졌다. 그러나 개방된 경제에서 이 방식으론 글로벌 기업과 경쟁하기가 어려웠다.

인도 경제는 독립 이후 1991년까지 수십 년간 폐쇄돼 있어 기업들의 경쟁력이 크게 저하됐다. 이런 상태에선 아무리 신규 기업이나 공장을 세운다고 해서 갑자기 경쟁력이 생길 리 만무했다. 이에 대한 해결책이 글로벌 기업 인수였다. 이는 인도 기업들의 덩치를 크게 키움은 물론 인수 회사를 통해 단기간에 기술력을 향상시킬 수 있기 때문이다.

대표적인 예가 2007년 이 그룹 간판 기업인 힌달코의 캐나다 노벨리스Novelis 인수다. 힌달코는 세계 최대 알루미늄 압연업체인 노벨리스를 60억 달러에 매입했다. 이로써 새 합병회사 힌달코-노벨리스는 단숨에 〈포춘〉 500대 기업으로 부상하는 기염을 토했다. 이밖에도 그는 시멘트 업체 L&T와 호주의 구리광산, 소매업체, 정보통신업체 등 많은 기업을 사들였다.

특히 눈에 띄는 변화는 비즈니스 영역 확대다. 과거 비를라그룹은 인도의 다른 재벌들과 달리 문어발식 확장을 하지 않았다. 황마, 면화, 시멘트, 알루미늄, 철강, 구리, 설탕 등 원자재 사업에만 특화했다. 선택과 집중을 통해 사업 규모와 경쟁력을 키웠다. 이른바 핵심역량 집중 전략이다. 그러나 KM 비를라 회장은 이 전략을 신뢰하지 않는다. 그는 다른 재벌들처럼 산업 모든 분야로 진출하려는 계획을 갖고 있다.

"아디트야비를라그룹은 재벌입니다. 저는 핵심역량 이론을 그다지 믿지 않습니다. 아디트야비를라그룹은 앞으로 다양한 사업에 진출할 계획입니다. 만약 그 분야에 성공적으로 진출해 지배적 사업자가 될 수 있을 것이란 확신만 있다면 말입니다."

21세기 글로벌 기업들은 선택과 집중을 통한 경쟁력 향상에 열을 올리고 있다. 그는 이와는 정반대의 길을 가고 있다. 어쨌든 최근 아디트야비를라그룹은 원자재 외에 소비자 가전과 소매, 유통, 금융, IT, 의류 등 다른 영역으로 사업을 급속히 확대하고 있다. 선친에게 물려받은 분야에 그치지 않고 새 사업 영역을 빠르게 확대, 구축하고 있는 것이다.

예를 들어 새로 시작한 정보통신 사업은 2008년 현재 가입자 수가 2,000만 명을 넘었고, 슈퍼마켓 체인인 '모어More'는 2007년 한 해에만 230개 매장을 신설했다. 비를라 자산관리회사는 인도 내 4위 규모로 급성장했고, 피터잉글랜드와 루이필립 등 브랜드 의류 사업도 날개를 달고 있다.

리더십도 크게 달라졌다. 과거 비를라그룹의 리더십은 주로 개인의 카리스마에 의존한 권위주의적 리더십이었다. 예를 들어 그의 아버지가 회사 직원에게 전화하면 사람들은 벌떡 일어나서 통화를 했다. 아버지와 직원들 간에는 상호 교감이 있었다.

반면 그의 리더십은 개인이 아닌 팀과 그룹 지향적이다. 그는 개인이 아닌 팀이 자율적으로, 적극적으로 나서길 원한다. 그래서 구성원들에게 보다 많은 자유와 권한도 부여했다. 친족 경영이 대세인 그룹에 전문경영인 체제도 도입했다. 과거 그룹 회장의 지시만을 기다리는 체제에서 팀 스스로 움직이는 체제로 변화시키는 중이다.

KM 비를라의 단기적 사업 목표는 새로 진출한 소매유통, 정보통신, IT, 금융, 엔터테인먼트 등에서 시장 지배 사업자의 지위에 오르는 것이다. 이에 따라 오는 2012년까지 〈포춘〉 500대 기업 순위 150위를 1차 목표로 설정했다. 그의 장기적 목표는 세계에 내로라 할만한 세계 최고 수준의 글로벌 그룹이다. 과연 이 목표는 달성될 수 있을까?

그의 할아버지, 할머니는 이 목표가 반드시 실현될 것이란 굳은 신념을 갖고 있다. 이런 신념은 다음과 같은 일화에 근거하고 있다. KM 비를라가 3세 때 일이다. 비를라그룹은 180여 명의 종교 지도자들이 참석하는 대규모 종교집회를 개최했다. 이 집회에 참석하고 돌아간 스리랑카의 한 무슬림 지도자는 그의 미래를 예언하는 편지를 할아버지에게 보냈다.

예언 내용은 두 가지였다. 그가 7세가 되면 크게 아플 것이며, 역대 비를라 가문에서 가장 뛰어난 기업가가 될 것이라는 예언이었다. 이후 그는 7세 때 뇌막염으로 거의 죽다 살아났다. 따라서 조부모는 그가 최고의 기업인이 될 것이라는 두 번째 예언도 반드시 이루어질 것이라고 믿는다. 과연 이 예언이 실현될까? 지금까지 이룬 성과를 바탕으로 판단할 때 현재 40세에 불과한 그가 두 번째 예언을 실현시키지 못할 이유는 없어 보인다.

새롭게 떠오르는 태양인 아디트야비를라그룹. 그의 그룹이 떠오르는 태양이 될지, 석양에 지는 해가 될지 한번 지켜보자.

시대에 발맞추어 행동하라

개인이든 기업이든 성공하기 위해선 시대의 추세를 앞서 읽는 것
이 매우 중요하다. 향후 세상이 어떻게 돌아갈지, 어떤 상품이나 현
상이 유행할지 등 추세를 미리 파악해야 한다. 그러나 추세를 먼저
읽는 것만으로 그쳐선 안 된다. 추세의 흐름을 읽은 후 남보다 앞서
행동해야 한다.

'인도 금융의 샛별' 코탁마힌드라은행의 우데이 코탁 부회장은
당시 은행들의 예대금리차가 과도한 것을 발견한 후 남보다 앞서 이
틈새시장을 공략했다. 과도한 예대금리차는 조금만 주의를 기울이
면 누구나 알 수 있는 사실이었다. 그러나 이를 기회로 여겨 사업으
로 연결시킨 사람이 없었다. 코탁 부회장은 과도한 예대 금리차를
간파한 후 남보다 앞서 자금 대출사업을 시작해 성공을 거두었다.

자동차 할부 금융시장에 뛰어든 것도 좋은 사례다. 자동차 구입
신청 후 최소 6개월을 기다려야 하는 상황을 간파한 후 뛰어든 사업
이었다. 새 자동차를 미리 대량 구입한 뒤 고객이 자신의 회사에서

자금을 대출 받으면 그 자리에서 차를 출고해주는 방식이었다. 6개월 이상 기다릴 필요 없이 즉석에서 자동차를 받게 해주자 대출 받고자 하는 고객들이 밀려왔다.

아울러 코탁은 글로벌 기업과 제휴를 적극 추진했다. 인도 시장이 개방되면서 글로벌화가 매우 중요하다는 시대적 추세를 읽고 앞서 행동한 것이다. 골드만삭스, 포드자동차 금융부문 등 글로벌 금융 회사들과의 합작은 그의 성공에 바퀴를 달게 했다. 그는 또한 1990년대 후반 아시아 외환위기 등 국제 금융시장의 불안을 사전에 읽고 이에 대비했다. 수익성 대신 안전성 위주로 보수적으로 대출을 실시했다. 평소 적극적으로 위험을 감수하는 성격임에도 불구하고 보수적으로 기업을 운영한 것이다. 그 결과 대부분 금융기관이 부도나는 상황에서도 그의 회사는 살아남아 성공의 길을 질주했다.

'인도 유통의 황제'인 키쇼르 비야니 회장의 성공에서도 추세를 먼저 읽고 앞서 행동하는 것이 얼마나 중요한지를 확인할 수 있다. 그는 약관의 나이인 26세 때 남성복 의류업체 '판타룬'을 창업했다. 인도 시장에도 브랜드 의류가 인기를 끌 것이라는 시대 추세를 먼저 읽었기 때문이다. 유망한 사업에 남들보다 먼저 진출하면 '앞선 자의 이익'을 얻는 것은 당연하다. 인도 최초의 정장 남성 바지 브랜드라는 평판에 힘입어 그는 일정한 성공을 거두었다.

이후 그는 하이퍼마켓과 슈퍼마켓 사업에 뛰어들었다. 당시 인도 유통시장은 재래시장 혹은 구멍가게들로만 이루어져 있었다. 하이퍼마켓과 슈퍼마켓 사업 역시 추세를 먼저 읽고 선점의 이익을 누리기 위한 시도였다. 새롭게 도전한 그의 유통사업은 크게 성공해 그를 인도 소매 제왕의 자리에 올려놓았다. 이런 여러 사례들은 시대와 시장 추세를 먼저 읽고 남보다 앞서 행동하는 것이 성공에 얼마나 중요한 일인지를 새삼 일깨워주고 있다.

맨손으로 시작한 GD 비를라에게 첫 번째로 성공의 단맛을 안겨준 사업은 황마였다. 주변 사람들은 그가 부친을 따라서 면화 거래 사업을 하도록 권유했다. 그러나 GD 비를라는 면화 대신 황마를 선택했다. 장차 황마가 수지가 맞을 것으로 판단했기 때문이다. 시장에선 황마에 대한 수요가 점차 늘어나는 상황이었다. 특히 영국에 자주 드나들면서 황마가 돈이 될 것이란 추세를 앞서 읽었다.

이런 판단은 적중했다. 운도 따랐다. 제1차 세계대전이 발생해 황마에 대한 수요가 폭발적으로 늘었다. 그 결과 GD 비를라는 20대 젊은 나이에 중견 사업가로 성장했다. 다른 인도인들이 감히 꿈꾸지 못한 분야에 앞서 진출함으로써 선점先占의 이득을 톡톡히 누렸다.

다음은 면직물 사업에의 진출이다. 이 역시 남들보다 추세를 먼저 읽은 데 따른 것이다. 당시 영국인들은 인도 산 면화를 싼 값에 사다가 영국 공장에서 면직물을 만들어 인도에 들여와 비싸게 팔았다. 따라서 자신이 인도에 면화 공장을 세워 면직물을 제조해 싼 값으로 팔면 잘 팔릴 것이라고 판단했다. 과감히 뛰어든 면직물 사업에서도 그는 괄목할 만한 성공을 거두었다.

추세를 먼저 읽고 앞서 행동한 또 다른 사례는 제당 업체 설립이었다. 시장조사를 해본 결과 제당사업이 장래성이 있었다. 논리는 황마, 면직물 사업과 동일했다. 인도인들의 설탕에 대한 수요는 크게 늘었으나 설탕 공급은 영국인 수입업자들의 손에 달려 있었다. 인도에 제당 공장을 세우면 사업성이 있을 것이라고 판단했다. 여기서 특기할 사항이 있다. 그는 제당 공장을 세우되 한 개가 아닌 다섯 개를 동시에 설립했다. 이는 어떻게 보면 무모한 결정이다. 향후 사업이 잘 될지 불확실한 상태에서 설탕산업에 '올인all in' 투자를 했기 때문이다. 그러나 이런 올인 투자 선점 전략은 크게 성공했다. 다른 인도 기업들이 감히 이 사업에 뛰어들 엄두를 내지 못하게 했고, 설사 진출한다고 해도 그의 회사가 대규모로 앞서 나갔기 때문에 후발 기업들은 상대가 되지 않았다. 추세를 먼저 읽고 대규모 투자를 단행하는 이런 적극적 시장 선점 전략은 이후 시멘트와 알루미늄 사업에서도 그대로 적용됐다. 손자인 아디트야 비를라는 이 전략을 전수받아 비를라그룹의 경영철학으로 삼았다.

부자가 되고 싶다면
인도로 달려가라

필자는 '떠오르는 대국'인 인도를 연구하기 위해 인도로 왔다. 인도의 명문 네루 대학 국제학부에 객원교수 자격이다. 학생들을 비롯한 인도인들에게 한국 경제의 발전과 성공전략을 교육하는 한편 인도 경제와 경영, 사회, 문화, 관습 등을 연구하기 위해서다.

그러던 중 2008년 3월 미국 경제전문지 〈포브스〉가 세계 억만장자 순위를 발표했다. 필자는 이를 보고 적잖이 놀랐다. '후진국'이라고만 생각했던 인도의 억만장자 숫자가 53명으로 아시아에서 가장 많았기 때문이다. 미국에 이어 세계 2위의 경제를 자랑하는 일본이나 최근 초고속 성장하는 중국보다 거부가 훨씬 더 많았다. 게다가 '세계 10대 억만장자' 숫자도 네 명으로 세계 최고 부자 국가인 미국보다 많았다.

인도의 개인당 국민소득은 1,000달러가 채 되지 않는다. 우리나라의 약 20분의 1에 불과하다. 그만큼 인도는 가난한 나라다. 그럼에도 10억 달러 이상을 가진 '슈퍼부자' 숫자는 세계적이었다. 인도에서 어떻게 그렇게 많은 억만장자가 존재하는지 의문을 갖는 것은 당연했다. 그래서 그들이 어떻게 성공했는지 연구하기로 결심했다.

막상 연구를 하자고 덤벼들었으나 어려움이 이만 저만이 아니었다. 무엇보다 관련 자료 부족이 큰 문제였다. '억만장자의 나라'인 인도 현지에서도 관련 자료를 찾기는 매우 힘들었다. 단행본 자료는 거의 없었다. 도서관과 서점을 오가며 책은 물론 신문, 잡지, 논문, 인터넷 등 닥치는 대로 자료를 찾고 모았다. 그 결과 억만장자 한 사람당 수십 건의 자료를 확보할 수 있었다.

다음 문제는 누구를 소개하느냐, 였다. 53명이나 되는 인도 억만장자를 모두 소개할 수는 없었다. 우선 인도 경제에 막중한 영향을 미치는 인물로 하되, 그중에서도 자수성가한 CEO 위주로 선택했다. 이들이 운영하는 사업 분야도 고려했다. 어느 특정한 사업 분야만이 아닌 IT, 정보통신, 부동산, 철강, 무역, 금융, 유통, 연예, 풍력에너지 등 다양한 분야의 억만장자를 골랐다.

이에 따라 12명의 자수성가한 인도 대표 기업인을 선정할 수 있었다. 자수성가한 사람 위주로 명단을 추렸기에 타타그룹의 JRD 타타는 안타깝게도 항목에서 제외됐다. 대신 비록 상속을 받았을지라도 오늘날 인도 대표 기업들을 이끌고 있는 타타그룹의 라탄 타타 회장, 릴라이언스그룹의 무케시 암바니와 아닐 암바니 회장, 아디트야 비를라그룹의 KM 비를라 회장은 명단에 포함시켰다.

'발리우드의 제왕'인 샤루 칸을 포함시킬 때는 고민을 좀 했다. 그는 기업인이 아니라 연예인이기 때문이다. 그러나 그가 영화배우로서 인도 사회에서 미치는 영향력은 절대적이다. 게다가 그는 영화배우뿐 아니라 광고모델과 영화제작자로도 활발하게 활동하고 있다. 그렇기에 그를 기업인으로 분류해도 충분하다고 판단했다.

당초 이 책의 집필 의도는 인도 기업과 기업인에 관한 전문서적이었다. 인도가 최근 21세기 경제 강국으로 빠르게 부상하고 있지만 이에 관한 전문 서적이 전무하다시피 하기 때문이다. 그러나 전문서적을 의뢰할 경우 과연 이를 받아줄 곳이 있을지 의문이었다. 그래서 책의 성격을 대중서로 바꾸기로 했다.

원고 완성 후 겪은 또 다른 고민도 있었다. 이 책에 대한 감수를 거치는 과정에서 인도 억만장자들의 재산 숫자에 대해 설왕설래가 있었던 것이다. 최근 인도 부동산 가격이나 증시가 폭락하면서 이들이 가진 재산도 크게 줄지 않았겠느냐는 것이다. 정확한 지적이었다.

필자가 이 책을 쓰기 시작할 때 인도 증시는 수직 상승 중이었다. 그러나 책을 한참 쓰는 중 인도 증시와 부동산 시장은 조정을 거치기 시작했다. 게다가 미국발 글로벌 금융위기 여파까지 겹쳐 인도 증시는 2008년 고점 대비 반토막 나기도 했다. 당연히 인도 억만장자들이 소유한 주식 가격도 크게 하락했다. 하지만 이는 비단 인도에만 해당되는 사항은 아니다. 대한민국과 미국을 위시한 전 세계 증시가 글로벌 금융위기의 한파로 몸살을 앓고 있다. 인도의 경쟁국인 중국이나 러시아, 브라질 등 '브릭스' 국가들의 증시 폭락은 보다 심각했다.

증시와 부동산 가격의 폭락으로 인도 억만장자들의 재산이 크게 줄었지만 억만장자란 그들의 지위가 흔들릴 만큼은 결코 아니다. 예를 들어 인도 억만장자 중 재산이 가장 크게 줄어든 ADAG의 아닐 암바니 회장의 재산은 2008년 3월 450억 달러에서 2009년 1월 현재 125억 달러로 대폭 축소됐다. 그의 친형인 무케시 암바니 회장의 재산은 285억 달러로, 세계 철강왕 락시미 미탈의 재산은 300억 달러 수준으로 급감했다. 그러나 이들의 기업이 망하거나 부실기업으로 전락하지 않는 한 글로벌 경제 상황이 개선되면 주식이나 부동산 가격은 회복될 것이다. 중요한 사실은 이들이 가진 재산의 수치가 아니라 성공을 가져온 인생 교훈과 전략이다. 비록 최근 인도 억만장자들의 부富의 크기는 줄었지만 그들의 성공한 삶이 주는 의미는 결코 변하지 않았다고 생각한다.

정말 중요한 문제는 필자가 이 책을 통해 인도 억만장자들의 의미 있는 삶을 제대로 담아냈는가, 하는 점이다. 어느 누구의 인생이든 이를 단지 수십 페이지로 간추리는 작업은 매우 어려운 일이다. 책을 쓰는 과정에서 정보 부족이나 필자의 능력 부족으로 인해 인도 억만장자들의 삶을 제대로 전달하지 못한 점이 있다면 당사자와 독자들에게 진심으로 송구함을 전한다. 앞으로도 인도 기업과 기업인들에 대한 추적을 계속하는 한편, 수정과 보완을 통해 책 내용을 보다 알차게 하는 데 최선을 다할 것임을 약속한다. 아울러 부족한 글임에도 끝까지 읽어주신 독자들께 진심으로 감사의 말씀을 올린다.